Elke Schwab

GROSS-EINSATZ

Elke Schwab

GROSS-EINSATZ

Kriminalroman

Bibliografische Information
der Deutschen Bibliothek
Die Deutsche Bibliothek verzeichnet diese
Publikation in der Deutschen Nationalbibliografie;
detaillierte bibliografische Daten sind im Internet
über http://dnb.ddb.de abrufbar.

Besuchen Sie uns im Internet:
www.gmeiner-verlag.de

© 2005 – Gmeiner-Verlag GmbH
Im Ehnried 5, 88605 Meßkirch
Telefon 0 75 75/20 95-0
info@gmeiner-verlag.de
Alle Rechte vorbehalten
2. Auflage 2006

Lektorat: Claudia Senghaas, Kirchardt
Umschlaggestaltung: U.O.R.G. Lutz Eberle, Stuttgart
unter Verwendung eines Fotos von Elke Schwab
Gesetzt aus der 9,7/13 Punkt Stempel Garamond
Druck: Fuldaer Verlagsanstalt, Fulda
Printed in Germany
ISBN 3-89977-652-6

*Handlung und Personen sind frei erfunden.
Sollte es trotzdem Übereinstimmungen geben,
so würden diese auf jenen Zufällen beruhen,
die das Leben schreibt.*

1

Mitten in der Nacht klingelte das Telefon. Verschlafen schaute Anke Deister zuerst auf die Uhr, die zwei Uhr zwanzig anzeigte, bevor sie den Hörer abnahm. An diesem Wochenende hatte sie Bereitschaftsdienst, da musste sie abheben, egal wie schwer es ihr fiel. Ihr Bauch, der immer dicker wurde, war ihr dabei im Weg, also musste sie sich mühsam erheben, um an das Telefon heranzukommen.

Es war ihr Arbeitskollege Erik Tenes, mit dem sie seit einem knappen halben Jahr im Team arbeitete. Erik war vom Polizeipräsidium in Köln zum Landeskriminalamt in Saarbrücken versetzt worden. In der kurzen Zeit hatte er sich zu einem beliebten Kollegen entpuppt, trotz aller Zweifel, die Anke anfangs hatte. Oft erinnerte sie sich daran, wie sie ihn ›überdimensionalen Eisklotz‹ tituliert hatte, weil sie ihn überhaupt nicht einschätzen konnte. Heute musste sie darüber lachen, weil dieser Eindruck so falsch war, wie er nur sein konnte.

»Hallo Anke«, meldete er sich, »wir haben einen Unfall mit tödlichem Ausgang. Die Kollegen der Verkehrspolizei wollen, dass wir vom LKA zum Unfallort kommen, weil Fahrerflucht vermutet wird!«

»Ich beeil mich«, gähnte Anke in den Hörer.

Erik widersprach: »Nein, du brauchst dich dafür nicht aus dem Bett zu quälen. Ich will dich einfach nur informieren, damit uns der Chef morgen keine Schwierigkeiten machen kann. Diese Sache übernehme ich allein und rufe dich wieder an, bevor er davon erfährt.«

Diese Rücksichtnahme rührte Anke. Außerdem war sie froh, nicht aufstehen zu müssen. Ihre Schwangerschaft machte sie häufig müde, ein Zustand, der neu für sie war. Erleichtert ließ sie sich zurück in die Kissen sinken und dachte noch eine Weile darüber nach, wie überaus fürsorglich Erik sich ihr gegenüber verhielt, seit er wusste, dass sie Mutter wurde. Ganz am Anfang seiner Dienstzeit in Saarbrücken hatte er ihr einmal von seiner Familientragödie erzählt. Das war ein Thema, das er seither nicht mehr angesprochen hatte. Vermutlich, weil es ihm zusetzte. Er hatte seine Frau und seine Tochter durch einen Autounfall verloren. Aber das war noch nicht das Ende der Geschichte; seine Frau war schwanger und auf dem Weg zu ihrem Gynäkologen zur Untersuchung, als es passierte. Bei diesem Gedanken musste Anke sich schütteln vor Entsetzen. Schützend hielt sie ihre Hand vor den Bauch, der sich inzwischen deutlich unter ihren Kleidern abzeichnete. Sie war jetzt im fünften Monat. Vor einigen Tagen hatte sie die erste Bewegung gespürt, was ihre Einstellung zu der Schwangerschaft ganz und gar verändert hatte. Diese zarten Bewegungen waren für sie der unumstößliche Beweis, dass da wirklich ein Kind heranwuchs, ihr Kind. Wie so oft ließ sie sich von ihren Erinnerungen treiben, wie alles begonnen hatte. Sie hatte sich unsterblich verliebt, die Früchte dieser Liebe spürte sie nun in sich. Ihre Schwangerschaft stellte eine unerwartete Wende in ihrem Leben dar, denn sie war allein mit ihrem Kind. Diese Aussicht erfüllte sie einerseits mit Unsicherheit andererseits mit großer Freude. Mit diesen Gedanken schlief sie wieder ein.

Am nächsten Morgen wurde sie in aller Frühe erneut

durch das Telefon geweckt. Wieder war es Erik, der ihr riet, ins Büro zu kommen, bevor der Chef ankam, damit er ihr alles über den Fall der letzten Nacht berichten konnte. Zum Glück traf Anke rechtzeitig ein, denn der neue Chef, der erst seit fünf Monaten die Abteilung leitete, war prinzipientreu und unerbittlich. Da konnte Anke ihre Schwangerschaft nur schwerlich als Entschuldigung einsetzen, wenn es darum ging, sich vor nächtlichen Einsätzen zu drücken. Dieter Forseti hatte die Nachfolge von Norbert Kullmann angetreten. Kullmann war jahrelang Ankes Vorgesetzter und ihr bester Lehrmeister und Berater gewesen. Obwohl inzwischen fünf Monate vergangen waren, gelang es Anke immer noch nicht, sich an den neuen Chef zu gewöhnen. Die Umstellung war extrem. Während Kullmann fürsorglich und väterlich auf sie gewirkt hatte, war Forseti immer ernst, streng, sogar stets bemüht, keine menschlichen Züge von sich preiszugeben. Dass er gar nicht so hart war, erkannte Anke trotzdem, weil sie dank ihrer gründlichen Ausbildung, die sie bei Kullmann durchlaufen hatte, eine gute Beobachterin war. Nichtsdestotrotz war es besser, vor ihm einzutreffen, weil sie sich nun haarklein über den Fall informieren konnte, damit Forseti gar nicht erst erfuhr, dass sie nicht am Tatort war.

Erik sah übernächtigt aus, was Anke sofort bedauerte, als sie das Büro betrat. Kaffee brodelte in der Kaffeemaschine. Sogleich stellte er ihr eine Tasse vor die Nase, doch Anke konnte zurzeit den Geruch von Kaffee nicht ertragen. Hastig sprang sie von ihrem Stuhl auf, rannte zur Toilette und knallte die Tür hinter sich zu. Kurze Zeit später kam sie zurück und Erik begann mit seinem Bericht: »Auf der Neuhauser Straße zwischen Saarbrücken-Rußhütte und Riegelsberg ist ein Auto in einer S-Kurve von der Straße abgekommen, über die auslaufenden Leitplanken geschleudert und einen Abhang hinuntergestürzt.« Während er sprach, legte er Anke Polizeifotos vor. »Das Fahrzeug ist zum größten Teil ausgebrannt. Eine Frau saß auf dem Beifahrersitz.«

Die Fotos von der stark verbrannten Frauenleiche waren schrecklich. Bei diesem Anblick hatte Anke Mühe nicht schon wieder auf die Toilette zu rennen.

»Das Auto wird in der Kriminaltechnik auf Spuren von Fremdeinwirkung untersucht, die Leiche ist in Homburg in der Rechtsmedizin. Ich warte noch auf einen ersten Bericht.«

»Wer hat den Unfall gemeldet?«, fragte Anke.

»Ein Mann, namens Emil Tauber. Er kam an der Unfallstelle vorbei, sah das brennende Auto, konnte aber nichts mehr für die Frau tun.«

»Ist er glaubwürdig?«

»Er muss noch seine Aussage zu Protokoll geben, erst dann können wir mehr über ihn erfahren«, antwortete Erik. »Die Spurensuche hat inzwischen herausgefunden, in welche Richtung der Fahrer des Wagens geflüchtet ist. Sie sind noch vor Ort und suchen weiter!«

»Heißt das, dass tatsächlich ein Tötungsdelikt vorliegt?«

»Das können wir nur aus dem Verhalten des Autofahrers schließen. Wenn derjenige sich in den nächsten Stunden noch meldet, dann könnte eine Schockreaktion vorliegen und wir müssen unsere Theorie ändern«, erklärte Erik Kaffee trinkend, um sich wach zu halten.

»Welche Theorie?«

»Ganz einfach: Der Fahrer kommt von der Straße ab,

das Auto fängt Feuer, er rettet nur sich aus dem Auto und lässt die Beifahrerin in den Flammen zurück. Warum auch immer. Es kann vorsätzlicher Mord vorliegen oder unterlassene Hilfeleistung. Vielleicht war er zu besoffen um zu merken, was wirklich los war. Im Kriminallabor werden alle Spuren ausgewertet, vielleicht finden sie dort einen entscheidenden Hinweis!«

»Und zwar?«

»Wie wär's mit einem Feuerzeug?«, lachte Erik.

»Ja stimmt! Das wäre wie im Fall unseres Diebes Robbie Longfinger, den man an seinen langen Fingern erkennt«, fantasierte Anke weiter.

Dieter Forseti betrat in Begleitung seiner Mitarbeiterin Claudia Fanroth das Büro. Claudia Fanroth war gleichzeitig mit ihm in diese Abteilung gekommen und arbeitete immer an seiner Seite. In diesem Fall hatte Ankes erster Eindruck sie nicht getäuscht: Claudia war und blieb unnahbar. Sie machte nicht die geringsten Versuche, sich mit den anderen Mitarbeitern der Abteilung zu arrangieren. Ihre Zusammenarbeit ging über die obligatorischen Dienstvorschriften nicht hinaus. Außer bei Erik, überlegte Anke, als sie aus ihren Augenwinkeln beobachtete, wie sie sich gezielt vor seinen Augen niederließ. In ihrem maßgeschneiderten Hosenanzug wirkte sie wie immer tadellos. Ihre blonden Haare waren akkurat zurück gebunden, da lag kein Haar falsch. Ihre ebenmäßigen Gesichtszüge waren dezent geschminkt, was ihre hohen Wangenknochen und ihre weit stehenden, großen Augen betonte. Sie könnte als Fotomodell Karriere machen, gestand Anke dieser Frau zu. In ihrer Gegenwart fühlte sie sich mit ihrem immer dicker werden Bauch besonders unförmig und plump. Das waren

Augenblicke, in denen sie erkannte, dass sie noch viel über sich selbst lernen musste – sie musste lernen, sich so zu akzeptieren, wie sie war. Ein dicker Bauch während einer Schwangerschaft war das Natürlichste auf der Welt. Das erging allen Frauen so. Also: nicht kaschieren sondern präsentieren, überlegte sie, auch wenn es zunächst schwer fiel.

Jürgen Schnur und Esther Weis, die schon lange in der Abteilung arbeiteten, waren inzwischen ebenfalls eingetroffen und die Arbeit konnte beginnen. Erik berichtete bis ins Detail, was es an Hinweisen über den neuen Fall gab. Forseti hörte konzentriert zu. Erst als Erik fertig war, wandte er sich an Anke und fragte: »Warum lassen Sie ihren Kollegen alles allein vortragen?«

Anke wurde heiß. Der Vorgesetzte bemerkte aber auch alles. Aber klein beigeben durfte sie nicht, weil sie damit nicht nur sich selbst in Schwierigkeiten brachte: »Weil er alles Erwähnenswerte bereits genannt hat!«

Diese Antwort war so geschickt, dass Forseti nicht weiter nachhakte. »Wer ist die Tote?«, ging er stattdessen zum Geschäftlichen über.

»Sybille Lohmann«, antwortete nun Anke. »Witwe, ein Sohn, Sven Koch, wohnhaft in Riegelsberg-Walpershofen!«

»Ist der Sohn schon informiert?«

»Nein, wir haben erst in den frühen Morgenstunden anhand des Autokennzeichens die Identität des Opfers ermittelt. Es ist ihr Wagen, in dem sie gefunden wurde«, erklärte Erik diese brenzlige Situation.

»Esther Weis und Jürgen Schnur, Sie beide werden das übernehmen«, bestimmte Forseti.

Die beiden Angesprochenen nickten.

»Gibt es bereits Ergebnisse aus der Rechtsmedizin?«, fragte er unverzüglich weiter, was Erik nur verneinen konnte.

»Ich warte auf einen Anruf von dort. Der Pathologe versprach mir, sich sofort zu melden, wenn er ein Ergebnis hat«, erklärte Anke schnell.

»Warum dauert das so lange?«, schimpfte Forseti, worauf Jürgen Schnur ganz trocken reagierte: »Wir sind hier nicht ausgerüstet wie das Bundeskriminalamt in Wiesbaden. Aber wir machen unsere Arbeit gut!«

»Das will ich hoffen«, konnte Forseti darauf nur entgegnen und teilte die Aufgaben ein. »Frau Deister, ich will auf Ihre Umstände Rücksicht nehmen und werde Sie nicht zur Beaufsichtigung der rechtsmedizinischen Untersuchung nach Homburg schicken. Bis das Kind da ist, sind Sie von diesen Aufgaben befreit!«

Anke bedankte sich, obwohl ihr das widerstrebte. Seine Selbstherrlichkeit nahm ihr jegliche Lust an der Arbeit. In diesem Fall war die Begleitung der rechtsmedizinischen Untersuchung allerdings eine äußerst unangenehme Aufgabe. Sie war heilfroh, davon verschont worden zu sein, weil sie sich ausmalen konnte, in welchem Zustand eine halb verbrannte Leiche war. Sie bekam den leichtesten Auftrag, nämlich erst einmal den Bericht der Rechtsmedizin abzuwarten, ob es Hinweise auf ein Gewaltverbrechen gab. Außerdem sollte sie das Büro hüten für den Fall, dass der Fahrer des Wagens, der spurlos verschwunden war, reumütig zurückkehrte und alles gestand. Damit war Anke zufrieden. Aber die Zufriedenheit sollte nicht von langer Dauer sein, denn schon gleich im Anschluss schlug Claudia vor: »Erik und ich könnten den Sohn der Toten zur Rechtsmedizin fahren! Was halten Sie davon?«

»Warum wollen Sie das tun?«, fragte Forseti anstelle einer Antwort.

»Weil ich die Familie kenne«, antwortete Claudia.

»Wie gut?«, hakte Forseti skeptisch nach. »Befangenheit wäre sicherlich nicht gerade ein guter Start!«

»Da brauchen Sie sich keine Sorgen zu machen. Ich bin einfach nur im gleichen Ort aufgewachsen. Sybille Koch war damals bekannt in Walpershofen, weil sie leichtlebig war.

So weit ich informiert bin, weiß sie nicht, wer der Vater ihres Sohnes ist. In kleinen Dörfern wird immer gern über andere geredet«, erklärte Claudia ausführlich.

»Kennt der Sohn der Toten auch Sie?«

»Ganz sicher, er ist nur wenige Jahre jünger als ich. Als kleiner Junge war er ein echtes Ekelpaket und hat die älteren Mädchen nach allen Regeln der Kunst geärgert. Da hat er bei mir keine Ausnahme gemacht!«

Bei dieser Vorstellung mussten alle lachen, sogar Forseti, dem selten ein Lächeln zu entlocken war.

»Besteht die Möglichkeit, dass Sven Koch der Fahrer des Unfallautos war?«, mischte sich Jürgen in die Unterhaltung ein.

Kurze Stille trat ein. Claudia überlegte eine Weile, schüttelte aber dann energisch den Kopf und meinte: »Nein, Sven Koch hatte ein gutes Verhältnis zu seiner Mutter. Wäre er wirklich der Fahrer des Wagens gewesen, hätte man ihn auch dort an der Unfallstelle gefunden.«

»Das ist nur eine Vermutung! Fahren Sie zusammen mit Erik Tenes den Sohn der Toten abholen, damit er sie identifizieren kann. Anschließend benötigen wir seine Aussage«, schloss Forseti das Thema ab.

Anke verzog sich in ihr eigenes Zimmer, um sich ein

wenig Ruhe zu gönnen. Leider trat kurz darauf Esther ein. Während ihres letzten großen Falls waren zwischen Anke und Esther große Differenzen entstanden, die Anke am liebsten vergessen hätte. Sie hielt seitdem einen Sicherheitsabstand zu ihrer Kollegin, was diese jedoch nicht akzeptieren wollte. Ständig rannte sie Anke die Türen ein, als wollte ihr damaliges Verhalten entschuldigen. Aber Anke blieb vorsichtig.

»Ich glaube, Claudia schafft es, sich an Erik heranzumachen«, spekulierte Esther.

»Stört dich das?«, erwiderte Anke, ohne sich anmerken zu lassen, dass sie diese Absicht ebenfalls mit gemischten Gefühlen beobachtet hatte.

»Nein, nicht im Geringsten«, wehrte Esther ab, wobei Anke deutlich erkannte, dass sie genau das Gegenteil von dem sagte, was sie meinte. Zu genau erinnerte sich Anke daran, dass Esther keine Mühen gescheut hatte, bei Erik anzukommen. Aber es war ihr nicht gelungen – eine herbe Enttäuschung. Sollte es nun Claudia gelingen, würde das die Stimmung in ihrer Abteilung verschlechtern. Zum Glück betrat Jürgen das Zimmer und wechselte unbemerkt den unangenehmen Kurs der Unterhaltung der beiden Frauen.

»Ich glaube, dass wir mit diesem Fall gar keinen Fall haben«, begann er.

»Warum?«

»Sybille Lohmann, geborene Koch, ist erst vor einem Jahr Witwe geworden. Ihr Mann, Kurt Lohmann, war am 11. September 2001 in New York im World Trade Center, als dieser schreckliche Terrorangriff geschah!«

Diese schwere Katastrophe ereignete sich vor fast genau einem Jahr. Die Medien waren voll davon und die Bilder, die das Fernsehen ausstrahlte, waren so schrecklich, dass Anke sich keine Nachrichten mehr ansehen konnte. Schon vor einem Jahr hatte sie deshalb schlaflose Nächte verbracht, was sie sich nicht noch mal antun wollte.

»Ist es ganz sicher bewiesen, dass Kurt Lohmann unter den Toten war?«, vergewisserte sich Anke.

»Ganz sicher«, bestätigte Jürgen. »Ich habe mit dem Bundeskriminalamt gesprochen, dort wurden die Untersuchungen sämtlicher Gewebeproben der Toten, die aus Deutschland kamen, durchgeführt. Nach allen Vergleichsproben konnte einwandfrei festgestellt werden, dass Kurt Lohmann darunter war.«

»Das ist ja schrecklich«, schüttelte Esther den Kopf. »Und nun stirbt auch noch die Witwe – äußerst tragisch!«

»Nun ja! Bevor wir hier alle in Tränen ausbrechen, muss ich noch erwähnen, dass Sybille Lohmann und ihr Mann schon seit einiger Zeit getrennt gelebt haben«, entschärfte Jürgen die Tragik.

»Das heißt aber nicht, dass es ihr nicht mehr nahe ging«, stellte Esther mürrisch klar.

»Nein! Aber erfahren werden wir es sicherlich nicht mehr«, konnte Anke dazu nur bemerken.

»Warum so kaltschnäuzig?«, wurde Esther böse.

»Warum so gefühlsdusselig? Das hilft bei unseren Ermittlungen nicht weiter!«

»Ruhe jetzt!«, unterbrach Jürgen das Streitgespräch der beiden, wofür er erstaunte Gesichter erntete. »Meine Erfahrung hat mich gelehrt, dass ich eure Streitereien schnellstmöglich unterbinden muss!«

»Hat Sybille Lohmann etwas zu vererben?«

»Das muss ich noch herausfinden«, gab Jürgen zu.

»Aber es ist Sonntag, da bekomme ich nicht alle Informationen.«

Das Telefon klingelte. Es war Dr. Thomas Wolpert, der junge Rechtsmediziner, den Anke nur durch ihre regelmäßigen Telefonate kannte. Sie freute sich, dass ausgerechnet Thomas an diesem Wochenende Dienst hatte, weil sie gern mit ihm plauderte.

»Wir haben erste Ergebnisse, die ich dir durchfaxen möchte«, erklärte er.

»Ist das alles, was du mir sagen willst?«, fragte Anke etwas enttäuscht.

Thomas lachte: »Nein, so schnell bekommst du mich nicht mehr aus der Leitung!«

»Das beruhigt mich! Also, was kannst du mir schon vorab über die Tote sagen?«

»Wir haben hier so unsere Zweifel«, begann er geheimnisvoll. »Die Tote hat eindeutig Kohlenmonoxid im Blut, was die Todesursache ist. Außerdem haben wir Schürfwunden an beiden Unterarmen untersucht, die die charakteristische Hyperämie, verursacht durch die erhöhte Anzahl von Leukozyten, aufweisen.«

»Das klingt in meinen Ohren eindeutig«, überlegte Anke.

»Ja, aber das ist noch nicht alles. Wir haben keinerlei Rußpartikel in Atemwegen und Lunge der Toten gefunden. Außerdem haben wir weitere Verletzungen an beiden Knien gefunden, die eindeutig postmortal eingetreten sind. Diese Wunden zeigen keinerlei Eiweißreaktion und sind hart und gelb.«

»Was sagt uns das?«, staunte nun auch Anke.

»Das fragen wir uns auch. Wir werden noch alle möglichen toxikologischen Untersuchungen durchführen, die uns mehr über den genauen Todeszeitpunkt aussagen können«, erklärte der Rechtsmediziner weiter.

»Du bist dir also nicht sicher, ob das Opfer bei dem Unfall gestorben ist?«

»Nein, nicht hundertprozentig! Deshalb dürfen wir nichts außer Acht lassen!«

»Es könnte aber doch sein, dass die Frau bei dem Absturz des Wagens starb, kurz bevor das Feuer ausbrach?«, spekulierte Anke weiter.

»Sicherlich! Aber an was? Sie hatte keine Knochenbrüche, ihr Genick war heil, die Schädeldecke ebenso. Woran könnte sie gestorben sein, bei dem Aufprall? Vielleicht an einem Herzinfarkt, weil ein gewaltiger Schreck vorausgeht, wenn ein Auto in einen Graben stürzt«, überlegte Thomas weiter.

»Kannst du das Herz noch untersuchen? Die Leiche war stark verkohlt«, zweifelte Anke.

»Die inneren Organe sind gut erhalten. Das ist immer das Erstaunliche bei Brandleichen. Die hohe Temperatur nimmt zum Körperinneren schnell ab, weil sie das Fett und den hohen Wassergehalt nicht durchdringen kann«, erklärte Thomas.

»Wenn das so ist, dann kannst du doch das Herz auf einen Infarkt untersuchen«, schlug Anke vor.

»Dir liegt aber viel daran, diesen Fall so einfach wie möglich zu machen«.

»Du hast es erkannt. Ich bin jetzt werdende Mutter, da wünsche ich mir nichts sehnlicher, als eine komplikationslose Zeit bis zum Mutterschutz!«

»Das kann ich verstehen!«

Die beiden plauderten noch eine Weile, bis Anke das Gespräch beendete, weil sie sich durch ihre Zuhörer Esther und Jürgen gestört fühlte. Nachdem sie aufgelegt hatte, berichtete sie den Befund des Rechtsmediziners, der währenddessen schon durch das Faxgerät lief.

Anschließend legten sie Forseti den Bericht vor.

Es war für Anke immer noch ein befremdendes Gefühl, wenn sie in Kullmanns ehemaliges Büro trat und dort Dieter Forseti am Schreibtisch sitzen sah. Nichts mehr in diesem Büro verriet etwas über Kullmanns dreißigjährige Dienstzeit, die er in diesen Gemäuern verbracht hatte. Und trotzdem war Kullmann niemals ausgelöscht. Viel zu beeindruckend und zu erfolgreich war seine jahrzehntelange Arbeit gewesen. Dieter Forseti war das genaue Gegenteil von Kullmann, was Ankes Erinnerungen an ihren ehemaligen Chef eigentlich noch leichter machte. Kullmanns warmherzige Ausstrahlung und seine gemütliche, väterliche Erscheinung vermisste sie am meisten. Forsetis Aussehen war aristokratisch, tadellos; sein Auftreten unnahbar und unpersönlich. Über sein Privatleben wusste sie gar nichts, weil er niemals ein außerdienstliches Wort sprach. Das behagte Anke nicht, weil sie dadurch einfach nicht den Menschen hinter der Fassade sehen konnte. Er las den Bericht gründlich durch, bevor er den Kopf hob und seine drei Mitarbeiter der Reihe nach anschaute. Anke ahnte schon, dass dieser Blick nichts Gutes bedeutete, und so war es auch:

»Ist es wirklich notwendig, mir diesen Bericht zu dritt vorzulegen?«

Esther und Jürgen verstanden diese Anspielung; sofort eilten sie aus dem Büro. Anke blieb nichts anderes übrig, als zurückzubleiben, weil sie die Beauftragte war.

»Nach diesem Befund steht nicht eindeutig fest, dass das Opfer noch geatmet hat, als das Feuer ausbrach. Genauso wenig steht fest, dass sie nicht mehr geatmet hat. Also dürfen wir weder einen Unfall mit Todesfolge noch ein Tötungsdelikt ausschließen«, informierte Forseti.

Damit machte er Ankes Hoffnung auf eine schnelle Lösung des Falls zunichte.

»Die Tatsache, dass in den Atemwegen und in der Lunge keine Rußpartikel gefunden wurden, rät uns zur Vorsicht«, erklärte der Vorgesetzte weiter.

Anke wartete darauf, dass er ihr endlich sagte, was sie nun tun sollte.

»Beauftragen Sie bitte das Kriminallabor, die Spurensuche auf das Haus der Toten zu erweitern. Nach diesem Bericht besteht die Möglichkeit, dass die Frau schon tot war, bevor das Auto zu brennen begann!«

Anke nickte und wollte sich geschwind aus dem Raum mit der stark unterkühlten Atmosphäre verdrücken, als Forseti sie aufforderte zu bleiben. Mit einem Seufzer drehte sie sich um. Seine Strenge hatte um seinen Mund Falten bilden lassen – Zeugen seiner Unnachgiebigkeit. Seine Stirn war ebenfalls in Falten gelegt, als sei er unentwegt am Nachdenken.

»Ich habe den Eindruck, dass hier in meiner Abteilung Dinge geschehen, die sich meiner Kenntnis entziehen«, begann er emotionslos.

Anke wurde ganz heiß zumute.

»Ist Ihnen nicht gut?«, lenkte er plötzlich ein, worüber Anke noch mehr überrascht war. »Setzen Sie sich doch, bevor Sie umfallen!«

Die junge Frau nutzte die Gelegenheit, sich auf das nun folgende Gespräch vorzubereiten. Sie musste standhaft bleiben, was ihr in ihrem Zustand nicht so leicht fiel. Ihre Schwangerschaft brachte in letzter Zeit häufiger schlechte

Launen und damit verbunden schlechtes Taktieren in unerwarteten Situationen zutage. Das musste sie nun in den Griff bekommen, denn sie könnte Erik in Schwierigkeiten bringen, der das bestimmt nicht verdient hatte.

»Ich glaube, es geht wieder«, keuchte Anke theatralischer, als ihr Zustand eigentlich war.

Ihr Chef biss prompt an. Er schaute sie eine Weile schweigend an, schüttelte dann den Kopf mit den Worten: »Wir werden uns ein anderes Mal darüber unterhalten, wenn es Ihnen wieder besser geht.«

Anke freute sich innerlich wie ein kleines Kind, dass ihr dieser Schachzug gelungen war. Doch sie bekam keine Gelegenheit, diese Freude auszukosten, da wurde die Tür aufgestoßen und Claudia und Erik traten ein. Als Ankes und Claudias Blicke sich trafen, hatte Anke nur noch einen Gedanken, nämlich so schnell wie möglich das Büro des Chefs zu verlassen. Aber so sollte es nicht kommen, weil Erik sie am Arm leicht berührte und ihr ein Zeichen gab zu warten. Also blieb Anke sitzen.

»Wir haben Sven Koch nicht zu Hause angetroffen«, begann Claudia zu berichten. »Von Nachbarn haben wir allerdings erfahren, dass Mutter und Sohn sich am gestrigen Abend heftig gestritten haben. Sven hatte die Küchentür geöffnet, die zum Nachbarhaus zeigt, weshalb die Nachbarn den Streit deutlich hören konnten!«

»Haben die Nachbarn verstehen können, worüber die beiden sich gestritten haben?«

»Sie haben nur verstanden, dass die Mutter gegen den Willen ihres Sohnes noch am gleichen Abend wegfahren wollte«, antwortete Claudia.

»Wohin?«

»Das haben die Nachbarn nicht verstanden.«

Während dieses Gesprächs gingen Claudias Augen ständig zwischen Anke und Forseti hin und her als schöpfte sie Verdacht. Anke störte dieses Verhalten, weil sie sich von Claudia bereits abgestempelt fühlte, ohne eine Gelegenheit zu haben, die Dinge klarzustellen. Sollte sie die Kollegin darauf ansprechen, würde sie es mit Sicherheit nicht zugeben, was in diesem Augenblick in ihr vorgegangen war. So schätzte Anke die neue Kollegin zumindest ein. Ob sie recht hatte, wusste sie nicht. Allerdings war sie nicht in der richtigen Verfassung, es darauf ankommen zu lassen. Für verbale Angriffe fehlte ihr zurzeit einfach das dicke Fell.

»Wie könnte dieser Streit im Zusammenhang mit dem Unfall stehen?«, überlegte Forseti laut, der den Blickkontakte der beiden Frauen nicht bemerkte.

»Vielleicht hat er sich erboten, seine Mutter selbst zu fahren. Während der Fahrt gerieten sie erneut in Streit und kamen von der Straße ab«, mutmaßte Erik.

»Sicher! Nur leider ist das alles viel zu hypothetisch. Sie beide müssen unbedingt Sven Koch finden. Nur er selbst kann uns darauf die Antwort geben. Frau Deister bleibt heute im Büro für den Fall, dass jemand sich hier meldet!«

Damit waren die Aufgaben verteilt.

Erleichtert verließ Anke hinter Erik und Claudia das Büro. Sie freute sich, endlich wieder in ihrem eigenen Zimmer allein sein zu können. Von dort aus rief sie Theo Barthels an und teilte ihm mit, welche Aufgaben Forseti für ihn und sein Team vorgesehen hatte. Theo war verständlicherweise nicht gerade glücklich darüber, den ganzen Sonntag arbeiten zu müssen.

Entspannt lehnte sie sich in ihrem Bürostuhl zurück.

Morgen hatte sie einen weiteren Termin bei ihrer Hebamme. Sie wollten ihre Schwangerschaftsgymnastik und Bewegungstherapie durchsprechen. Bei dem Gedanken an die quirlige, kleine Susi Holzer musste Anke lächeln. Ihr Gynäkologe hatte ihr Susi wärmstens empfohlen. Anke war glücklich über diesen Tipp. Sie konnte sich von nun an auf die Geburt vorbereiten, was sie mit jeder Woche, die sie näher darauf zukam, mit mehr Lampenfieber erfüllte. Zufrieden legte sie ihre Hände auf den Bauch. Sie hoffte, wieder eine Bewegung ihres Kindes zu spüren. Geduldig wartete sie; das war eine Geduld, die sie ganz neu an sich selbst entdeckte.

Es sollte noch ein ruhiger Tag werden. Sie begann, eine Akte über den neuen Fall anzulegen, als das Telefon klingelte. Es war ihr langjähriger Kollege und guter Freund bei der Verkehrspolizei, Bernhard Diez: »Hallo Anke! Ich war heute Nacht an der Unfallstelle. Jetzt habe ich ein Problem.«

»Was für ein Problem?«, fragte Anke.

»Ich soll einen Bericht schreiben, wer von der Kripo am Unfallort eingetroffen ist. Ich weiß, dass du dich mit Erik Tenes abgesprochen hast und will euch nicht in Schwierigkeiten bringen. Aber ich habe große Pläne für meine Zukunft. Da wäre es nicht gerade förderlich, mit einem Lügenmärchen aufzufallen«, erklärte Bernhard, wobei seine Stimme gepresst klang.

»Was für Pläne hast du denn?«, wurde Anke neugierig, obwohl ihr der Gedanke zusetzte, dass ihre Unaufrichtigkeit, was den Einsatz in der Unfallnacht betraf, auffallen könnte.

»Ich habe mich auf eine Übernahmeausschreibung zum Kriminaldienst beworben. Die Personalabteilung hat mir zugesichert, so bald wie möglich mit meinem Durchlauf bei den verschiedenen Abteilungen beginnen zu können. Mein Ziel ist es natürlich, in deine Abteilung zu kommen«, antwortete Bernhard.

»Das hört sich richtig gut an«, gab Anke zu. Sie würde sich in der Tat freuen, Bernhard Diez als Arbeitskollegen zu bekommen. Seit Jahren kannten sie sich schon und ihre Zusammenarbeit war immer angenehm, wie sie sich erinnerte. Aber einen gefälschten Bericht konnte Bernhard sich in dieser Situation wirklich nicht leisten. Deshalb sprach sie das Einzige aus, was in dieser Situation zu sagen war: »Schreib den Bericht wahrheitsgemäß. Den Rest werden Erik und ich schon regeln.« Dabei klang sie zuversichtlicher, als sie in Wirklichkeit war.

Bernhard bedankte sich bei ihr und legte auf.

Gegen Abend kehrte Erik als Erster zum Landeskriminalamt zurück. Das war die beste Gelegenheit für Anke, ihm von ihrem Telefonat mit Bernhard zu berichten. Als Erik sich alles angehört hatte, beschloss er: »Ich gehe zum Chef bevor dieser Bericht auftaucht. Damit ist das Missgeschick aus der Welt!«

»Gar nichts wirst du tun«, bestimmte Anke so entschlossen, dass Erik staunte. »Dieser Bericht ist für die Abteilung der Verkehrspolizei. Es ist unwahrscheinlich, dass Forseti ihn überhaupt zu Gesicht bekommt. Also warum die Pferde unnötig scheu machen.«

»Ja, ja, die Pferde?«, lachte Erik über den Vergleich. »So ganz vergessen kannst du sie wohl nicht!«

Mit dieser Bemerkung versetzte er Anke einen wehmütigen Stich ins Herz. Bis zu ihrer Schwangerschaft war sie aktiv in einem Reitstall in Gersweiler geritten. Sie vermisste die Pferde – vor allem ein bestimmtes Pferd, den braven Wallach namens Rondo. Aber mit ihrem dicken Bauch und ihrer großen Angst, dass ihrem Kind etwas passieren könnte, wagte sie sich nicht mehr in die Nähe dieser großen Tiere. Sobald das Kind da sein würde, wollte sie wieder mit dem Reiten beginnen, das nahm sie sich fest vor. Mit diesen Gedanken fuhr sie nach Hause. Sie war müde und wollte nur noch ins Bett.

2

Der nächste Tag begann mit starkem Regen, Wind und dunkelgrauen Wolken, die keine Besserung versprachen. Die erste Tat für diesen Tag war der Besuch bei der Hebamme, die in der Praxis ihres Gynäkologen arbeitete. Den Weg dorthin konnte Anke zu Fuß zurücklegen, was bei dem schlechten Wetter allerdings kein Vergnügen war.

Sie musste nicht lange warten, bis sie aufgerufen wurde. Susi war eine kleine, rundliche Frau mit einem heiteren Gesichtsausdruck, immer fröhlich und zum Lachen aufgelegt. Ihre dunklen Locken wippten bei jeder Bewegung. Allerdings wirkte die Hebamme an diesem Morgen übernächtigt. Dunkle Ringe hatten sich um ihre Augen gebildet und von ihrer sonst so unbeschwerten Heiterkeit war nicht viel zu merken.

»Was ist los, Susi?«, fragte Anke sogleich besorgt.

»Nichts«, schüttelte sie ihren Kopf, dass die Locken munter hin und her flogen.

»Entschuldige, es geht mich nichts an«, lenkte Anke gleich ein.

Diese Reaktion erstaunte Susi. Eine Weile schaute sie Anke an und sagte dann: »Du merkst aber auch alles!«

»Was soll das heißen?«

»Dass bisher keine meiner Freundinnen so aufmerksam gewesen wäre, wie du gerade jetzt. Dabei kennen wir uns erst seit wenigen Sitzungen«, erklärte Susi.

»Das macht wohl mein Beruf aus.«

»Ich habe wirklich ein Problem, an dem ich mehr nage, als ich anfangs gedacht hätte«, begann die kleine Frau endlich.

Anke erwiderte nichts.

»Meine Freundinnen Rita, Annette und ich hatten Samstagnacht ganz toll gefeiert. Wir waren auf einer Party von Bekannten eingeladen; die Stimmung war toll und wir hatten reichlich getrunken. Weil ich den klarsten Kopf von uns dreien hatte, habe ich uns nach Hause gefahren, was wohl nicht gerade das Intelligenteste war, was wir tun konnten!«

»Stimmt! Aber deswegen bist du bestimmt nicht so bedrückt.«

Endlich kam Susi auf den Punkt: »Nein! Jetzt bekomme ich Drohanrufe!«

»Oh«, stutzte Anke. »Was hat der Anrufer oder die Anruferin gesagt?«

»Es war ein Mann und er hat gesagt: *Ich weiß, dass du es warst! Dafür wirst du bezahlen!*«

»Was meinte er damit?«

»Das ist es ja gerade. Ich weiß es nicht. Ich bin mir keiner Schuld bewusst. Bei den ersten Anrufen habe ich noch gelacht und einfach aufgelegt, aber der Anrufer hat sich immer wieder gemeldet, bis ich ihn ernst genommen habe. So oft, wie er angerufen hat, kam es mir nicht mehr wie ein dummer Schuljungenstreich vor.«

Anke staunte.

»Hast du heute noch nichts von ihm gehört?«, fragte sie weiter.

»Nein! Vielleicht, weil ich zu früh aus dem Haus gegangen bin.«

»Gab es Streit auf der Party?«

»Nein, nicht im Geringsten«, schüttelte Susi energisch den Kopf.

»Wo war die Party?«

»In Saarbrücken, im Nauwieser Viertel. Dort wohnen einige Bekannte von uns in einer Wohngemeinschaft, was sich für große Partys geradezu anbietet!«

Anke hatte zwar noch nie die Gelegenheit bekommen, auf solchen Partys mitzufeiern, stellte sich das aber ganz toll vor.

»In der Nacht seid ihr dann den ganzen Weg bis Riegelsberg nach Hause gefahren?«

Susi nickte schuldbewusst.

In diesem Augenblick kam der Gynäkologe herein, begrüßte die beiden Damen und überreichte Susi die Lokalzeitung. Verwundert schaute Susi ihren Chef an, doch kaum hatte sie einen Blick auf den größten Artikel geworfen, da wusste sie, warum er das tat. Anke entdeckte ebenfalls den Bericht und gemeinsam lasen sie ihn durch. Es ging um den Unfall, der sich auf der Neuhauser Straße zwischen Saarbrücken und Rußhütte ereignet hatte. Darin wurde sogar das Unfallopfer namentlich erwähnt. Allerdings ließ der Bericht mehr Fragen offen, als er beantwortete.

Anke fiel ein, dass Susi ebenfalls in Walpershofen wohnte. Wie hatte Claudia Fanroth den Ort beschrieben? Ein kleines Dorf! Dort kannte jeder jeden.

»Kennst du Sybille Lohmann?«

Susi antwortete: »Klar! Sie hatte mal als Schreibkraft im amtsärztlichen Dienst beim Gesundheitsamt Saarbrücken gearbeitet, genauso wie meine beiden Freundinnen Rita und Annette. Das ist aber schon eine Weile her.«

»Darum zeigt dir dein Chef diesen Artikel?«
Susi nickte.

»Das hört sich aber nicht so an, als würdest du Sybille nur als Arbeitskollegin deiner Freundinnen kennen. Wie gut kanntest du sie wirklich?«

Susi taxierte Anke eine Weile und fragte dann: »Warum fragst du mich das alles?«

»Ich überlege, welches Motiv der mysteriöse Anrufer haben könnte«, erklärte Anke. »Welchen Weg seid ihr nach Hause gefahren?«

»Das ist ja gerade das Unheimliche«, gestand Susi. »Wir sind über Rußhütte nach Riegelsberg gefahren. Den Weg haben wir genommen, weil wir hofften, dort auf keine Polizeikontrolle zu treffen. Aber von einem Unfall haben wir nichts gesehen!«

»Ganz sicher? Vielleicht kannst du deinem Gedächtnis ein wenig nachhelfen«, drängte Anke.

»Nein. Da war absolut nichts. Ein brennendes Auto im Graben, so etwas merkt man sich doch.«

»Da du gefahren bist, bist du die Einzige, die alles gesehen hat«, überlegte Anke weiter. »Ist dir ein Fahrzeug auf deiner Spur entgegengekommen?«

Susi wollte gerade etwas antworten, als sie innehielt.

Doch dann schüttelte sie den Kopf: »Nein, ich bin einmal nur stark geblendet worden. So stark, dass es Rita und Annette auf dem Rücksitz ebenfalls aufgefallen war. Aber sonst nichts. Da hatte einer mit Sicherheit nur versehentlich das Fernlicht eingeschaltet.«

Enttäuscht ließ Anke sich in den Stuhl zurücksinken. Von nun an besprachen sie ihr Programm für die Schwangerschaftsvorbereitungen.

Anschließend machte Anke sich auf den Weg zu ihrer

Arbeitsstelle. Als sie im ersten Stock auf ihr Büro zueilte, kam ihr ein junger Mann mit dicker Hornbrillenfassung und starken Brillengläsern entgegen. Durch die dicken Gläser wirkten seine Augen vergrößert wie unter einer Lupe, so dass die Schielstellung noch mehr hervorgehoben wurde. Sein Gesicht war teigig und übersät mit Pickeln, sein dünnes, aschblondes Haar klebte in fettigen Strähnen an seinem Kopf. Seine Statur war unförmig und seine Kleidung altmodisch und ungepflegt. Er strömte unangenehmen Körpergeruch aus. Erstaunt schaute Anke ihm nach, wie er im Korridor verschwand. Plötzlich hörte sie Eriks Stimme ganz dicht an ihrem Ohr: »Das ist Emil Tauber. Er hatte den Unfall entdeckt und sofort die Polizei benachrichtigt. Er musste heute Morgen seine Aussage zu Protokoll geben.«

»Ist er verdächtig?«, fragte Anke.

»Das ist bei diesem Mann schwer zu beurteilen. Er benimmt sich merkwürdig, so als fiele es ihm schwer, über den Unfall zu sprechen. Dabei ist nicht erkennbar, ob er sich immer so verhält, weil er Komplexe und dazu noch eine feuchte Aussprache hat, oder ob mehr dahinter steckt. Deshalb werden wir ihn überprüfen«, antwortete Erik.

Mit einem taxierenden Blick auf Anke fügte er an: »Wie war deine Sitzung?«

Sein Interesse an ihrem Kind rührte Anke. Ihre Sorge wegen der Schwangerschaft im Abseits zu landen, hatte sich nicht bewahrheitet.

Sie berichtete, was sie von ihrer Hebamme über die Heimfahrt Samstagnacht und über die Drohanrufe erfahren hatte.

Daraufhin blätterte der Kollege in seinen Berichten und las laut vor: »Das Unfallfahrzeug wird auf Spuren untersucht, die auf ein Fremdverschulden am Unfall hinweisen. Das wird allerdings schwierig, weil das Auto Feuer gefangen hatte!«

»Wann hat Emil Tauber den Unfall gemeldet?«, fragte Anke.

»Um halb eins.«

Anke nickte und spürte immer deutlicher, dass die Theorie, die sich schon in ihrem Kopf anbahnen wollte, nicht mehr standhalten konnte. Eigentlich war sie froh darüber, weil sie ein gutes Vertrauen zu Susi hatte.

»Was denkst du?«, hakte Erik nach.

»Ich hatte die fixe Idee, dass Susi mit ihren Freundinnen das Fahrzeug von Sybille Lohmann von der Straße abgedrängt hatte. Aber eine Party in den Ausmaßen, wie Susi mir berichtet hatte, ist um halb eins nicht zu Ende!«

»Das muss aber nicht bedeuten, dass die drei bis zum Schluss auf dem Fest waren«, zweifelte Erik. »Frag doch einfach mal nach, um wie viel Uhr die drei losgefahren sind.«

Plötzlich wurde die Tür ohne anzuklopfen geöffnet und Claudia trat ein.

»Wir haben endlich den Sohn der Toten ausfindig gemacht. Er befindet sich im Verhörraum«, sprudelte sie los. »Erik, kommst du bitte mit. Wir beiden sollen das Verhör durchführen!«

»Warum Verhör?«, staunte der. »Ist der Sohn verdächtig?«

»Das kann man wohl sagen. Er wollte sich einer Befragung entziehen. Daraufhin haben wir ihn mitgenommen«, erklärte Claudia ungeduldig.

Erik folgte ihr. Anke blieb allein in ihrem Büro zurück.

Sie blätterte in den Akten, als ihr Telefon klingelte. Es war Susi, ihre Hebamme. Sie klang verzweifelt, als sie sagte: »Ich habe wieder einen Drohanruf bekommen!«

»Was hat er denn genau gesagt?«

»Er sagte, dass ich diesmal mit meinem Leben bezahle!« zitierte sie und begann zu schluchzen.

»Was bezahlen?«, hakte Anke nach.

»Genaueres hat er nicht gesagt. Ich habe große Angst. Was soll ich machen?«

»Ich muss meinen Chef fragen, ob wir eine Fangschaltung an dein Telefon anschließen dürfen.« Sie konnte Forseti in dieser Hinsicht allerdings schlecht einschätzen. »Wie viel Uhr war es denn, als du mit deinen beiden Freundinnen die Party verlassen hast?«

Susi überlegte eine Weile und gestand zögernd: »Das weiß ich nicht mehr so genau. Wenn ich besoffen bin, habe ich es nicht mehr so genau mit der Uhrzeit!«

»Ungefähr?«

»Ein Uhr würde ich sagen. Ich weiß, dass es relativ früh war. Da wir schon früh angefangen hatten, waren wir umso früher fertig!«

Das war alles andere als zufrieden stellend. Mit solchen vagen Angaben den Chef von einer Fangschaltung zu überzeugen war sicherlich ein hartes Stück Arbeit. Zielstrebig ging sie zum Büro ihres Vorgesetzten, aber es war leer. Sie fand ihn auf der gegenüberliegenden Seite des Verhörzimmers, von wo aus man alles bestens beobachten konnte.

Erik und Claudia saßen einem jungen Mann gegenüber, der äußerst gepflegt und beherrscht wirkte. Anke war über diese Erscheinung überrascht. Sie hatte etwas ganz anderes erwartet. Der junge Mann machte nicht den Eindruck, als handelte er unüberlegt oder hitzköpfig. Mit vorbildlicher Haltung saß er da und wirkte äußerst ruhig, so als könnten die vielen Fragen, die auf ihn einstürmten, ihn nicht im Geringsten berühren. Das Einzige, was auffällig war, waren seine roten Augen. Er hatte geweint.

»Ist er verdächtig?«, fragte Anke.

»Er hat bis jetzt noch nichts ausgesagt, was von einem Verdacht ablenken könnte«, lautete Forsetis Antwort.

Anke wartete, bis Erik und Claudia eine Pause einlegten und das Verhörzimmer verließen. Erst dann trug sie vor, was sie auf dem Herzen hatte: »Ich bitte um eine Fangschaltung bei Susi Holzer. Sie wird mit Drohanrufen belästigt und hat Angst.«

Der Hauptkommissar schaute Anke ungläubig an, bis er endlich reagierte: »Sind wir hier, um verängstigte Mädchen in Sicherheit zu wiegen?«

»Nein, wir sind hier, um neben der Aufklärung von Tötungsdelikten auch potenzielle Tötungsdelikte zu verhindern«, reagierte sie schlagfertig.

Forseti zog seine rechte Augenbraue hoch, ein Zeichen seiner Überraschung, steckte seine rechte Hand in die Hosentasche und ging einige Male auf und ab, bis er endlich erwiderte: »Was rechtfertigt Ihre Behauptung eines potenziellen Tötungsdelikts?«

Sie schilderte ihm das Gespräch mit Susi Holzer und fügte ihre Vermutung hinzu, dass Susi an der Unfallstelle vorbeigekommen ist, ohne sich dessen bewusst zu sein.

»Das Auto hatte gebrannt«, stellte Forseti den Sachverhalt dar. »Wie kann Susi Holzer an der Unfallstelle vorbeigekommen sein, ohne sich dessen bewusst zu sein?«

Anke überlegte kurz, weil sie die Ironie seiner Frage nicht überhört hatte. Die Situation war brenzlig, weil

Susi ihr anvertraut hatte, dass sie betrunken Auto gefahren war. Aber im Nachhinein konnte ihr das nicht mehr zum Nachteil werden, überlegte sie und antwortete wahrheitsgetreu.

Erik und Claudia gesellten sich hinzu. Claudia runzelte die Stirn und fragte: »Gehen wir jetzt jedem Hirngespinst nach?«

»Ich überlege auch, welchen Zusammenhang Sie da sehen wollen«, stimmte der Vorgesetzte Claudia indirekt zu.

Alle schauten sie so erwartungsvoll an, dass sie schon wieder zu schwitzen begann. Sie fühlte sich hilflos, weil der Faden, den sie in ihrem Geiste gesponnen hatte, in der Tat zweifelhaft war. Aber es war besser als nichts, oder das, was die lieben Kollegen, die sie gerade anstarrten, vorzubringen hatten. Also nahm sie sich zusammen und schoss zurück: »Sehen Sie ihn nicht?«

Forseti verzog ärgerlich das Gesicht, reagierte aber beherrscht: »Wir werden keinen groß angelegten Lauschangriff starten ohne stichhaltige Beweise. Zunächst warten wir das Ende unseres Verhörs mit Sven Koch ab, bevor ich die weiteren Schritte überdenke.«

Anke war enttäuscht, allerdings mehr über ihre eigene Unbeherrschtheit als über die Reaktion des Vorgesetzten.

Claudia bewegte sich langsam auf die Tür zum Verhörraum zu. Doch als sie bemerkte, dass Erik ihr nicht folgte, blieb sie stehen und schaute ihn erwartungsvoll an. Er verstand die Geste sofort und folgte ihr. Anke und Forseti blieben auf der anderen Seite des Raums, um das weitere Gespräch beobachten zu können. Der erste Eindruck, den Anke von dem jungen Mann bekommen hatte, blieb. Er wirkte überzeugend mit seinen Antworten, war nicht aus der Ruhe zu bringen und ließ keinen Zweifel daran, dass er darunter litt, seine Mutter verloren zu haben.

Claudia fragte in scharfem Tonfall: »Stimmt es, dass Sie sich am Samstagabend, kurz vor dem Tod Ihrer Mutter, noch heftig mit ihr gestritten haben?«

»Ja, das stimmt!«

Diese Antwort verblüffte nun alle.

»Über was haben Sie sich gestritten?«

»Meine Mutter wollte verreisen, ich war dagegen!«

»Wohin wollte Ihre Mutter verreisen?«

»Sie sagte es mir nicht!«

»Sagten Sie nicht, Ihr Verhältnis zu Ihrer Mutter sei immer gut gewesen?«, hakte nun Erik nach.

»Was hat das damit zu tun?«, hielt Sven Koch dagegen. »Sie hat die Lebensversicherung ihres verstorbenen Mannes ausgezahlt bekommen und wollte damit ein neues Leben anfangen. Ich war darüber nicht glücklich, weil ich auf keinen Fall wegziehen wollte. Das setzt aber nicht voraus, dass ich sie deshalb umbringe!«

»In dem Fall sind Sie allerdings der Alleinerbe, wenn ich das alles richtig verstehe?«, schaltete Erik sofort.

»Na, herzlichen Glückwunsch«, bemerkte Sven abfällig.

»Ganz genau! Je nachdem, wie hoch die Versicherungssumme ist, kann man Sie doch beglückwünschen«, trieb Erik den Spott weiter.

»Ach so, darauf läuft das hinaus«, schimpfte Sven Koch. »Ich hatte bis Samstagabend nicht gewusst, dass sie eine Summe der Lebensversicherung erwartete. Wie sollte ich in der Kürze der Zeit ein Verbrechen planen und ausführen?«

»Stimmt! Sie hatten nicht viel Zeit, da musste es eben schnell gehen!«

»Und welche Bedeutung hat in Ihrer Theorie der so genannte Alleinerbe?«, hakte Sven nach.

»Das wollen wir von Ihnen wissen. Warum diese Eile und Brutalität, wenn Sie am Ende doch alles erben!«, erklärte Erik in einem Tonfall, der Sven Koch zum Schweigen brachte. Jetzt erst merkte der junge Mann, in welcher Situation er sich befand.

»Ich verlange meinen Anwalt«, sagte er plötzlich.

»Das steht Ihnen zu«, gab Erik sich geschlagen.

Aber Claudia wollte nicht so schnell aufgeben, jetzt wo sie ihn am Haken zappeln sah: »Warum wollen Sie einen Anwalt, wenn Sie angeblich nichts zu befürchten haben?«

Sven Koch schwieg.

Erik erhob sich und verließ den Raum. Verzweifelt schaute er Anke an, die nur mit den Schultern zucken konnte. Forseti hingegen wirkte enttäuscht und brachte das sogleich zum Ausdruck: »Mussten Sie den Verdächtigen so hart anfassen.«

»Ich schlage vor, dass wir uns in Walpershofen umhören, wie das Verhältnis zwischen Mutter und Sohn wirklich war«, mischte Anke sich ein, um Erik aus der Patsche zu helfen.

»Wir werden nicht umhin können nachzuprüfen, ob es diese Lebensversicherung wirklich gegeben hat«, richtete Forseti sich an Anke.

»Sollte das Verhältnis zwischen Mutter und Sohn wirklich so gut sein, wie Sven Koch es beschreibt, hat er sie nicht aus Geldgier umgebracht«, beharrte Anke.

»Sie sind hier nicht als Profiler beschäftigt«, konterte Forseti böse. »Machen Sie also die Arbeit, von der Sie etwas verstehen!«

Claudia Fanroth beendete gerade das Verhör und verließ zusammen mit Sven Koch den Verhörraum. Als der junge Mann heraustrat und Anke sah, bemerkte er: »Schick!«, wobei sein Blick gezielt auf ihren Bauch fiel.

Anke erschrak über diese Frechheit so heftig, dass sie nichts zu entgegnen wusste.

»Wird es ein Junge oder Mädchen?«, fragte der hochnäsige junge Mann unbeirrt weiter.

»Es ist wohl besser, Sie gehen jetzt«, stellte Erik sich zwischen ihn und Anke, damit er gar keine andere Wahl mehr hatte, als zu verschwinden. Anke war erleichtert über die spontane Hilfe, denn sie hatte sich von diesem Schnösel überrannt gefühlt, worüber sie sich insgeheim ärgerte. Mit nur einem einzigen Wort war es ihm gelungen, sie aus der Fassung zu bringen.

Aber Forseti ließ ihr keine Zeit, lange darüber nachzudenken. Sofort bestimmte er, dass Claudia Fanroth und Erik Tenes gemeinsam die Nachbarschaftsbefragungen durchführten. Anke durfte sich mit dem Heraussuchen der Versicherungsgesellschaft, bei der die angebliche Lebensversicherung abgeschlossen worden war, beschäftigen. Weiterhin beauftragte er sie, Akten über die Vergangenheit von Sybille Lohmann herauszusuchen, damit die Ermittler sich ein Bild vom Opfer machen konnten.

Enttäuscht begab sie sich zuerst zu Fred Feuerstein, dem Aktenführer, und trug ihm ihre Bitte vor. Gemeinsam machten sie sich an die Arbeit. Fred Feuerstein, dessen richtiger Name Manfred Feuer lautete, war schon lange beim Landeskriminalamt beschäftigt und im Laufe der Jahre ein guter Freund von Norbert Kullmann geworden. Anke arbeitete gerade deshalb gern mit ihm zusammen, weil sie von ihm viele interessante Anekdoten aus seiner gemeinsamen Dienstzeit mit ihrem ehemaligen Chef zu hören bekam. Sie hatte leider nur wenige Jahre mit Kullmann zusammengearbeitet, aber diese kurze Zeit war entscheidend für sie geworden. Kullmann hatte ihr nicht nur in beruflichen Dingen weiterhelfen können, er war für sie viel mehr gewesen als nur ein Chef. Während Fred Feuerstein lustig plauderte, wuchs in Anke der Entschluss, Kullmann sobald wie möglich zu besuchen. Er hatte ihr angeboten, immer für sie da zu sein, und nun wollte sie sein Angebot annehmen.

3

Um die angeordneten Befragungen in Sybille Lohmanns Nachbarschaft durchzuführen, fuhr Erik mit Claudia Fanroth über die Lebacher Straße nach Walpershofen, weil die Neuhauser Straße über Rußhütte für die Arbeit des Spurensicherungsteams immer noch gesperrt war. Erik kannte Claudia von der Spezialausbildung als verdeckter Ermittler beim Bundeskriminalamt in Wiesbaden. Damals war er noch verheiratet und Vater einer Tochter. Jedes Mal wenn er Claudia ansah, sich an ihre gemeinsame Zeit erinnerte, spürte er diesen quälenden Verlustschmerz. Immer noch gab er sich ganz allein die Schuld am Tod seiner Frau, weil er nicht wie versprochen zur Stelle gewesen war, um sie zum Arzt zu fahren. Stattdessen hatte er mit Kollegen gezecht, so viel getrunken, dass ihm alles egal war, sogar seine Familie. Kathrin, seine Tochter, wäre inzwischen 14 Jahre alt, und sein zweites Kind, ein Junge, zwei. Die Gewissheit, einem Menschen, seinem Sohn, die Möglichkeit zu leben genommen – ihm niemals die geringste Chance gegeben zu haben, quälte ihn. Dabei hatte er sich auf das zweite Kind genauso gefreut wie zuvor auf das Erste. Würde es ihm jemals gelingen, mit dieser Schuld fertig zu werden?

Als er Claudia Fanroth kennen gelernt hatte, befand er sich auf dem Höhepunkt seiner Selbstherrlichkeit. Er war vom Glück verwöhnt: er war erfolgreich als Kriminalbeamter, die Frauen bewunderten ihn, seine Familie erfüllte ihn mit Stolz – all das war für ihn ganz selbstverständlich. Er hatte geglaubt, dass ihm alles in die Hände fiel, ohne viel dafür zu tun. Seinem Hochmut verdankte er es, dass er sich auf eine Affäre mit dieser hübschen jungen Frau eingelassen hatte. Heute bereute er, sich so gewissenlos verhalten zu haben. Er hatte seine Frau belogen, betrogen und im entscheidenden Moment im Stich gelassen.

»Was ist mit dir?«, fragte Claudia. »Ich habe dich lebenslustiger und draufgängerischer in Erinnerung!«

»Das war einmal«, entgegnete Erik knapp, weil er keine Lust hatte, Claudia seine wahren Gefühle zu offenbaren. Ihre Beziehung war nur von kurzer Dauer gewesen und konzentrierte sich ausschließlich auf die körperlichen Gelüste. Warum also sollte er sich ihr anvertrauen. Im Grunde genommen kannte er sie gar nicht.

»Entschuldige, wenn ich dir zu nahe getreten bin«, reagierte sie eingeschnappt.

Dass Erik darauf schwieg, war ihr nicht recht, denn sie fügte an: »Wir haben uns doch einmal gut verstanden! Warum kann das heute nicht mehr so sein?«

»Ich habe doch gar nichts gesagt«, wehrte Erik ab, weil er ahnte, worauf dieses Gespräch hinauslaufen sollte.

»Eben. Ich möchte, dass du etwas zu mir sagst!«

»Der Zeitpunkt zum Reden ist denkbar schlecht. Wir müssen die Nachbarn befragen, das geht nun mal vor«, entgegnete Erik schroff.

Sybille Lohmanns Haus stand weit von der Herchenbacher Straße zurückgesetzt, so dass es von Fremden leicht übersehen werden konnte. Eine lange Einfahrt führte darauf zu, die mit Bäumen und Sträuchern gesäumt war. Laub verteilte sich über dem Zufahrtsweg, was dem Haus eine

Atmosphäre von Trostlosigkeit und Vernachlässigung verlieh. Der Wind wirbelte einige Blätter auf und wehte neue aus den Bäumen hinzu. Das Schauspiel wirkte gespenstisch. Sie klingelten am Nachbarhaus und eine ältere Dame öffnete die Tür. Sie stellten ihre Frage nach dem Verhältnis zwischen Mutter Sybille und Sohn Sven, woraufhin die Alte sofort losplapperte: »Also diese beiden waren schon seltsam. Der Junge hatte niemals gleichaltrige Freunde oder Freundinnen. Die meiste Zeit hat er bei seiner Mutter verbracht!«

»Was ist daran so seltsam?«, fragte Erik.

»Sven hatte keine Freundin, zumindest keine, von der ich weiß. Aber wenn Sybille Besuch von drei jungen Damen bekam, dann benahm er sich immer wie der Hahn im Korb. Dabei waren die Besucherinnen zu Sybille gekommen und nicht zu ihm. Das gab häufig Streit.«

»Wer waren die drei Frauen?«, zückte Claudia sogleich ihren Notizzettel.

»Die eine habe ich sofort erkannt, das war Susi Holzer, die Hebamme aus unserem Dorf. Susi hatte sich nebenbei als Babysitterin ein bisschen Geld verdient. Sie liebt Kinder über alles.«

»War Susi Holzer in ihrer Funktion als Hebamme oder Babysitterin zu Sybille Lohmann gekommen?«

»Da war plötzlich ein Baby, keiner wusste Genaueres darüber«, grübelte die Alte. »Etwas ist dort passiert! Ich weiß leider nicht mehr genau was. Was ich aber genau weiß, ist, dass Susi und Sybille heftigen Streit bekommen hatten. In letzter Zeit habe ich Susi nicht mehr gesehen. Nur noch die beiden anderen Damen, Annette Fellinger und Rita Rech, besuchten Sybille gelegentlich, aber diese Besuche wurden auch immer seltener.«

»Wie lange ist das nun her?«, fragte Erik hocherfreut über die Wendung seiner Ermittlungen.

»Das war im Frühling«, war sich die Alte ganz sicher.

Sie bedankten sich und begaben sich zum Haus auf der anderen Seite. Auf dem Weg dorthin meinte Claudia verächtlich: »Weißt du jetzt, was ich meine, wenn ich sage, dass ich es in einem Dorf wie diesem nicht mehr aushalte?«

»Ja, ich glaube, ich kann dich inzwischen besser verstehen«, nickte Erik. »Wie alt warst du, als du hier weggegangen bist?«

»Ich hatte gerade das Abitur gemacht und mich sofort in Wiesbaden an der Fachhochschule für Verwaltung angemeldet. Damals war ich zwanzig.«

»Hätte es nicht gereicht, von Walpershofen nach Saarbrücken zu ziehen? Musste es gleich ein anderes Bundesland sein?«, staunte Erik.

»Ich hatte meine Gründe!«

Erik spürte, dass nun er es war, der zu weit gegangen war. Sofort entschuldigte er sich und steuerte das nächste Haus an. Eine junge, dunkelhaarige Frau öffnete ihnen. Sie trug hautenge Leggins, die ihre schlanken Beine betonte und ein Top, das kurz über dem Bauchnabel endete und den Piercing-Schmuck freilegte. Nachdem Erik den Grund seines Besuches erklärt hatte, ließ die Frau unverhohlen ihren Blick an Erik herunter- und wieder heraufwandern, bevor sie die beiden bat, einzutreten. Dabei machte es den Eindruck, dass sie Claudia am liebsten vor der Tür zurückgelassen hätte. Erik spürte die Blicke, erwiderte sie ebenso eindeutig und fragte: »Können Sie uns etwas über das Verhältnis zwischen Sybille Lohmann und ihrem Sohn Sven Koch sagen?«

»Oh ja«, meinte sie, bat die Polizeibeamten Platz zu nehmen und berichtete, während sie mit gekonntem Hüftschwung auf und ab ging: »Sven ist ein kleiner Schwerenöter! Zwar ist er gerade mal süße fünfundzwanzig Jahre alt, was ihn aber nicht daran hindert, mit Frauen wie mir zu flirten.«

Claudia verdrehte die Augen, weil sie ahnte, worauf das Gespräch hinauslaufen sollte.

»Was natürlich nicht heißen soll, dass ich zu alt für ihn bin«, säuselte sie weiter. Mit einem geschickten Satz schwang sie sich neben Erik, der diese hübsche junge Frau keine Sekunde aus den Augen ließ. »Ich stehe auf reifere Männer mit Erfahrung!«

»Gab es Streit zwischen Sven und seiner Mutter?«, fragte Erik weiter.

»Nein! Sven liebte seine Mutter, was bei uns im Dorf natürlich immer auf Belustigung stieß«, lächelte die junge Frau. Sie wandte ihren Blick von Erik ab und fixierte Claudia eine Weile, bis sie fragte: »Kann es sein, dass wir uns kennen?«

»Wir stellen hier die Fragen!« blockte diese unfreundlich ab.

»Ihre Kollegin geht zum Lachen wohl auf die Toilette«, richtete die hübsche Frau sich an Erik, der über diesen Vergleich lächeln musste.

Das war zu viel für Claudia. Hastig sprang sie auf und rief: »Ich denke, es reicht!«

»Ich möchte noch wissen, ob Sie etwas über einen Streit zwischen Susi Holzer und Sybille Lohmann wissen«, drängte Erik.

»Ich weiß nur, dass Susi ein echter Kindernarr ist, ihr Leben mit Babysitten oder als Hebamme verbringt, es aber bis heute nicht zu einem eigenen Kind gebracht hat!«

»Das ist aber kein Grund zum Streiten«, zweifelte Erik.

»Nein, das nicht. Zu einem Kind braucht man aber einen Mann. Haben Sie Kurt Lohmann, Sybilles verschiedenen Gatten gekannt?«, hakte die junge Frau spitzfindig nach.

Erik schüttelte den Kopf, schaute Claudia an, ob sie den Mann kannte. Aber die stand schon an der Haustür.

»Kurt sah verdammt gut aus und konnte keiner Frau widerstehen«, erklärte sie.

»Ihnen auch nicht?« Diese Frage konnte Erik sich nicht verkneifen, weil er spürte, wie ihm die Fantasie Streiche spielte.

»Erik, wo soll dieses Gespräch hinführen. Wir müssen noch arbeiten, falls du das vergessen hast«, unterbrach Claudia das Knistern zwischen den beiden.

»Hatte Susi ein Verhältnis mit Kurt Lohmann, von dem Sybille erfahren hat?«, beeilte Erik sich, endlich etwas Brauchbares von der Zeugin zu erfahren.

»Finden Sie es heraus«, flötete sie ihm stattdessen ins Ohr.

Hastig eilte Erik hinter Claudia her und war in diesem Moment tatsächlich froh, seine Kollegin dabei zu haben.

»Kennst du diese Frau?«, fragte er auf der Straße.

Der Wind blies kalt an diesem Tag, die Wolken hingen bleischwer am Himmel und kündigten den nächsten Regenschauer an. Erik strich seine dunkelblonden Haare, die vom Wind zerzaust waren, aus dem Gesicht.

»Nein! Zumindest kann ich mich nicht an sie erinnern. Immerhin liegt es jetzt fünfzehn Jahre zurück, seit ich von dort weggegangen bin. Wer weiß, vielleicht war sie damals noch gar nicht auf der Welt«, entgegnete Claudia unfreundlich.

»Jetzt übertreibst du aber«, tadelte Erik.

»Wenn du etwas mit ihr angefangen hättest, hätte ich dich auf alle Fälle wegen Verführung Minderjähriger angezeigt«, schimpfte Claudia unbeirrt weiter.

»Sonst hast du wohl keine Probleme«, wurde Erik ungeduldig. »Ich frage dich ja nur, weil sie sich an dich erinnert hat. Es hätte ja sein können ...«

Am nächsten Haus öffnete ihnen ein alter, knochiger Mann mit einem unfreundlichen Gesichtsausdruck und einer knurrigen Stimme, die Erik in die Realität zurückbrachte.

»Was wollen Sie?«

Erik erklärte den Grund seines Besuches, worauf der alte Herr murrte: »Dieses Weib hat bisher nur Scherereien gebracht. Es ist ein Wunder, dass es sie nicht schon viel früher erwischt hat!«

»Was wollen Sie damit sagen?«, fragte Claudia.

»Sybille hat es mit der Treue nie so genau genommen. Wer weiß, vielleicht hat einer ihrer vielen Liebhaber sich an ihr gerächt. Heute den, morgen den. Was ist das für ein Leben? Sie weiß noch nicht einmal, von wem ihr Sohn ist. Da soll der Bursche mal besser werden als seine Mutter.«

»Was macht Sven? Hat er auch ständig neue Liebschaften?«, staunte Erik.

»Er läuft hinter Frauen her, die so alt sind, dass sie seine Mutter sein könnten. Das ist doch nicht normal«, schimpfte der Alte.

»Warum ärgert Sie das?«, fragte Erik gereizt durch die Übellaunigkeit des alten Mannes. »Sie wird er wohl kaum belästigt haben!«

»Mich nicht, aber dafür meine Enkelin. Dabei hat sie kein Interesse an ihm, weil sie nicht auf Grünschnäbel steht. Sie ist ein ordentliches Mädchen und wird sich ihr Leben nicht mit einem Hallodri wie Sven verderben lassen.«

»Wer ist ihre Enkelin?«

»Meine Enkelin heißt Annette Fellinger!«

Diese Antwort ließ Erik und Claudia staunen.

»Wie gut kennen sich Ihre Enkelin und Sybille Lohmann?«

»Soweit ich weiß, haben sie mal zusammen gearbeitet. Dabei hat Sybille sicherlich erkannt, dass Annette beliebt war. Sie hatte sich diese Eigenschaft zunutze gemacht, indem sie sich Annette einfach anschloss, um ebenfalls von dieser Beliebtheit zu profitieren. War ihr bestens gelungen. Ihr Leben war so schillernd, dass ich bei der Erwähnung ihres Namens an Josefine Mutzenbacher denken muss.«

»Das sind harte Worte«, tadelte Erik.

»Sehen Sie es, wie Sie wollen.«

Mit einem heftigen Knall warf er die schwere Holztür zu.

»Ich glaube, heute ist nicht unser Tag«, stellte Erik frustriert fest.

Eiskalter Regen tropfte herunter. Missmutig schaute Erik zum Himmel, was seine Stimmung nicht besserte. Die Wolken wurden immer dunkler, der Wind immer heftiger und der Regen immer stärker.

Im Laufschritt eilten sie zum nächsten Haus.

4

Nach eingehender Suche mussten Anke und Fred Feuerstein erkennen, dass es über Sybille Lohmann keine Akte gab. Sie hatte sich in ihrem kurzen Leben – sie war 45 Jahre alt – nichts zuschulden kommen lassen. Anke bedankte sich bei dem hilfsbereiten Kollegen und kehrte zurück in ihr Büro. Die ganze Abteilung war verwaist. Es gefiel ihr nicht, allein dort zurückzubleiben und sich mit der Suche nach der Versicherungsgesellschaft herumzuschlagen. Außerdem waren die Büros inzwischen alle geschlossen, so dass sie ohnehin nichts mehr erreichen würde. Kurz entschlossen brach sie auf und fuhr zu Susi Holzer. Die anonymen Anrufe beschäftigten sie immer noch, obwohl Forseti ihnen keinerlei Bedeutung beimaß. Ankes vage Vermutung, dass Susi mit ihren Freundinnen am Unfallort vorbeigekommen war, wollte sich nicht einfach verleugnen lassen. Wer wusste schon, ob Susi die ganze Geschichte erzählt hatte.

Um nach Riegelsberg-Walpershofen zu gelangen, musste Anke über den Ludwigskreisel in die Lebacher Straße am Rastpfuhl vorbeifahren. Dort hatte sich in den letzten Jahren viel verändert. Die alte Fußgängerbrücke am Cottbusser Platz war vor fünf Jahren eingestürzt. Inzwischen war sie durch eine Straßenbahnüberführung ersetzt worden. Seit dem Bau der Straßenbahnschienen, war der Verkehr auf dieser Straße noch dichter geworden, trotz der Bemühungen, durch das erweiterte Angebot an öffentlichen Verkehrsmitteln den Autoverkehr zu reduzieren. Mühsam kämpfte Anke sich durch die stark befahrene Straße bis zur Autobahn A1, die nach Riegelsberg führt. Erst dort konnte sie aufatmen und Gas geben, damit sie schneller ans Ziel kam. Susi wohnte im ersten Stock ihres Elternhauses, ein kleines, altes Haus in der Herchenbacher Straße. Ihre Mutter lebte im Erdgeschoss. Das freistehende, gepflegte Haus stand von der Hauptstraße zurückgesetzt. Als Anke vorfuhr, parkte dort bereits ein Auto, ein sportliches BMW-Coupé in Silbermetallic. Dieses Auto gehörte nicht Susi, das wusste Anke genau. Sie stellte ihren Wagen nur ungern dahinter ab, weil ihr rostiger Kleinwagen schäbig von diesem Luxusgefährt abstach. Neugierig stieg sie aus, umrundete das fremde Fahrzeug mit prüfendem Blick, ob sich daran Unfallspuren zeigten. Aber sie konnte nichts erkennen, der Lack war makellos. Sie klingelte. Kurz darauf wurde die Tür von Susi geöffnet.

»Hallo Anke, schön dass du kommst«, bat sie ihre Besucherin sogleich ins Haus. »Meine Freundinnen Rita und Annette sind auch da!«

Über eine schmale, alte Treppe ging es in den ersten Stock. Weiter führte der Weg durch einen Flur in ein helles, freundliches Zimmer, das trotz seiner gediegenen, altmodischen Einrichtung gemütlich wirkte. Dort saßen zwei Frauen, die sofort aufsprangen, als Anke den Raum betrat. Hastig kam die dunkelhaarige junge Frau auf Anke zu und reichte ihr schon von weitem die Hand. »Ich bin Rita Rech«, stellte sie sich vor. Sie hatte schwarze, wellige Haare, die bei jeder ihrer Bewegungen mitwippten. Ihr Teint war blass, im Kontrast dazu hatte sie ihre Lippen dunkelrot geschminkt. Die andere Freundin war Annette Fellinger. Ihr Gesicht war leicht gebräunt, als besuchte sie regelmäßig ein Sonnenstudio. Sie trug ihre blonden Haare fast bis zur Hüfte. Beide waren bekleidet mit hautengen Leggins, Turnschuhen und Oberteilen, die so eng waren, dass ihre Brüste durchschimmerten. Ihre Trainingsjacken hatten sie lässig über ihre Schultern geworfen. Außerdem zierte Annettes Gesicht ein lilafarbenes Stirnband, das besonders gut zu ihren grünen Augen passte. Anke war erstaunt über die Gegensätze dieser Freundinnen. Zwischen Rita und Annette wirkte die kleine, pummelige Susi bieder.

Als Rita die prüfenden Blicke von Anke bemerkte, erklärte sie: »Wir kommen gerade vom Jogging!«

»Seit ihr in einem Lauftreff?«, fragte Anke.

»Ja, im Lauftreff Köllertal. Aber es kommt schon mal vor, dass wir nur für uns laufen. Manchmal braucht man einfach seine Ruhe und wo bekommt man die besser als im Wald«, erklärte Rita froh gelaunt.

»In welchem Wald lauft ihr?«

»Wir treffen uns in Köllerbach-Rittenhofen, überqueren die Hauptstraße und laufen bis in den Wald bei Schwarzenholz«, erklärte Rita stolz.

»Das klingt, als sei es eine weite Strecke«, staunte Anke.

»Wir trainieren regelmäßig, deshalb sind wir topfit. Aber deshalb bist du bestimmt nicht gekommen. Wir freuen uns natürlich, dass du unserer Freundin helfen kannst!«

»Ich muss dich leider enttäuschen«, richtete Anke sich an Susi. »Mein Chef hat einer Fangschaltung nicht zugestimmt.«

Enttäuscht seufzten die drei Freundinnen auf.

»Hat er sich wieder gemeldet?«

»Nein!«

»Hast du ihm bei seinem letzten Anruf etwas gesagt, was ihn von weiteren Anrufen fern halten könnte?«, bohrte Anke weiter.

»Ich habe ihm gesagt, dass meine Freundin beim Landeskriminalamt arbeitet und dass ich ihr alles erzählt habe. Das hat wohl Wirkung gezeigt«, antwortete Susi.

Das machte die Situation noch interessanter, fand Anke. Darüber musste sie unbedingt mit Erik sprechen, denn nur er machte sich die Mühe, ihre Vermutungen ernst zu nehmen.

»Ist euch beiden etwas auf dem Nachhauseweg Samstagnacht aufgefallen?«, richtete sie sich nun an Rita und Annette.

Die beiden Frauen legten sofort feindselige Mienen auf. Annette übernahm das Reden: »Sybilles Tod trifft uns sehr, aber wir haben nichts damit zu tun!«

»Es tut mir leid, dass eure Freundin tot ist«, beschwichtigte Anke. »Aber ihr wollt doch bestimmt wissen, wie es zu diesem tragischen Unfall kam, gerade weil es eure Freundin ist.«

Damit hatte sie Annette den Wind aus den Segeln genommen. Sie lenkte ein und antwortete: »Uns ist auf dem Heimweg nichts aufgefallen! Wir waren betrunken und nicht gerade aufmerksam. Susi ist gefahren, weil sie am nüchternsten von uns dreien war!«

Rita begann zu kichern, was Anke stutzig machte. Wie nah ging ihr der Tod wirklich?

»Was ist jetzt plötzlich so lustig? Euren Stimmungsschwankungen kann ich nicht so ganz folgen«, bekannte sie unfreundlich.

»Das Einzige, was ich noch weiß, ist die Sternschnuppe am Himmel«, erklärte Rita. Ihr Lachen wurde immer lauter, bis Annette und Susi mit einstimmten, als habe sie einen urkomischen Witz gemacht. Anke musste warten, bis die drei lachenden jungen Frauen sich beruhigten, bevor sie nachhaken konnte: »Was für eine Sternschnuppe in einer kalten, verregneten Oktobernacht?«

»Das ist es ja gerade! Wir haben schon halluziniert«, erklärte Rita.

»Susi, du hast mir doch etwas von einem Fahrer gesagt, der stark aufgeblendet hatte«, erinnerte Anke sich.

»Das war die Sternschnuppe«, gestand Susi.

»Ist es denn möglich, dass du von deiner Fahrspur abgekommen und auf die Gegenfahrbahn geraten bist, weshalb das entgegenkommende Fahrzeug aufgeblendet hat?«

Susi staunte über diese Theorie. Annette und Rita wurden ebenfalls ganz still.

Anke erhob sich von ihrem Platz und ging zu dem großen Fenster. Von dort reichte die Sicht über Felder und vereinzelte Baumgruppen bis zum nächsten Ort.

»Ist das Riegelsberg, was ich von hier aus erkennen kann?«, fragte Anke.

»Nein, das ist Köllerbach-Etzenhofen«, antwortete Susi.

Der Tag neigte sich dem Ende zu, die Dämmerung brach herein. Im heftigen Wind bogen sich die Bäume, deren Laub in rot, braun und gelb schimmerte. Ankes Blick wanderte zurück zum Hof des Hauses bis hinauf zur Fensterbank, als sie etwas entdeckte, was ihre Aufmerksamkeit erregte. Der Vorsprung war schmutzig und abgenutzt. Neugierig ließ sie ihren Blick nach links zu einer Regenrinne wandern. Diese Rinne war mit stabilen Streben befestigt, so dass sie die Funktion einer Leiter erfüllte. Ankes Blick verfolgte dieses Rohr, das im Hof endete und spürte instinktiv, dass dieser Weg einen Fluchtweg darstellte. Sofort erinnerte sie sich an ihre eigene Jugend. Von ihrem Zimmer aus gab es auch eine Möglichkeit, über das Garagendach in den Garten zu gelangen. Diesen Geheimweg hatte sie oft benutzt, um spätabends noch zu Freunden gehen zu können, wenn sie sich mal wieder von ihren Eltern unverstanden fühlte. Die Spuren vor Susis Fenster machten den Eindruck, als würde dieser Weg immer noch regelmäßig benutzt.

Als sie sich umdrehte, schaute sie in angespannte Gesichter. Was sie dort entdeckt hatte, war also ein Geheimnis, erkannte Anke. »Mit welchem Auto seid ihr gefahren?«

»Mit meinem Suzuki«, antwortete Susi. »Er steht neben dem Haus!«

Sie begaben sich nach draußen, an Annettes Auto vorbei zur Seite des Hauses, die von der Straße aus nicht einzusehen war. Dort stand ein dunkelgrüner Suzuki, den Anke bei ihrer Ankunft nicht bemerkt hatte. Ein Bewegungsmelder erleuchtete den Abstellplatz, so dass Anke das Auto genauer erkennen konnte. Es war verschmutzt und an einigen Stellen verkratzt. Prüfend ging sie um das Fahrzeug herum. An der vorderen Stoßstange waren mehrere Beulen, unterhalb des linken Scheinwerfers war der Lack ab und der linke Kotflügel leicht eingedrückt. Außerdem waren Rostflecken an der gesamten Karosserie zu erkennen. Da war es schwierig, alte Schäden von neuen zu unterscheiden.

»Wir werden nicht umhin können, das Fahrzeug in unserem Kriminallabor zu untersuchen«, stellte Anke fest und rief sofort den Kollegen Theo an.

5

Wie begossene Pudel standen die drei Frauen vor dem Haus und schauten beim Abtransport des Autos zu.

»Du glaubst also, dass wir ein Auto von der Fahrbahn abdrängen ohne es zu bemerken?«, schimpfte Susi, nachdem wieder Ruhe eingekehrt war.

»In eurem Zustand ist so etwas leicht möglich«, beharrte Anke. »Eure Schilderung von der Sternschnuppe hat mich erst auf diese Idee gebracht. Das war keine Sternschnuppe, das war ein entgegenkommendes Fahrzeug, dass euch schon verdammt nah gekommen sein muss, sonst hättet ihr das Licht nicht so deutlich wahrgenommen!«

Rita und Annette schauten sich viel sagend an, schweigen aber. Susi war immer noch empört, warf sich auf das Sofa und murrte weiter: »Warum ruft dieser Verrückte nur mich an? Wir waren zu dritt im Auto.«

»Wo haben Rita und Annette gesessen?«

»Auf dem Rücksitz«, antwortete Rita und kicherte los. Sie hatte bereits die Antwort auf Susis Frage: »Der Spinner hat uns nicht gesehen!«

»Wie nahe geht euch Sybille Lohmanns Tod wirklich?«, wurde Anke inzwischen ungeduldig über das Gekicher.

»Das geht dich nichts an«, konterte Annette giftig.

»Dann hört mit eurem dämlichen Lachen auf! Die Angelegenheit ist keineswegs lustig«, ermahnte Anke, worauf Rita sofort vorlaut erwiderte: »Dann tu etwas dagegen. Es liegt an dir, ob Susi vor diesem Fremden geschützt werden kann oder nicht!«

»Leider ist es nicht so, sonst hätte ich bereits eine Fangschaltung installieren lassen«, wehrte Anke ab. Bei diesem Streitgespräch spürte sie wieder ihre schmerzliche Sehnsucht nach ihrem ehemaligen Chef Kullmann. Bei ihm hätte sie sicherlich die erforderliche Zustimmung bekommen, weil er ihrem Urteilsvermögen immer vertraut hatte. Jetzt brauchte sie Beweise und diese würden hoffentlich an Susis Auto gefunden werden.

Anke wollte gerade gehen, als es an der Tür klingelte.

»Wer kann das sein?«, murmelte Susi und eilte an ein Fenster zur Straßenseite. »Das ist Emil«, rief sie durch den Flur.

»Den will ich jetzt nicht sehen«, schimpfte Annette sofort los.

Anke spürte, dass sich etwas Interessantes anbahnte. Sachte ließ sie sich auf das Sofa zurücksinken.

Zum zweiten Mal an diesem Tag sah sie den jungen Mann mit der dicken Hornbrille und dem pickeligen Gesicht.

Fragend schaute Emil Tauber auf Anke und wandte sich im Flüsterton an Susi: »Wer ist das?«

Sein Versuch, leise zu sein, gelang ihm äußerst schlecht, weil Anke alles verstand. Seine Aussprache klang gepresst, als lispelte er. Außerdem sah Anke sofort, dass er beim Reden spuckte, weil Susi sich demonstrativ mit ihrer Hand durchs Gesicht fuhr.

Mit den Worten: »Ich bin Anke Deister, die Kriminalbeamtin, die den Fall Sybille Lohmann bearbeitet«, antwortete sie an Susis Stelle.

»Was wollen Sie hier? Ich habe den Unfall gemeldet,

nicht Susi«, reagierte er trotzig, wobei das ›S‹ wie ein Zischlaut klang. Sein Gesicht war übersät mit knötchenartigen Geschwülsten, die teilweise Gewebsflüssigkeit abstießen. Seine Brille war so schwer, dass sie seine dicke, plumpe Nase eindrückte, seine Lippen waren rissig und spröde.

»Susi Holzer ist meine Hebamme, das genügt Ihnen hoffentlich als Grund für meinen Besuch«, entgegnete Anke bestimmt.

Die beiden Joggerinnen verabschiedeten sich überstürzt. Anke spürte immer deutlicher, dass es dort mehr gegeben hatte, als eine Party mit viel Alkohol und Sternschnuppen auf dem Nachhauseweg. Auch Emil verabschiedete sich. Als Stille eingekehrt war, fragte Anke: »Was hatte das zu bedeuten?«

Susi räusperte sich, als müsste sie sich gut überlegen, was sie nun sagte. Dann meinte sie: »Emils Anwesenheit ist nicht erwünscht!«

»War er auch auf der Party Samstagnacht?«

»Nein! Niemand lädt Emil ein«, empörte Susi sich.

»Wie kommt es dann, dass er auf derselben Straße nach Hause gefahren ist wie du?«

»Das kann nur Zufall sein.«

»An Zufälle glaube ich nicht«, bemerkte Anke dazu, erhob sich schwerfällig vom Sofa und ließ eine nachdenkliche Susi allein zurück. Ihre Fröhlichkeit und ihr Lachen waren verschwunden.

Im Landeskriminalamt waren inzwischen alle eingetroffen. Rasch huschte Anke in ihr Zimmer, um nicht ihrem Chef zu begegnen, der ihre eigenmächtige Aktion sicherlich nicht gutheißen würde. Aber sie hatte Pech, denn Forseti saß an ihrem Schreibtisch, was Anke so erschreckte, dass sie einen Schrei ausstieß.

»Ich bin derjenige, der hier schreien müsste«, versetzte ihr Chef kühl.

Ankes Knie wurden ganz zittrig. Schnell setzte sie sich auf den Besucherstuhl, bevor sie umfiel, und wartete auf die Tirade, die sie nun befürchtete.

»Wie ich aus zuverlässiger Quelle erfahren habe, waren Sie bei Susi Holzer«, leitete er mit betonter Höflichkeit ein. Doch diese Zurückhaltung sollte nicht von langer Dauer sein, denn schon sprang er auf, so dass er sie von oben herab ansah, während er sprach: »Was fällt Ihnen ein, auf eigene Faust das Team unserer Kriminaltechniker einzuspannen, um einem Verdacht nachzujagen, der jeglicher Grundlage entbehrt?«

Anke erschrak vor dieser Heftigkeit.

»Herr Barthels, treten Sie ruhig ein«, rief er noch lauter.

Theo Barthels betrat das Zimmer, schaute Anke verlegen an und berichtete auf Forsetis Bitte hin: »Es wurden keine Spuren an Susi Holzers Wagen gefunden, die auf einen Zusammenstoß mit dem Unfallwagen hindeuten!«

Nun brach Anke der Schweiß aus. Sie hatte sich tatsächlich verrannt, das musste sie sich einfach eingestehen. Schweigend saß sie da und wartete darauf, welche Konsequenzen ihr Schritt für sie haben würde. Zunächst blieb alles still, bis Theo Barthels leise anfügte: »Tut mir leid, Anke!«

»Danke, Sie können jetzt gehen«, befahl Forseti.

Dieser Aufforderung folgte der Chef der Spurensicherung nur zu gern.

Anke war weiterhin angespannt vor Erwartung, was ihr Vorgesetzter nun vorhatte. Zu ihrem großen Erstaunen änderte er seinen Tonfall nach einigen Überlegungen, indem er lächelnd bemerkte: »Sie sind schwanger, deshalb verzeihe ich Ihnen diesen Fehltritt. Ich weiß, dass Sie gerade eine Zeit durchmachen, in der Sie unter einer starken psychischen Belastung stehen. Wenn das Kind einmal da ist, hoffe ich, dass solche Entgleisungen nicht mehr vorkommen werden!«

Er stand auf, ging langsam um den Schreibtisch herum an Anke vorbei. In ihrer Nähe blieb er stehen und sprach weiter: »Sie werden bis zu Ihrer Entbindung nur noch am Schreibtisch arbeiten. Das ist keine Strafe, sondern eine Vorsichtsmaßnahme!«

Anke spürte große Hoffnungslosigkeit in sich aufkeimen.

Bevor er ihr Zimmer verließ, wagte sie sich zu fragen: »Woher kennen Sie sich so gut mit schwangeren Frauen aus? Haben Sie Kinder?«

Es war das erste Mal, dass Anke die Kühnheit besaß ihn etwas Privates zu fragen. Aber ihre Neugierde war so groß, dass sie einfach nicht umhin konnte. Außerdem beschlich sie das Gefühl, dass ihre Schwangerschaft in diesem sonst so unnahbaren Menschen etwas berührte, was ihr in dieser peinlichen Situation sogar nützlich sein könnte.

Prüfend schaute er sie an, als wollte er zunächst abschätzen, ob es richtig war zu antworten. Dann bewegte er sich auf die Tür zu, dass Anke glaubte, mit ihrer Frage einen großen Fehler gemacht zu haben. Er öffnete die Tür, verschloss sie jedoch wieder von innen, kam einige Schritte zurück und antwortete: »Ja, ich habe Kinder. Zwei Söhne!« Dann verließ er eilig das Zimmer.

Von den Ereignissen des Tages war Anke so aufgewühlt, dass sie an diesem Abend auf keinen Fall allein sein wollte. Also fuhr sie kurz entschlossen nach Feierabend zu Kullmanns Haus in Saarbrücken-Schafbrücke. Hoffentlich traf sie ihn zu Hause an. Es regnete in Strömen, als sie sich durch den dichten Verkehr quälte. Ihr fiel sofort auf, dass das Dach des alten Hauses neu gedeckt worden war. Die Ziegel leuchteten rot, der einzige Farbtupfer in diesem grauen und tristen Wetter.

Etwas nervös klingelte sie. Seit er im Ruhestand war, hatten sie sich nicht mehr gesehen. Wie würde er ihren Überfall nun empfinden? fragte Anke sich verunsichert. Würde er sich freuen, wie er es ihr immer beteuert hatte? Die Tür wurde geöffnet und da stand er vor ihr. Er trug eine hellgraue Weste, die gemütlich und warm aussah, dazu eine dunkelgraue Hose und Pantoffel. Sein Blick war zuerst erstaunt, doch dann sogleich hocherfreut.

»Anke, wie schön Sie zu sehen«, bat er sie, in sein Haus einzutreten.

Erleichtert folgte sie seiner Aufforderung und ging durch den langen Flur ins Wohnzimmer, wo Martha im Sessel saß. Die kleine, rundliche Frau begrüßte Anke mit einer liebevollen Umarmung. Kullmann stand hinter den beiden und genoss den Anblick voller Herzlichkeit und Wärme.

»Das ist ja eine Überraschung«, beteuerte er nochmals. »Wie geht es Ihnen und dem Kind?«

»Uns geht es bestens«, lachte Anke.

»Wissen Sie schon, was es wird?«, fragte Martha.

»Nein, bei den Untersuchungen lag das Kind immer so ungünstig, dass der Gynäkologe nichts Genaues erkennen konnte!«

»Martha und ich waren schon in Sorge, dass Sie sich nicht mehr bei uns melden wollen. Lange ist es jetzt her, dass wir uns das letzte Mal gesehen haben«, stellte Kullmann fest, was Anke aber sofort widerlegen musste.

»Keinesfalls, ich wollte Ihnen einfach nicht zur Last fallen«, gestand sie. »Ein junges Glück sollte man nicht stören.«

Kullmann und Martha lachten, wehrten jedoch sofort ab, sich durch Anke belästigt zu fühlen.

»Was haben Sie in ihrem neuen Lebensstand so gemacht?«, fragte Anke. »Ist es Ihnen nicht langweilig geworden ohne uns?«

»Ich habe als erste gute Tat nach meinem Abschied das Dach meines Hauses neu decken lassen. Es war schon so alt, dass es fast reingeregnet hätte!«

»Das habe ich gesehen«, nickte Anke.

»Dann hat Martha etwas Kultur in meinen Garten gebracht. Dabei habe ich ihr geholfen. Aber nun wollen wir mehr von Ihnen hören. Ihr Leben ist mit Sicherheit viel spannender als unseres.«

Das nahm Anke zum Anlass von dem aktuellen Fall zu berichten. In dieser Zeit verzog Martha sich in die Küche, um das Abendbrot zuzubereiten.

Der erfahrene Kriminalist hörte sich Ankes Schilderungen genau an, dachte lange nach, bevor er sagte: »Der Name Kurt Lohmann sagt mir etwas! Leider kann ich mich nicht mehr genau erinnern! Aber bestimmt gibt es eine Akte über ihn!«

Anke berichtete ihm, dass Kurt Lohmann am 11. September im World Trade Center in New York umgekommen war. Kullmann zuckte mit den Schultern und meinte: »Kaum bin ich in Pension, gerät die Ordnung in meinem Gehirn durcheinander. Jetzt erinnere ich mich, dass Kurt Lohmann der einzige Saarländer war, dessen Identität unter den Opfern festgestellt werden konnte. Den Bericht hatte ich sogar auf meinem Schreibtisch!«

Sie berichtete weiter und hoffte, er möge ihre Ansicht, dass es sich nicht nur um einen Autounfall handelte, teilen.

»Das hört sich nach Unfall mit Fahrerflucht an. Warum wird die Mordkommission dazugeschaltet?«, fragte er nun genau das, was Anke nicht hören wollte.

»Weil der Verdacht besteht, dass Sybille Lohmann schon tot war, als der Unfall passierte!«

»Vermutet Forseti also, dass mit dem Fahrzeugbrand Spuren vernichtet werden sollten?«

»Er will sich zunächst absichern, ob ein Unfall mit Fahrerflucht vorliegt, bevor er weitere Schritte unternimmt.«

»Was vermuten Sie?«

Anke zögerte etwas, bis sie endlich von ihrer eigenmächtigen Handlung berichtete, die sie in große Schwierigkeiten gebracht hatte. Kullmann hörte sich alles in Ruhe an und bemerkte dann: »Vielleicht schaut ihr einfach nur an der falschen Stelle nach!«

»An welcher Stelle sollen wir denn suchen?«

»Am Ort des Geschehens muss es einen Hinweis geben, liebe Anke! Nur weil Forseti ihn nicht sieht, heißt das nicht, dass er nicht da ist. Ist denn an der Unfallstelle nach Reifenspuren gesucht worden?«

»Das weiß ich nicht«, gab Anke zu.

»Finden Sie es heraus. Je länger ich über Ihre Version des Falles nachdenke, umso überzeugter bin ich, dass sich an der Unfallstelle mehr abgespielt hat als ein Unfall mit Fahrerflucht!«

Ankes Aufregung wuchs. Es war wieder wie in der guten alten Zeit, als sie noch gemeinsam an einem Fall herumgebastelt hatten, bis alles zusammenpasste. Nun musste sie dafür ihren Feierabend nutzen, aber das war es ihr wert. Nur durch gemeinsames Rätseln und gemeinsame Gedankenspiele konnte sie in diesem Fall weiterkommen. »Sybille Lohmann wollte fortgehen, aber ihr Sohn war dagegen«, wiederholte Kullmann noch einmal Ankes Details.

»Ja! Aber die Tote saß auf dem Beifahrersitz.«

»Also wollte Sybille Lohmann nicht allein fortgehen. Es muss in ihrem Leben einen neuen Mann gegeben haben. Es muss doch in der Nachbarschaft zu erfahren sein, wer dieser neue Mann ist!«

»Ich werde morgen früh mit Erik darüber sprechen. Vielleicht hat er bei seiner Nachbarschaftsbefragung heute Nachmittag etwas darüber erfahren.«

»Zunächst sollte sich die Untersuchung auf darauf konzentrieren«, schlug Kullmann vor.

»Forseti vermutet, dass Sybille Lohmanns Sohn, Sven Koch, der Fahrer des Wagens war.«

»Wie kommt er darauf? Sie sagten doch, dass der Sohn gegen eine Abreise seiner Mutter war«, stutzte er.

»Sven Koch hat sich auffällig verhalten, was ihn natürlich verdächtig macht. Sonst hat Forseti keinen Verdächtigen.«

»Wurde der Zeuge Emil Tauber überprüft?«

»Noch nicht. Nachdem ich diese Szene in Susi Holzers Haus beobachtet habe, bin ich mir nicht sicher, welche Rolle er in diesem Fall spielt«, gestand Anke ihre Bedenken.

»Der Erste, den es gilt zu überprüfen, ist immer der Zeuge. Es gibt die erstaunlichsten Beweggründe, warum jemand einen Unfall oder einen Mord meldet. Häufig habe ich die Erfahrung gemacht, dass sich mancher Verdächtige als Zeuge gemeldet hat, um damit von sich selbst abzulenken. Deshalb ist es unbedingt wichtig, Emil Tauber unter die Lupe zu nehmen.«

Anke nickte und ärgerte sich gleichzeitig, dass sie nicht selbst darauf gekommen war.

Martha betrat das Zimmer mit Platten, die mit verlockenden Köstlichkeiten belegt waren. Sie stellte sie auf den Tisch, eilte hinaus und kehrte mit anderen Leckerbissen zurück. Nun erst merkte Anke, dass sie Hunger hatte. So schnell sie konnte stand sie auf und half Martha den Tisch zu decken. Es wurde ein herrlicher Gaumenschmaus für Anke, die sich wenig Zeit dafür ließ, ein gutes Essen zuzubereiten. Es machte ihr einfach keinen Spaß, allein zu essen. Umso wohler fühlte sie sich nun in der Gesellschaft dieser beiden wunderbaren Menschen. Sie aß viel mehr, als sie eigentlich wollte, lachte viel und vergaß dabei die Zeit. Als Martha begann, den Tisch abzuräumen, meinte der Gastgeber: »Martha, Liebes, bleib doch einfach hier bei uns. Der unaufgeräumte Tisch stört uns nicht!«

Anke stimmte zu: »Im Gegenteil. So sieht es erst richtig urgemütlich aus.«

»Ihr seid euch ja einig«, lachte Martha. »Wie in der guten alten Zeit!«

Wehmütig dachte Anke daran, dass ihr Kullmann jeden Morgen fehlte. Der Gang zur Arbeit war früher immer das größte Erlebnis für sie. Heute spürte sie wie es war, wenn man nur zur Arbeit ging, weil man gehen musste.

»Nicht traurig sein, liebe Anke«, erkannte der ehemalige Vorgesetzte Ankes Stimmungstief sofort. »Ich habe versprochen, immer zu helfen, wenn Sie mich brauchen, und ich stehe zu meinem Wort!

Außerdem möchte ich hiermit das ›Du‹ anbieten. Ich bin Norbert und vor uns sitzt Martha, meine liebe Frau!«

Erstaunt schaute Anke ihren ehemaligen Chef an, doch er ließ ihr keine Zeit zum Überlegen: »Was soll das Kind denn denken, wenn es regelmäßig zu uns kommt und wir uns wie Fremde ansprechen?«

Nun erst spürte Anke die Freude über das Vertrauen, das ihr von den beiden entgegengebracht wurde. Überglücklich umarmte sie die beiden. Tränen der Rührung standen in ihren Augen, als sie sich bedankte.

»Jetzt will ich aber keine Tränen sondern fröhliches Lachen sehen«, grinste Kullmann. »Ich wollte dir eine Freude machen.«

»Ich freue mich riesig, ich kann es nur nicht so zeigen!«

»Doch, doch! Das kannst du«, widersprach Martha energisch.

Gemeinsam besiegelten sie ihren Entschluss, indem sie ihre Wassergläser erhoben und sich zuprosteten.

»Wenn das Kind einmal da ist, stoßen wir mit Wein an.«

6

Erik war schon da, als Anke ins Büro kam und stellte gleich fest. »Du siehst übernächtigt aus. Warst du gestern aus?«

»Klar! Ich war in der Disco und habe die ganze Nacht getanzt«, entgegnete Anke.

»Entschuldige bitte, es geht mich nichts an. Hier, ich habe dir Tee gekocht!«

Auf Ankes fragenden Blick fügte er unsicher an: »Du trinkst doch Tee, oder bist du wieder auf Kaffee umgestiegen?«

»Nein, nein. Du hast das schon richtig erkannt. Ich staune nur über deine Fürsorge«, lachte Anke.

»Das ändert sich, sobald das Kind da ist«, wurde Erik ganz verlegen und wollte sich geschwind davon machen, als Anke ihn aufhielt: »Ist bei der Nachbarschaftsbefragung etwas Interessantes herausgekommen?«

»Gut, dass du mich daran erinnerst. Heißt deine Hebamme Susi Holzer?«

Anke nickte.

»Diesen Namen haben wir gestern erfahren. Eine Nachbarin erzählte uns, dass Susi Holzer und Sybille Lohmann vor einem halben Jahr heftigen Streit bekommen haben. Der Grund des Streits soll ein Baby gewesen sein. Könntest du versuchen, Näheres herauszufinden?«

»Klar, ich werde Susi einfach fragen«, stimmte Anke

zu, fühlte sich allerdings nicht wohl bei dem Gedanken, ihre Hebamme könnte in den Fall verwickelt sein. Bei ihrer Entbindung brauchte sie eine Begleitung, der sie blind vertrauen konnte.

»Außerdem ist uns Sven Koch entkommen«, unterbrach Erik ihren Gedankengang. »Forseti fordert momentan einen Durchsuchungsbefehl für sein Haus an. Ich warte nur noch auf den Marschbefehl!«

»So ein Mist«, schimpfte Anke. »Ich habe eine andere Spur und wollte dich bitten, mir zu helfen!«

Erstaunt schaute Erik sie an.

»Ich möchte aber noch nichts von meinem Plan sagen«, gestand Anke.

»Du kannst auf mich zählen«, sprach Erik die Worte aus, auf die sie gewartet hatte.

Fast im gleichen Augenblick betrat Forseti das Zimmer.

»Ich habe den Durchsuchungsbefehl von Staatsanwalt Foster bekommen. Anke, Sie muss ich bitten, den Bericht über die Befragung zu schreiben. Die Unterlagen finden Sie in der Ablage im Büro der Kollegin Fanroth. Wir machen uns auf den Weg zum Haus von Sven Koch!«

Anke ließ sich frustriert an ihrem Schreibtisch nieder. War sie inzwischen zur Schreibkraft degradiert worden, ärgerte sie sich. Oder passte es ihrem Chef nicht, dass sie eine Spur verfolgte, während er nur im Dunkeln tappte? Sie probierte den Tee, den Erik ihr gekocht hatte. Es war Apfeltee, er schmeckte fantastisch.

Bevor sie sich an die unliebsame Arbeit machte, versuchte Anke, ihre Hebamme zu erreichen. Aber sie hatte kein Glück. Es meldete sich nur der Anrufbeantworter. Zerknirscht nahm sie die Unterlagen zur Nachbarschaftsbefragung und begann, alles niederzuschreiben. Als das Telefon klingelte, war sie erleichtert über die Abwechslung. Zu ihrer Überraschung war Norbert Kullmann am Apparat.

»Was gibt es denn?«, fragte Anke neugierig.

»Anke, mir ist etwas eingefallen. Ich weiß nicht, inwieweit dir das bei deinen Ermittlungen weiterhelfen kann. Aber ich bin der Überzeugung, dass du auf jeden Fall informiert sein sollst.«

Anke stutzte. Das hörte sich nicht gut an, dachte sie sofort beunruhigt.

»Deine Hebamme heißt Susi Holzer, stimmt das?«

Anke schluckte. Das hörte sie an diesem Morgen schon zum zweiten Mal!

»Ja!«

»Als du mir den Namen genannt hast, bin ich nicht sofort darauf gekommen. Erst im Laufe der Nacht habe ich mich an den Fall erinnert!«

»Mach es bitte nicht so spannend«, drängte Anke, wobei sie an Eriks Worte denken musste.

»Susi Holzer arbeitet nebenbei noch als Babysitterin. Eines Abends sollte sie die Nichte von Sybille Lohmann, ein Mädchen namens Gina Koch, betreuen. Das Kind starb in dieser Nacht. Als Todesursache wurde plötzlicher Kindstod festgestellt!«

Anke wurde schlecht.

»Es gab nicht den kleinsten Hinweis, dass mehr dahinter steckte. Aber damit war die Sache nicht erledigt. Sybille hatte Susi die Schuld an dem Tod des Kindes gegeben«, erzählte Kullmann weiter, während Anke sich immer unwohler fühlte.

»Kurze Zeit später starb ganz überraschend auch

die Mutter des Kindes, Tanja Koch. Sie war die jüngere Schwester von Sybille und drogenabhängig.«

»Waren die Anschuldigungen von Sybille berechtigt?« Diese Frage interessierte Anke am meisten.

»Nein! Es war, wie von Anfang an festgestellt wurde, ein plötzlicher Kindstod. Das hätte jedem Babysitter passieren können. Susi Holzer traf keine Schuld!«

»Wie lange liegt dieser Fall zurück?«, fragte Anke weiter.

»Ein halbes Jahr.«

»Warum weiß ich nichts davon?«, staunte Anke.

»Wir bearbeiteten den Fall der Polizistenmorde, wie du dich wohl erinnerst. Der plötzliche Kindstod wurde nur vom Rechtsmediziner bearbeitet und anschließend vom Amtsleiter Wollny abgeschlossen. Da wir genug zu tun hatten, übernahm Wollny diese Angelegenheit.«

»Du meinst, dass die Drohanrufe von jemandem kommen, der über diesen alten Fall informiert ist?«

»Oder jemand, der betroffen ist«, spann Kullmann den Faden weiter.

»Wer war der Vater von Gina Koch?«

»Ich glaube, ein wenig musst du noch selbst machen. Alles weiß ich nämlich nicht mehr so genau. Ich wünsche dir noch gutes Gelingen und besuch uns bald wieder. Der gestrige Abend war schön und wir freuen uns schon auf das nächste Mal.«

Nun wusste Anke, warum Sybille und Susi Streit hatten. Aber mit diesem Wissen fühlte sie sich alles andere als wohl. Darüber musste sie mit ihrer Hebamme sprechen, weil sie sich ganz sicher sein musste, ob Susi wirklich die Richtige für ihre Entbindung war. Einerseits sollten Menschen mit einer Vergangenheit wie Susi eine neue Chance bekommen, aber musste ausgerechnet sie es sein, die ihr diese Chance gab? Sie fertigte den Bericht und versuchte aufs Neue, Susi telefonisch zu erreichen. Aber wieder ohne Erfolg. Dieses Gespräch musste warten, was Anke nicht gut in den Kram passte.

Das Haus von Sybille lag so weit von der Hauptstraße entfernt, dass die Beamten es fast verfehlt hätten. Bäume und Sträucher säumten die Auffahrt, die übersät mit Blättern war. Das braune, rote und gelbe Laub klebte nass vom Regen am Boden, wodurch es gefährlich glatt war. Vorsichtig gingen die Beamten über die Zufahrt zum Haus, dessen dunkle, abbröckelnde Fassade den Eindruck von Zerfall vermittelte. Der Wind blies heftig und der Regen klatschte auf ihr Ölzeug, das sie sich zum Schutz vor der nassen Witterung angezogen hatten. Die Haustür war alt und brüchig, weil sie schutzlos dem Wetter ausgesetzt war. Auf das Klingeln öffnete niemand.

Forseti bat Erik den Nachbarn hinzuzurufen, der trotz des kalten Windes nur in einem T-Shirt in der Tür seines Hauses stand und das Aufgebot an Polizei neugierig beobachtete. Er erklärte sich sofort bereit zu helfen, wo er konnte. Dass ihn dabei am meisten die Neugier trieb, war den Polizeibeamten nur zu deutlich. Sie öffneten die Haustür und traten ins Innere. Geruch von Staub und Moder schlug ihnen entgegen. Das Licht beleuchtete den Flur nur spärlich, so dass die Beamten ihre Taschenlampen zur Hilfe nehmen mussten, um den Inhalt der kleinen Schränke durchsuchen zu können. Das angrenzende Wohnzimmer zeigte eine Verwahrlosung, die unwillkürlich Mitleid hervorrief. Wie konnten Menschen unter solchen Bedingungen leben? Der Tisch war unter dem Durcheinander, das sich darauf stapelte nur zu vermuten, die Sessel und die Couch waren zerschlissen und stellenweise schaute das Innenfutter und einige Federn heraus. Die Tapete war vergilbt, die Schränke teilweise notdürftig repariert. Das Geschirr, das sich durch die Öffnungen, die nicht mehr zu schließen waren, abzeichnete, war gesprungen und voller brauner Flecken. Eine alte Stereoanlage stand auf einem Sideboard, aber ohne ein Kabel. Mehrere Schallplatten ohne Hüllen verteilten sich um diese Stelle des Schrankes, die Schranktür stand halb offen und ließ Zigarettenpackungen erkennen.

»Kein Geld, aber Rauchen«, staunte Erik. »Wie verträgt sich das?«

»Das mit dem Geld wollen wir herausfinden. Wenn er es wirklich auf die Lebensversicherungssumme abgesehen hatte, müsste ein Hinweis darauf zu finden sein«, bestimmte Forseti mit angeekeltem Gesichtsausdruck. Eine Wanduhr schlug im gleichen Augenblick die volle Stunde, so dass beide erschreckt zusammenzuckten.

Erik ging weiter in die Küche, die seine Vorstellung an Unordnung weit übertraf. Ungespültes Geschirr lag in der Spüle, ein benutzter Teller stand noch auf dem verschmutztem kleinen Tisch, eine leere Bierflasche daneben. Stubenfliegen versammelten sich dort trotz der kalten Jahreszeit und labten sich an den Abfällen wie die Maden im Speck. Der Geruch in diesem Zimmer war noch unerträglicher. Erik war in diesem Augenblick dankbar für die Handschuhe, die sie bei Durchsuchungen tragen mussten. Der Ofen war ein alter Gasofen. Auf einer Platte stand ein Kessel voller Wasser. Der Kessel war sauber. Neugierig drehte Erik an den Gasknöpfen. Bis auf eine Platte funktionierten alle. Vorsichtig öffnete er alle Schubläden, die klemmten oder ganz heraus fielen, so dass sich der Inhalt auf dem Boden verteilte. Er eilte hinaus und stieg vorsichtig die alte Treppe hinauf ins Obergeschoss. Jede Stufe knarrte beängstigend unter seinen Füßen. Das Schlafzimmer wirkte aufgeräumt, das Bett war ordentlich gemacht, der Zustand des Schranks war gut. Aber er war fast leer. Nur vereinzelte Kleidungsstücke hingen dort. Die Kommoden waren ebenfalls leer geräumt. Erik erinnerte sich daran, dass sich in Sybilles Wagen Koffer befunden hatten, weil sie verreisen wollte. Trotz des aufgeräumten Zustandes drang der unangenehme Modergeruch auch in dieses Zimmer. An den Tapeten entdeckte Erik dunkle Flecken, die den Eindruck hinterließen, dass das Dach nicht dicht war; Wasser drang durch die Wände. Im benachbarten Zimmer befanden sich die gleichen dunklen Flecke und der gleiche Geruch. Mit Sicherheit befand er sich nun im Zimmer von Sven Koch. Dieses Zimmer war tadellos eingerichtet und aufgeräumt. Eine Frisierkommode stand in einer Ecke neben dem Fenster. Die Kleiderschränke waren ordentlich eingeräumt und enthielten gute, sogar teure Anzüge, die in diesem Ambiente fehl am Platz wirkten. Ein Durchgang führte von diesem Zimmer in ein kleines Badezimmer, das eine Menge über Sven Kochs Gewohnheiten verriet. Hier erst erkannte Erik, wie es für den jungen Mann möglich war, in diesem Haus zu leben und einen gepflegten Eindruck zu hinterlassen. Sorgfältig durchsuchte er alles, aber ohne Ergebnis. Enttäuscht fuhr er zurück zur Dienststelle.

Schnell huschte Erik in Ankes Büro und meinte: »Wir haben freie Bahn. Forseti ist immer noch bei der Hausdurchsuchung!«

Anke lachte über Eriks spitzbübisches Verhalten und

fragte: »Was erhofft er sich, dort zu finden? Das besagte Feuerzeug?«

»Ich weiß es nicht. Vielleicht vermutet er Sven Koch unter den Bodendielen«, spekulierte Erik grinsend.

»Aber schon filettiert und eingetütet«, trieb Anke den Spott weiter.

»Hoffentlich vererbst du diesen rabenschwarzen Humor nicht an dein Kind weiter. Aber nun zu deinem Plan. Hier stehe ich dir voll und ganz zur Verfügung. Was hast du vor?«

Anke berichtete von dem Gespräch mit Annette Fellinger, Rita Rech und Susi Holzer, wobei sie ihre neueste Information über Susi Holzers Vergangenheit anfügte.

»Und was soll ich dabei tun?«, staunte Erik.

»Mich begleiten! Ich habe den Eindruck, dass Rita und Annette oberflächlich waren, als ich ihnen meine Fragen stellte. Ihr Gekicher zeigte mir, dass sie die Situation nicht ernst nehmen. Ich möchte wetten, dass sie sich anders verhalten, wenn ein Mann dabei ist!«

»Nun gut, dann sollten wir uns auf den Weg machen, bevor der Chef zurückkommt«, schlug Erik vor.

Die Neuhauser Straße war wieder frei, die Arbeiten der Spurensicherung waren beendet. Als sie die Unfallstelle erreichten, hielten sie an. Sie stiegen aus, überquerten die Straße und betrachteten sich den schmalen abschüssigen Streifen zwischen Bäumen und Sträuchern, den Abgrund, den das Auto hinuntergestürzt war. Es war schon erstaunlich, dass der Wagen genau an dieser Stelle von der Straße abgekommen war, weil es nur an dieser Stelle möglich war, bis ganz hinunter zu fallen. Heute erinnerte nur noch ein dunkler Rußfleck auf der Erde daran, dass dort ein schweres Unglück geschehen ist.

»Welche Rolle spielt Emil Tauber in dieser Sache?«, fragte Erik.

»Das ist eine gute Frage. Rita, Annette und Susi waren über seinen Besuch nicht gerade erfreut – um nicht zu sagen erschrocken«, erinnerte Anke sich.

»Erschrocken?«

»Ja, das ist das Erstaunliche! Das könnte doch bedeuten, dass Emil etwas gesehen hat und die drei damit unter Druck setzen will«, kombinierte Anke.

»Also, du hältst es für möglich, dass Emil Rita, Susi und Annette erpresst?«, hakte Erik skeptisch nach.

Anke zögerte, bevor sie die Schultern zuckte: »Ich glaube, ich habe mich wirklich in etwas verrannt!«

»Das werden wir noch feststellen. Zunächst einmal möchte ich die Frauen kennen lernen.«

Sie stiegen wieder ins Auto. »Es gibt in Saarbrücken und Umgebung mehr Natur, als ich vermutet hatte. Ich dachte immer, hier sei die Hochburg an Stahlwerken und Hochöfen«, dachte Erik laut, während er in ruhigem Tempo durch die kurvenreiche Straße fuhr.

»Das war einmal. Im Saarland gab es früher noch mehr Stahlindustrie. Viele Stahlwerke mussten schließen, weil die Produktion nach der Stahlkrise stagnierte. In Saarbrücken gibt es noch die Halberger Hütte. In Völklingen gab es die Röchling-Hütte. Sie bestand aus einem Hochofen, einer Gebläsehalle und einem Pumpenhaus, wurde 1980 stillgelegt und zu einem Museum umfunktioniert – das Weltkulturerbe. Die Hütte in Neunkirchen ist auch nur noch teilweise in Betrieb, der andere Teil wurde ebenfalls zu einem Museum umfunktioniert«, erklärte Anke.

»Mir gefällt in dieser Stadt die Gegensätzlichkeit von dörflichem Charakter in beschaulicher Idylle und Großstadthektik. So abwechslungsreich ist es nicht in Köln. Dort herrscht überwiegend Großstadthektik. Wenn man Natur sehen will, muss man hinausfahren zum Grünen Ring, der die gesamte Stadt einrahmt, oder zu den Parkanlagen. Aber die sind nicht natürlich entstanden sondern angelegt worden«, erklärte Erik.

In Walpershofen angekommen, passierten sie die ersten Häuser, fuhren unter der Bahnunterführung durch und bogen in die Herchenbacher Straße ein. Sie trafen Rita und Annette gemeinsam bei Annette zu Hause an. Die Wohnung befand sich in einem großen schmucklosen Doppelhaus in der ersten Etage mit Balkon auf der Rückseite, der eine Aussicht über den Ort Riegelsberg bot. Große Fenster ließen viel Licht herein, helle Möbel und viele Spiegel ließen die Lichtflut noch deutlicher zur Geltung kommen. Die ganze Einrichtung war modern. Am Eingang befand sich eine Garderobe, die aus einem kunstvoll geformten Chromgestell bestand. Die Möbel wiesen ungewöhnliche Formen auf. Kein Stück glich dem anderen. Dekorative Accessoires wie kleine Vitrinen, Glastische und Halogenlampen setzten besondere Akzente in diesem raffiniert ausgestatteten Ambiente. Die Küche war groß und an einer langen Seite komplett mit hellgrauen Schränken ausgestattet. In der Mitte stand ein ovaler, schwarzer Tisch eingerahmt von verchromten Stühlen, die zwar passend aber ungemütlich aussahen. Dort bat Annette ihre Besucher, Platz zu nehmen. Als Anke sich in einem der Stühle niederließ, spürte sie, wie er nach hinten wippte. Sie erschrak und wollte aufspringen, doch Annette meinte ganz gelassen:

»Keine Sorge, da passiert nichts. Darüber ist schon manch einer erschrocken!«

»Na toll«, murrte Anke nur.

Sie beschloss, diese Unterhaltung ihrem Kollegen zu überlassen, während sie sich umsah.

»Wir müssen uns noch einmal über Samstagnacht unterhalten«, erklärte Erik den Grund ihres Besuches.

Rita begann zu lachen, was Erik und Anke staunen ließ. Darauf meinte sie: »Sie reden von Samstagnacht, als sei es die Apokalypse gewesen. Dabei waren wir auf einer Party, wo es total lustig zuging.«

Annette sprang auf, eilte zu einer Schublade der Küchenzeile und nahm einige Fotos heraus. Sie zeigte sie Erik, ohne Anke zu beachten und fügte an: »Schauen Sie sich die Fotos an. Wie Sie sehen, war es eine echte Superparty. Schade, dass Sie nicht dabei waren. Ein Mann wie Sie hätte dort gerade noch gefehlt!«

Erik schaute sich die Fotos genau an und versuchte, Emil Taubers Gesicht darauf zu erkennen, aber ohne Erfolg.

»War Emil Tauber nicht auf der Party?«, fragte er.

»Nein! Den lädt keiner ein, weil ihn keiner leiden kann«, winkte Annette ab.

»Warum?«

»Er ist lästig. Mögen Sie es, wenn ständig jemand in Ihrer Nähe steht, immer nur zuhört, als wollte er kein Wort verpassen, aber nicht ein einziges Mal den Mund aufmacht?«, fragte Annette zurück.

»Nein«, gab Erik zu. »Warum verhält er sich so?«

»Das wissen wir nicht«, wandte nun Rita ein. »Wir wissen nur, dass Emil sich schon immer so verhalten hat. Er ist genauso alt wie wir, mit uns schon in den Kindergarten und später in die Grundschule gegangen. Danach haben sich unsere Wege getrennt. Allerdings taucht er immer da auf, wo wir sind. Deshalb wundert es uns nicht, dass er Samstagnacht hinter uns hergefahren ist!«

»Sie wollen damit sagen, dass Emil vor dem Haus, in dem die Party stattfand, auf Sie gewartet hat und Ihnen gefolgt ist ohne mit Ihnen zu sprechen?«, staunte Erik.

»Ja, genau das«, stimmten Annette und Rita gleichzeitig zu, was erneut einen Lachanfall auslöste.

Erik amüsierte sich über das Verhalten der jungen Damen, die den Eindruck machten, als seien sie durch nichts zu erschüttern.

»Das würde bedeuten, dass Emil bestens Bescheid darüber wusste, dass Sie zu dritt in dem Auto saßen«, überlegte er weiter.

Fragend schauten ihn Annette, Rita und Anke an.

Erik erhob sich von seinem Stuhl und ging in der großen Küche langsam auf und ab. Ein Blick aus dem Fenster verriet ihm, dass es wieder begonnen hatte zu regnen. Er drehte sich um und sah, dass alle Augen auf ihn gerichtet waren. Sie warteten darauf, dass er endlich seinen Gedankengang erklärte.

»Ist außer Susi Holzer noch jemand von Ihnen mit Drohanrufen belästigt worden?«

Annette und Rita schüttelten die Köpfe.

»Also kann Emil nicht der Anrufer gewesen sein!«

Rita lachte laut los: »Emil doch nicht. Niemals! Außerdem hätte Susi ihn sofort an seiner Stimme erkannt!«

»Und warum kam Emil Sie gestern bei Susi zu Hause besuchen?«

»Das wissen wir nicht!«

»Natürlich nicht, Sie haben ihm ja gar keine Gelegenheit gegeben, den Anlass seines Besuches zu erklären«, schaltete sich Anke ein.

»Warum sollten wir. Wie schon gesagt: er ist lästig. Wir wollen ihn nicht in unserer Nähe haben«, wehrte Annette sich.

»So lästig, dass Sie fluchtartig davonrennen?«, staunte Anke.

Rita und Annette schwiegen.

Eine Weile war es so still, dass deutlich der heftige Wind und der prasselnde Regen zu hören waren. Als Anke zum Fenster schaute, sah sie in der anbrechenden Dunkelheit, wie einige Bäume sich bogen, als tobte ein heftiger Sturm.

»Als Emil in Susis Haus eintraf, hatte ich nicht den Eindruck, dass er unbeliebt ist«, sprach Anke in die Stille.

»Sondern?«

»Es sah so aus, als hätten Sie Angst vor ihm!«

Wieder lachten die beiden jungen Frauen. Erik, der immer noch in einiger Entfernung stand, räusperte sich und murrte: »Es ist nicht alles lustig, was hier gesprochen wird.«

Sofort verstummten Rita und Annette. Annette stand auf, stellte sich dicht neben Erik. Sie taxierte ihn von unten herauf mit neugierigen Blicken. In einem lasziven Tonfall fragte sie: »Warum bist du wirklich hier?«

»Für Sie bin ich immer noch Herr Tenes und möchte mit Sie angesprochen werden«, stellte Erik die Verhältnisse unmissverständlich klar.

Annette verzog enttäuscht ihr Gesicht.

Erik setzte sich auf seinen Stuhl und schaute Rita dabei an, während er sprach: »Wir müssen ausschließen können, dass Sybille Lohmann durch einen Verkehrsunfall mit Fahrerflucht gestorben ist, bevor wir diesen Fall als Tötungsdelikt behandeln!«

»Tötungsdelikt?«, staunte Rita. Ihr Gesicht wurde kalkweiß. »Sie reden von Mord?!«

»Genau das! Wenn Susi versehentlich ein Fahrzeug von der Straße abgedrängt hat, ohne sich dessen bewusst zu sein, kann Ihnen nichts passieren, wenn Sie es jetzt zugeben. Deshalb bitte ich Sie, sich zu erinnern, was auf dem Nachhauseweg passiert ist!«

Annette setzte sich neben ihre Freundin.

»Es fällt mir schon schwer genug, mir vorzustellen, dass Sybille wirklich tot ist«, meinte sie mit betroffener Miene. »Wir haben uns immer gut verstanden. Rita hatte Sybille sogar die Arbeit auf dem Gesundheitsamt besorgt, wo sie aber leider nicht lange geblieben ist.«

»Das beantwortet unsere Frage nicht«, ließ Anke sich nicht ablenken.

Viel sagend schauten die beiden sich an, bis Rita murrte: »Wir sind uns keiner Schuld bewusst. Ein Fahrzeug von der Straße abzudrängen wäre doch mit quietschenden Reifen, Klirren und Krachen verbunden. Aber da war absolut nichts.«

»Und die angebliche Sternschnuppe?«, hakte Anke nach.

»Das war so ein Idiot auf der Gegenfahrbahn, der das Fernlicht nicht ausgeschaltet hatte!«

Erik und Anke bedankten sich und traten hinaus in das unfreundliche Herbstwetter. Schnell stiegen sie ins Auto ein.

»Was hältst du davon?«, fragte Anke, kaum dass sie die Autotür zugeschlagen hatte.

»Ich bekomme das Gefühl nicht los, dass diese unbeschwerten, jungen Damen uns zum Narren halten. So viel Fröhlichkeit bringt doch den einfältigsten Trottel zum Zweifeln.«

»An wen denkst du da speziell?«, hakte Anke nach.

»An Emil.«

»Also, worauf warten wir noch! Fahren wir zu Emil und hören uns seine Version der Geschichte an.«

Es war ein flaches, altes Haus dicht an der Straße, auf der linken Seite durch eine Scheune und auf der rechten durch ein größeres, gepflegtes Gebäude flankiert. Die Fassade wirkte vernachlässigt. Der Putz bröckelte an vielen Stellen ab. Die Haustür war klein und wirkte baufällig. Über der Tür befanden sich im Steinrahmen unverständliche Schriftzeichen, die aussahen, als wollte der Bewohner des Hauses böse Geister fern halten. Als Erik klingelte, hörten sie fast gleichzeitig ein lautes Krachen aus dem Hausinneren. Schnell eilte Erik an die Scheune und versuchte, durch das Holztor einen Blick hineinwerfen zu können.

»Das ist keine Scheune mehr, wie es aussieht. Darin steht nämlich ein Auto », rief er Anke zu. »Ich gehe um die Scheune herum zur Rückseite des Hauses, um nachzusehen, ob es noch einen anderen Eingang gibt!« Sofort rannte Erik los. Anke blieb allein vor der Haustür stehen. Sie fühlte sich nicht wohl bei dem Gedanken, dass sich etwas Schlimmes darin abspielen könnte. Zum Glück dauerte es nicht lang, da öffnete ihr Erik.

»Was hat das zu bedeuten?«, fragte sie ganz überrascht.

»Komm herein und sieht es dir an«, meinte er nur.

Anke betrat einen dunklen Flur. Die Luft roch abgestanden und muffig, wie sie es aus Häusern kannte, in denen schon seit langer Zeit nur alte Menschen gelebt hatten. Die Tapete an den Wänden war dunkel und vergilbt, die Farben nicht mehr erkennbar. Der Boden knarrte unter ihren Füßen. Die Fenster zur Straßenseite waren alle mit alten Holzläden verschlossen. Am Ende des Flurs gab es etwas Licht. Darauf ging Anke zu und befand sich sogleich in einem hellen Zimmer, an dessen Rückseite mehrere kleine Fenster waren, die Tageslicht hereinließen. Abgenutzte Sessel und Sofas standen dort, ein kleiner Tisch und eine kleine Kommode, auf der altes Porzellan stand. Der Teppichboden war ausgetreten, die Tapetenmuster waren schon lange aus der Mode. Von der Decke hing eine schäbige, kleine Lampe herunter, die nicht den Eindruck hinterließ, dass sie genügend Licht spenden konnte. Es roch nach altem Schweiß und anderen Körperausdünstungen. Anke musste sich beinahe übergeben. Emil saß auf dem alten Sofa mit rot verquollenem Gesicht. Seine Brille lag neben ihm und war stark verbogen. Mit einem feuchten Tuch kühlte er die vielen Blutergüsse und Platzwunden in seinem Gesicht. »Meine Güte, was ist denn mit Ihnen passiert?«, fragte Anke.

»Ich bin die Treppe heruntergefallen«, log Emil.

»Das muss aber eine komische Treppe gewesen sein«, stellte Erik fest, woraufhin Emil heftig protestierte: »Was geht euch das alles an. Wie kommt ihr überhaupt hier herein. Ich habe euch nicht hergebeten. Jetzt verschwindet besser und lasst mich in Ruhe!«

»Wenn Sie uns sagen, wer Sie so zugerichtet hat und warum, können wir vielleicht verhindern, dass er zurückkommt«, schlug Erik unbeirrt vor.

»Ich will eure Hilfe nicht, also verschwindet«, blieb Emil stur.

So leicht ließ Erik sich nicht abwimmeln. Er ging von Zimmer zu Zimmer, schaltete überall das Licht ein, um etwas erkennen zu können und sah sich in aller Ruhe um. Emil beobachtete ihn ganz erstaunt, hinderte Erik aber nicht an seinem Tun. »Ist das hier das Haus Ihrer Eltern?«,, fragte Anke und ließ ihren Blick durch das ungepflegte Ambiente wandern.

»Das Haus meines Vaters! Meine Mutter hat uns sitzen lassen, da war ich noch ganz klein! Mein Vater kam nie darüber hinweg. Hat sich tot gesoffen!«

Eine Weile herrschte Stille, bis Anke endlich das fragte, was sie wirklich beschäftigte: »Kannten Sie Sybille Lohmann?«

»Ja! Hier im Dorf kennt jeder jeden!«

»Mochten Sie sie gern?«

»Sybille machte mit jedem Mann rum, nur mit mir nicht. Deshalb weiß ich nicht, ob ich sie mochte«, antwortete er nach einigem Zögern.

»Saßen Sie zusammen mit Sybille Lohmann im Unfallwagen?«

»Nein«, brauste Emil plötzlich auf. »Wie kommen Sie darauf? Ich saß in meinem eigenen Auto!«

»Sie haben den Unfall erst von zu Hause aus gemeldet«, stellte Anke klar. »Wer sagt uns, dass Sie wirklich mit Ihrem eigenen Wagen unterwegs waren?«

Emil schnaufte.

»Wissen Sie jetzt, warum wir hier sind?«

»Nein! Ich habe nichts getan«, blieb er stur.

»Wir sind hier, weil wir die ganze Wahrheit wissen wollen. Außer uns scheint es ja noch jemanden zu geben, der das wissen will. Und dieser Jemand geht dabei nicht so nett mit Ihnen um«, erklärte Anke Emil ihre Vermutung, als redete sie mit einem kleinen Kind. Die ganze Erscheinung Emils veranlasste sie dazu, ihn nicht wie einen erwachsenen Menschen zu behandeln. Es war nicht nur sein Aussehen, das sie dazu verleitete, es war sein ganzes Auftreten. Er trotzte wie ein kleines Kind, ohne zu bemerken, dass seine Wirkung auf die Polizeibeamten damit noch verschrobener wurde.

»Warum sollte ich mit Sybille Lohmann in einem Auto fahren?«, fragte er immer noch schmollend. »Sie wollte von mir nichts wissen!«

»Sybille Lohmann war schon lang allein stehend. Wer weiß, vielleicht suchte sie einfach einen Menschen, den sie in ihrer Nähe haben wollte«, spekulierte Anke blind darauf los.

»Sybille war nie allein. Sie hatte immer einen Mann!«

»Wer war der Glückliche?«

»Ich weiß es nicht.«

»Sybille Lohmann ist auf keinen Fall allein im Auto gesessen, als der Unfall passierte«, erklärte Anke. »Kann es also sein, dass sie mit einem neuen Mann unterwegs war?«

»Ganz sicher! Allein hat Sybille nie etwas gemacht.«

»War dieser Mann hier bei Ihnen?«

Emil verschränkte seine Arme vor seiner Brust, womit er demonstrierte, dass er nicht antworten wollte. Das gab Anke zu denken.

»Gibt er Ihnen die Schuld an Sybilles Unfall?«

Emil änderte seine Haltung nicht mehr.

Erik hatte alles aus sicherer Entfernung beobachtet. Als er bemerkte, dass Anke mit ihren Fragen in einer Sackgasse gelandet war, mischte er sich ein: »Wenn Sie es sich doch anders überlegen sollten, dann rufen Sie uns an!«

Er legte Emil eine Karte mit seiner Dienstnummer auf den Tisch. Emil wischte die Karte von dem Tisch, als handelte es sich um ein ekelhaftes Insekt.

Wortlos verließen Erik und Anke das trostlose, muffige Haus. Vor der Tür atmete Anke ganz tief durch.

Erst als sie wieder im Auto saßen, meinte Erik: »Mein Instinkt sagt mir, dass wir in die richtige Richtung ermitteln, nur leider finden wir nicht den geringsten Hinweis. Susi wird bedroht, vermutlich weil sie am Unfallort gesehen wurde. Emil wird ebenfalls bedroht – nur etwas heftiger – dabei wissen wir inzwischen, dass er sich ganz in der Nähe der drei Frauen aufgehalten hatte. Das könnte bedeuten, dass er auch gesehen wurde.«

»Wer macht sich die Mühe, jemanden zu bedrohen, den er zur falschen Zeit am falschen Ort gesehen hat«, zweifelte Anke.

»Das müssen wir herausfinden.« Sie fuhren zurück zum Landeskriminalamt.

Als sie sahen, dass in Forsetis Zimmer noch Licht brannte, meinte Erik: »So ein Mist, ich hatte gehofft, dass er schon weg ist, bis wir zurückkommen! Was machen wir jetzt? Gehen wir in die Höhle des Löwen?«

»Wie wär's, wenn wir zunächst in Rosis Kneipe, ehemals Marthas Kneipe, gehen, eine Tasse Tee trinken und uns überlegen, was wir sagen«, schlug Anke vor.

Dem Vorschlag stimmte Erik zu. Sie fuhren mit dem Dienstwagen die kurze Strecke bis zu der kleinen Kneipe, stellten dort den Wagen ab und eilten durch den immer stärker werdenden Regen hinein.

Rosi, Marthas Schwester, war ebenfalls eine kleine, rundliche Frau, die mit Leib und Seele diese kleine Kneipe führte. Sie empfing sie mit einer Herzlichkeit, die wohltuend war. Dabei fragte sie sofort nach Ankes Befinden.

Erik und Anke suchten sich einen Tisch, der etwas abseits stand, damit sie sich ungestört unterhalten konnten.

»Also, so etwas kenne ich nicht!«

»Was?«, fragte Anke stutzig.

»Bei uns in Köln geht es in den Kneipen nicht so familiär zu. Im Gegenteil: Da ist man als Gast nur gern gesehen, wenn man genug säuft und den Umsatz steigert. Kaum ist ein Kölsch ausgetrunken, bekommst du das nächste vor die Nase geknallt. Da wird nicht lang gefackelt. Sich nach dem Wohlbefinden erkundigen – so viel Zeit lässt sich der Köbes gar nicht.«

»Was heißt Köbes?«

»Köbes heißt Kellner. Kölsch ist schon fast eine Fremdsprache für Nicht-Kölner!«

Rosi servierte den Tee.

»Aber nun zurück zu Forseti. Ich hatte bisher den Eindruck, dass er große Stücke auf dich hält!«

»Das täuscht«, lachte Erik. »Ich hatte ihn auf der Schulung kennen gelernt. Er leitete diesen Lehrgang. Schon gleich unsere erste Begegnung war voll daneben!«

Anke wurde neugierig, weil der Kollege sich bei der Erinnerung daran die Haare raufte.

»Erzähl schon«, drängte sie.

Zunächst zögerte Erik ein wenig, bis er sich überwand und zu sprechen begann: »Ich war mit meinem damaligen Kollegen und Freund auf einem Lehrgang für verdeckte Ermittler. Wir erfuhren, dass auch Frauen auf unserem Lehrgang sein würden. Claudia war eine davon. Ich kannte sie nicht besonders gut, hielt sie aber für hochnäsig, deshalb wollte ich sie von ihrem hohen Ross herunterholen.

Es gelang uns, Claudia die Nachricht zukommen zu lassen, dass sie in der Rechtsmedizin erwartet würde. Unser Plan war perfekt. Ich legte mich unter das Leichentuch. Mein Kollege sollte sie bis zum Tisch heranlocken, das Tuch hochheben, damit ich ihr mit einer ruckartigen Bewegung einen gewaltigen Schrecken einjagte.«

Lachend bemerkte Anke: »Das sollte aber ein makaberer Scherz werden!«

»Mein Kollege schminkte mich leichenblass, es sah täuschend echt aus. Unserem Streich stand nichts mehr im Wege – dachten wir. Wir hörten Schritte im Korridor. Ich legte mich unter das Tuch. Doch was ich dann hörte, ließ mich im wahrsten Sinne des Wortes vor Schreck erstarren: Nicht Claudia stand im Raum sondern ein Mann – Forseti, wie ich bald erfahren sollte. Er forderte meinen Kollegen auf, ihm die Leiche zu zeigen, die untersucht werden sollte. Was blieb ihm übrig. Er hob das Tuch an, ich stellte mich tot. Er schaute mich ziemlich gründlich an. Meine Luft wurde immer knapper, dabei durfte ich doch keine Bewegung machen. Auf seine Frage hin, warum der Tote noch seine Kleidung trug, meinte mein Kollege schlagfertig, er sei gerade erst eingeliefert worden. Dann verließ Forseti den Raum.«

»Nun wird es richtig spannend«, erkannte Anke schmunzelnd.

»Als wir am nächsten Tag zur Lesung in den Hörsaal kamen, saß Forseti am Rednerpult. Du kannst dir gar nicht vorstellen, wie ich mich gefühlt habe! Er begann seine Lesung, indem er immer um mich herumging und mich genau musterte. Nach einer Weile bemerkte er: *Der Tod steht Ihnen gut!* Im Hörsaal wusste inzwischen jeder, was vorgefallen war. Deshalb löste diese Feststellung allgemeine Erheiterung aus. Zunächst dachte ich, wenn das alles ist, kann ich damit leben. Aber es war nicht alles, denn er fügte an: *Für verdeckte Ermittler hatte ich zwar andere Rollen vorgesehen. Aber sollten wir für unsere Übungen eine Leiche brauchen, wissen wir ja schon, wer diesen Part übernehmen wird.* Das Gelächter im Hörsaal war ohrenbetäubend.«

»Musstest du den Part übernehmen?«, grinste Anke.

»Allerdings. Ich glaube, Forseti hatte sich ausschließlich für Übungen entschieden, in denen ich als Leiche mitspielen durfte. Deshalb habe ich das meiste davon verpasst.«

Gemeinsam kehrten sie zum Landeskriminalamt zurück. Sie hatten Glück, ihr Vorgesetzter war nicht mehr da.

»Damit haben wir den ›Gang nach Canossa‹ auf morgen früh aufgeschoben«, stellte Erik zufrieden fest, »wer von uns beiden wird zuerst hier eintreffen?«

»Vermutlich du«, grinste Anke. »Ich habe nämlich morgen früh einen Termin beim Gynäkologen. Vielleicht kann er feststellen, ob es ein Junge oder Mädchen wird!«

»Was wünschst du dir?«

»Einfach nur ein gesundes Kind«, gestand Anke. »Aber neugierig bin ich schon!«

»Ich auch!«

Anke eilte zu ihrem Schreibtisch, nahm ihre Autoschlüssel und machte sich geschwind auf den Heimweg. Sie war müde und wollte nur noch schlafen.

7

»Wo ist die Kollegin Deister?«, fragte Forseti am nächsten Morgen und schaute zur Tür, als erwartete er sie bereits.

»Sie hat noch einen Arzttermin und kommt später!«

»Das heißt also, dass Sie allein die Verantwortung übernehmen?!«

Erik nickte.

»Man sagt, dass der erste Eindruck der entscheidende ist, was in unserem Fall bedeutet, dass Ihr makaberer Spaß in Wiesbaden Ihr wahres Gesicht gezeigt hat!«

Erik wurde ganz heiß.

»Inzwischen bin ich bestens von Ihrer ehemaligen Dienststelle in Köln unterrichtet worden und weiß, dass Ihre Beweggründe, eine Versetzung nach Saarbrücken zu beantragen keinesfalls nur persönlicher Natur waren. Ihre Familientragödie mag eine wichtige Rolle gespielt haben, aber es gingen noch ganz andere Dinge voraus.«

Es gab nichts, was Erik dem hinzufügen könnte. Also verhielt er sich ganz ruhig, in der Hoffnung, dass der Vorgesetzte nicht auf die Idee kam, Einzelheiten auszuplaudern. Dass alle Kollegen der Abteilung mithörten, war ihm bewusst.

»Nach dem, was Sie sich gestern geleistet haben bin ich mir nicht so sicher, ob Sie Ihre Vergangenheit wirklich hinter sich lassen können. Sie handeln eigenmächtig und unverantwortlich. Dabei stiften Sie eine Kollegin zur

Solidarität an, die schwanger ist. Ihre Aufträge liegen auf dem Tisch und werden vernachlässigt. Sieht so eine erfolgreiche Zusammenarbeit aus?«

»Nein«, gab Erik kleinlaut zu.

»Wo waren Sie gestern Nachmittag?«

Erik gab ihm einen ausführlichen Bericht. Die Schilderungen von Emil Taubers Zustand schwächten Forsetis Groll ein wenig und er meinte: »Wir dürfen diesen Tatbestand nicht außer Acht lassen!

Das soll nicht heißen, dass ich Ihren Verstoß gegen die Dienstvorschriften großzügig übersehe! Trotzdem bitte ich Sie, heute noch einmal zu Emil Tauber zu fahren und ihn zu befragen. Sollte er sich weiterhin weigern, laden Sie ihn vor.«

»Wird gemacht!«

Erleichtert eilte Erik davon. Als er sein Büro ansteuerte, sah er gerade, wie die Türen der anderen Büros fast gleichzeitig und lautlos geschlossen wurden. Frustriert betrat er mit einem schnellen Satz Claudias Zimmer, die ganz erschrocken herumfuhr, weil sie gerade mit dem Rücken zur Tür gestanden hatte.

»Na, wie kommen die Ermittlungen voran?«, fragte er ironisch.

Doch Claudia ließ sich nicht aus der Ruhe bringen, sondern sagte nur: »Am Unfallauto sind keine Spuren gefunden worden, die auf Fremdeinwirkung schließen lassen. Auf diese Beweislage hin dürfen wir nicht ausschließen, dass der Fahrer des Wagens den Unfall allein verursacht hat. Die Kriminaltechniker untersuchen das Fahrzeuginnere nun nach Spuren, die auf ihn hindeuten.«

»Dann müssen wir die Ergebnisse noch abwarten«, nickte Erik mit dem Kopf.

»Deshalb bist du aber nicht zu mir gekommen«, stellte Claudia klar.

»Stimmt. Ich erinnere mich, dass du in Walpershofen aufgewachsen bist. Wie gut kennst du Emil Tauber?«

Claudia überlegte eine Weile und erwiderte: »Emil war für kurze Zeit mit mir zusammen in der Grundschule. Aber er musste häufiger die Schuljahre wiederholen. Ich hatte keinen besonderen Kontakt zu ihm!«

»Aber etwas von ihm muss dir doch in Erinnerung sein«, drängte Erik.

»Ja! Wir nannten ihn ›Frankensteins Monster‹, weil er so abstoßend hässlich war – schon als Kind!« gestand Claudia.

»Und weiter. Hat er sich auffällig benommen, neigte er zu Gewalt oder zu sonstigen kriminellen Handlungen?«

»Nein! Das Einzige, woran ich mich erinnern kann, ist, dass sein Vater ihn geschlagen hatte. Emil lief oft mit Blessuren im Gesicht herum.«

Eine Stunde später traf Anke mit einem zufriedenen Grinsen im Landeskriminalamt ein. Ihr Mantel triefte vor Nässe, weil heftiger Regen eingesetzt hatte. Außerdem war es nicht nur windig sondern stürmisch, so dass ein Schirm keine Hilfe für sie gewesen wäre. Ihre kurzen Haare waren zerzaust und nass. Geschwind eilte sie in ihr Büro und setzte sich in die Nähe der Heizung, damit sie ihre Kleider und ihre Haare so schnell wie möglich trocknen konnte. Eine Erkältung in ihrem Zustand wäre nicht gerade vorteilhaft.

Kaum hatte sie sich niedergelassen, stürmte Esther herein und platzte mit der Frage heraus: »Was hat Erik in Köln angestellt, dass er dort das Feld räumen musste?«

»Was soll diese dämliche Frage?«, konterte Anke. »Erik ist aus familiären Gründen von Köln weggegangen und zwar freiwillig!«

»Eben nicht!« korrigierte Esther. »Heute Morgen gab es eine Moralpredigt von Forseti, wobei der Chef etwas von Eriks unrühmlicher Vergangenheit erwähnt hatte. Ich dachte, du wüsstest Bescheid, wo du doch immer mit Erik zusammenhängst.«

»Ich hänge nicht mit Erik zusammen, ich arbeite mit ihm zusammen. Das ist ein Unterschied, den du wohl noch nicht kennst«, schimpfte Anke. »Wenn du alles bis ins Detail über Eriks Leben erfahren willst, dann frag ihn selbst. Er kann dir bestimmt besser Auskunft geben als ich!«

Die Tür ging auf und Erik kam mit einer Tasse Tee herein. Als er Esther sah, entschuldigte er sich, stellte die Tasse ab und verschwand.

»Oh, welch ein Service«, höhnte Esther. »Du hast ihn gut im Griff!«

Bevor sie etwas erwidern konnte, war die andere verschwunden. Anke zuckte die Achseln und ging zu Erik, um sich seinen genauen Bericht anzuhören. Als er ihr Forsetis abschließende Bitte, noch einmal zu Emil Tauber zu fahren, vortrug, staunte Anke.

»Es war wirklich die beste Taktik, dich vorzuschicken«, grinste sie verschmitzt.

»Du meinst, dass ich solche Verbalattacken besser wegstecke«, schüttelte Erik den Kopf. »Wollen wir fahren?«

Kurze Zeit später verließen sie das Landeskriminalamt. Ein heftiger Wind blies und Anke hatte Mühe dagegen anzukämpfen. Erik drehte sich nach ihr um, als er bemerkte, dass sie nicht mehr an seiner Seite war. Entschuldigend meinte Anke: »Ich bin nicht mehr so windschnittig und komme nicht mehr so schnell vom Fleck.«

Ohne Kommentar nahm er sie an der Hand und half ihr bis zum Auto. Der Regen war so stark, dass sie beide in kürzester Zeit durchnässt waren. Erst als sie im Wagen saßen und sich von dem stürmischen Wetter erholen konnten, meinte er: »Wir haben eben nur über mich geredet. Wie war es denn heute Morgen bei dir? Was hat der Gynäkologe festgestellt?«

Ankes Gesicht erhellte sich zu einem strahlenden Lächeln.

»Er hat festgestellt was es wird«, kombinierte Erik. »Erzähl! Spann mich nicht auf die Folter!«

»Ein Mädchen!«

Eriks Freude war so groß, dass er Anke spontan in die Arme nehmen wollte, es sich jedoch in letzter Sekunde anders überlegte. »Entschuldige, so nahe wollte ich dir natürlich nicht treten!«

»Das weiß ich. Ich freue mich riesig – auch darüber, dass du dich so darauf freust. Warum eigentlich?«

»Ich kann es selbst nicht erklären!«

»Du meinst, du willst nicht mit mir darüber sprechen«, korrigierte Anke. »Aber das ist okay so! Schließlich geht es mich nichts an!«

»So meinte ich es wirklich nicht«, stammelte Erik verlegen. »Sicher geht es dich etwas an, das ist nicht der Grund. Ich habe so etwas wie eine …«

»… Blockade, darüber zu sprechen?«, beendete Anke Eriks Satz, worauf er zustimmend nickte.

»Dann belassen wir es dabei.«

»Danke, Anke! Du bist wirklich eine super Kollegin.

Ich bin froh, hier bei dir in der Abteilung gelandet zu sein.«

Sie fuhren über die Autobahn nach Riegelsberg, weil das der schnellste Weg war. Walpershofen wirkte an diesem grauen Herbsttag traurig und verlassen. Nasses Laub sammelte sich in den Straßenrinnen, Gullys waren dadurch so verstopft, dass das Regenwasser in Bächen über die Straße floss. Emil Taubers ungepflegtes Haus sah in dieser ohnehin trüben Atmosphäre noch ungastlicher aus. Sie stiegen aus und eilten darauf zu, damit sie nicht zu nass wurden. Erst als sie genau davor standen, sahen sie, dass die Haustür nur angelehnt war. Erik wollte gerade anklopfen, als sie ein lautes Poltern und den Schrei eines Menschen hörten. Schnell zogen sie ihre Waffen aus ihren Holstern. Erik stieß mit dem Fuß die Haustür auf, spähte hinein und eilte vor Anke bis zum Ende des Flurs. »Hier ist die Luft rein«, rief er. Anke folgte ihm. Da hörten sie ein scharrendes Geräusch. Erschrocken öffnete Erik jede Tür, um zu erkennen, was sich dahinter verbarg, bis er an die Kellertür kam. Eine steile Treppe führte in die düstere Tiefe hinab. Am Fußende lag Emil Tauber. Um seinen Kopf herum hatte sich eine Blutlache gebildet. Langsam, mit vorgehaltener Waffe stieg Erik die Stufen herunter. Anke wollte ihn hindern, aber Erik ließ sich nicht aufhalten. »Ich muss nachsehen, ob er noch lebt. Ruf du bitte die Kollegen an!«

Kaum war er bei dem leblosen Körper angekommen, da sah Anke eine schattenhafte Gestalt, die sich auf Erik stürzte und ihn mit einem harten Gegenstand niederschlug. Sie hob ihre Waffe und versuchte zu zielen. Doch es war zu dunkel. Sie konnte nichts erkennen, sah nur Schatten.

»Polizei! Bleiben Sie stehen oder ich schieße«, rief sie, bewirkte aber nichts mit ihrer Aufforderung. Ihre Hände zitterten. So konnte sie unmöglich von ihrer Waffe Gebrauch machen. In ihrer Verzweiflung gab sie einen Warnschuss ab, was die schwarze Gestalt keineswegs aufhielt. Panik erfasste sie. Ihr Blick fiel durch den langen, schmalen Flur. So schnell sie konnte, lief sie auf den Ausgang zu, aber ihre Bewegungen waren durch den dicken Bauch viel zu träge. Sie sah eine Seitentür, die offen stand. Kaum dass sie sich dazu entschlossen hatte, dort hineinzuschlüpfen und die Tür hinter sich zu schließen, da spürte sie einen heftigen Stoß. Sie verlor das Gleichgewicht, taumelte durch den Türrahmen und fiel zu Boden. Hinter ihr wurde die Tür zugezogen. Ganz plötzlich war alles dunkel um sie herum. In der unheimlichen Schwärze hörte sie nur noch, wie ein Schlüssel an ihrer Tür umgedreht wurde und Schritte sich entfernten.

Ihr Bauch tat weh, weil sie gegen etwas Hartes gestoßen war. In ihrer großen Verzweiflung hielt sie sich mit beiden Händen den Bauch fest, als könnte sie so den heftigen Schlag ungeschehen machen. Die Finsternis um sie herum machte es ihr schwer, Ruhe zu bewahren. Sie wollte doch so gern in dieser schrecklichen Situation beruhigend auf ihr Kind einwirken, dabei war sie der Panik nahe. Mit ihren Händen rieb sie über den Bauch. Dabei wünschte sie sich nichts mehr, als eine Bewegung zu spüren. Aber nichts geschah. Das Kind rührte sich nicht. Wieder spürte sie die drohende Panik. Sollte der Stoß zu heftig für ihr Kind gewesen sein?

Es kam ihr wie eine Ewigkeit vor, bis sie Schritte im Haus hörte. Aus Angst, der Angreifer könnte zurückkehren, verhielt Anke sich ganz still. Doch schon bald erkannte sie, dass es Kollegen waren. Als jemand an der Tür rüttelte, atmete sie erleichtert durch.

Plötzlich wurde die Tür geöffnet. Von dem hellen Licht, das hereinströmte war sie im ersten Moment ganz geblendet. Erik kniete sich zu ihr nieder und rief entsetzt aus: »Anke, du hast ja geweint! Was ist passiert? Geht es dir und deinem Kind gut?«

Als Anke in sein besorgtes Gesicht sah, erschrak sie. Blut lief von seinem Kopf über die rechte Gesichtshälfte. Das Haar war schon ganz verklebt, eine offene Wunde klaffte am Haaransatz.

»Du siehst schlimmer aus als ich. Du musst ins Krankenhaus und die Wunde nähen lassen!«

»Und du musst zu deinem Gynäkologen und dich untersuchen lassen«, bestimmte Erik.

Anke widersprach ihm nicht. Die Schmerzen in ihrem Bauch hatten zwar nachgelassen, aber die Angst um ihr Kind nicht. Gemeinsam verließen sie das Haus, um die Kollegen der Spurensicherung nicht bei ihrer Arbeit zu behindern.

Der Wind blies immer noch kalt, dass Anke zu frösteln begann. Zitternd beobachtete sie die vielen Polizeibeamten, die um das Haus herum eilten wie fleißige Bienen. Unter ihnen erkannte sie ein Gesicht. Es war Bernhard Diez. Als ihre Blicke sich trafen kam er sofort auf sie zu und rief: »Meine Güte, Anke! Was machst du denn hier in deinem Zustand?«

Anke hatte große Mühe, nicht sofort loszuweinen. Stattdessen zuckte sie nur mit den Schultern und hielt den Mund. Diese Begegnung nahm Erik zum Anlass, Bernhard Diez zu beauftragen, Anke zu ihrem Arzt zu bringen. Er selbst begab sich zum Krankenwagen, der ihn abtransportierte.

Bernhard legte der vor Kälte zitternden Anke seine Jacke über die Schulter. Gemeinsam gingen sie zu seinem Dienstwagen. Während der Fahrt beruhigte Anke sich ein wenig. Der Schreck saß zwar immer noch tief, aber mit jedem Kilometer, den sie sich entfernten, fühlte sie sich ein wenig besser. Nach einer Weile fragte Bernhard in die Stille des Fahrzeuginnern: »Hat dein Chef meinen Bericht über den Unfall Samstagnacht zu lesen bekommen?«

»Bis jetzt hat er noch kein Wort darüber gesagt«, erinnerte sich Anke daran, dass ihr dieser Bericht große Schwierigkeiten einhandeln könnte. »Es ist durchaus möglich, dass er es gar nicht lesen wird, weil er zu den Akten der Verkehrspolizei gehört.«

»Das wäre für dich sicherlich das Beste«, meinte Bernhard erleichtert. »Ja«, gestand Anke. »Ich kann jetzt bestimmt keine Gefährdung meiner Arbeit gebrauchen, jetzt, wo ich schwanger bin und mein Kind bald seine eigenen Ansprüche stellen wird.«

»Ich habe mich ganz schön mit diesem blöden Bericht herumgequält, das kannst du mir glauben. Das Letzte, was ich will, ist, dass du in Schwierigkeiten gerätst. Und noch schlimmer, durch mich!«

»Mach dir keinen Kopf deswegen. Du hast richtig gehandelt«, beruhigte Anke ihren langjährigen Kumpel und Kollegen.

Sie erreichten das Ärztehaus.

Eine Stunde später saß Anke in ihrem Büro. Erik war noch nicht zurück. Ob sie ihn wohl behielten, überlegte Anke.

Jürgen betrat ihr Zimmer, setzte sich ihr gegenüber, eine seltene Geste von ihm. Zögernd sprach er: »Das war ganz schön gefährlich! In deinem Zustand ist die Arbeit als Kriminalkommissarin wohl nicht gerade das Gelbe vom Ei.«

»Was willst du mir damit sagen?«

»Dass wir uns alle viele Sorgen um dich gemacht haben!«

»Es konnte ja niemand wissen, dass uns so etwas in Emil Taubers Haus passieren könnte«, murrte Anke, die schon ahnte, worauf dieses Gespräch hinaus sollte.

»Du musst von nun an vorsichtiger sein. Solange, bis das Kind da ist, kannst du doch die Schreibtischarbeiten erledigen. So manch ein Fall hat sich am Schreibtisch gelöst. Das ist keine minderwertige Arbeit, ganz im Gegenteil: ohne diese Arbeit kämen wir gar nicht voran«, meinte Jürgen beruhigend.

»Was ist mit dir los?«

»Ich will, dass du das Kind gesund auf die Welt bringst«, gestand Jürgen. »Meine Frau und ich haben zwei Kinder. Es war jedes Mal das Bewegendste, was wir erlebt hatten. Unsere Aufregung war mit jedem Kind riesengroß. Ich wünsche dir, dass du dasselbe Glück erfährst und so etwas Kostbares nicht für einen Einsatz riskierst, der es nicht wert ist.«

Anke war ganz gerührt. Jürgens Sorgen waren echt, das spürte sie deutlich. »Weißt du denn schon, was es wird?« fragte der Kollege.

»Ein Mädchen«, strahlte Anke vor Glück. Ihre Entscheidung war gefallen. Sie wollte ihre Arbeit etwas ruhiger gestalten und sich auf das Kind konzentrieren. Für die gefährlichen Einsätze waren noch genügend Kollegen in der Abteilung.

»Das ist schön! Unser erstes Kind ist auch eine Tochter. Inzwischen ist sie sechzehn, im schwierigen Alter. Unser Sohn ist zwölf, immer noch liebenswert. Aber seine Sturm- und Drangzeit wird noch kommen«, erzählte Jürgen.

»Wie schön, eine intakte Familie zu haben«, erkannte Anke aus Jürgens Worten. Seine Ehe verlief glücklich, noch nie hatte er ein Wort darüber verloren, dass es bei ihnen Schwierigkeiten gegeben hätte. Es war schön, glückliche Menschen zu sehen. Sie wurde eine allein erziehende Mutter – keine leichte Aufgabe, wie sie sich denken konnte. Aber mit Marthas und Norberts Hilfe würde ihr das gelingen.

»Ich werde mich mit meinen Einsätzen zurücknehmen«, reagierte sie endlich auf das eigentliche Anliegen von Jürgens Besuch. »Als ich in der Besenkammer eingesperrt war, habe ich gemerkt, wie unfähig ich in meinem Zustand bin, mit solchen gefährlichen Situationen umzugehen. Ich konnte weder Erik helfen, noch Hilfe rufen, noch fliehen. Was nützt es also, wenn ich die Nerven verliere, womit ich alles schlimmer mache. Der Schreibtisch soll ab sofort meine Wirkungsstätte sein.«

»Ich freue mich, dass du es so siehst«, erhob sich der Kollege von seinem Platz.

Ihr Schreibtisch war überhäuft mit Akten, so dass Anke keine Startschwierigkeiten mit ihrem neuen Vorsatz befürchten musste. Während sie die Aktenstücke durchblätterte, betrat Forseti das Zimmer. Zu Ankes Überraschung fragte er: »Wie geht es Ihnen?«

»Danke, es geht mir gut. Mein Arzt hat mich gründlich untersucht und festgestellt, dass ich viel Glück hatte!«

»Gut, das zu hören!«

Anke staunte über ihren Chef. Was hatte dieses Gespräch zu bedeuten?

»Nach dem ausführlichen Bericht des Gerichtspathologen war nichts anderes hinter dem Autounfall zu vermuten als Unfall mit Todesfolge«, erklärte er unfreundlich. »Sybille Lohmann starb in den Flammen. Alle Untersuchungen, ob sie schon tot war, als der Unfall passierte, blieben ergebnislos!«

Anke befürchtete schon, dass ihre eigenmächtigen Handlungen, bei ihrer Hebamme und deren Freundinnen zu ermitteln, nun Folgen haben würden. Mit Forseti war nicht zu spaßen. Leider gelang es ihr einfach nicht, sich daran zu gewöhnen. »Anstatt Ihre Arbeit zu machen, die ich Ihnen aufgetragen habe, haben Sie sich auf eigene Faust in große Schwierigkeiten gebracht.«

»Sie haben doch selbst gesagt, dass wir wieder zu Emil Taubers Haus fahren sollen.«

»Diese Anordnung galt Erik Tenes – nicht Ihnen. Durch Ihre Starrköpfigkeit wissen wir immer noch nichts über die angebliche Lebensversicherung – was als Motiv in Frage käme. Ihre heimlichen Besuche bei den Freundinnen der Toten haben auch zu keinem Ergebnis geführt. Dafür haben Sie sich in Gefahr gebracht.«

Anke schluckte.

Der Vorgesetzte atmete tief durch, bevor er in ruhigerem Ton anfügte: »Aber das ist noch nicht alles: Mit Emil Tauber haben wir nun einen weiteren Fall, der uns zu schnellem Handeln zwingt. Sven Koch befindet sich im Verhörraum und wird zu dem Mordversuch an Emil Tauber befragt.«

»Mordversuch?«

»Ja! Emil Tauber befindet sich im Winterberg-Krankenhaus auf der Intensiv-Station. Er liegt im Koma. Die Ärzte konnten eine Schädeltrümmerfraktur mit Gehirnblutungen diagnostizieren. Ob er durchkommt, ist unbestimmt. Die Verletzungen sind schwer!«

»Warum glauben Sie, dass Sven Koch Emil Tauber töten wollte?«

»Er hatte gerade seine Koffer gepackt und versuchte zu fliehen. Sven Koch ist unser einziger Verdächtiger in beiden Fällen!«

»Was soll ich dabei tun?«

»Ich möchte Sie bitten, mit mir das Verhör zu beobachten«, erklärte er.

»Dabei sehe ich Sie keiner Gefahr ausgesetzt«, fügte er noch an.

Anke folgte ihrem Chef in das Nachbarzimmer des Verhörraums, in dem man alles bestens sehen und hören konnte, ohne selbst gesehen oder gehört zu werden. Sven Koch wirkte sorgfältig gepflegt, was Anke staunen ließ. Trotz seines Versteckspiels vor der Polizei und seines Fluchtversuchs hatte er es nicht versäumt, auf seine Erscheinung zu achten. Jürgen und Claudia saßen ihm gegenüber, um das Verhör durchzuführen.

»Sie fragen sich sicherlich, warum Sie hier sind«, leitete Claudia ihre Befragung ein.

Sven schnaubte verächtlich: »Sie suchen immer noch einen Schuldigen für den Tod meiner Mutter. Da sind Sie bei mir aber falsch. Ich habe das Auto nicht gefahren!«

»Sie haben bei Ihrem ersten Verhör die Auszahlung einer Lebensversicherung an Ihre Mutter erwähnt«, erinnerte Claudia. »Bei welcher Versicherungsgesellschaft war diese Versicherung abgeschlossen und wohin wurde das Geld ausgezahlt?«

»Keine Ahnung! Von dem Zeitpunkt an, als meine Mutter diesen Angeber geheiratet hatte, hat sie mir nicht mehr alles erzählt, was sie tut. Von dieser Auszahlung habe ich erst erfahren, als sie mich für immer verlassen wollte.«

»Was Sie immer noch verdächtig macht!«

»Glauben Sie ernsthaft, ich bringe meine Mutter um, nachdem der lästige Parasit von Ehemann endlich für immer verschwunden ist? Dann wäre ich ja schön blöd«, schimpfte Sven Koch.

»Es gibt noch viel dümmere Täter«, stellte Claudia kühl fest. »Aber deshalb sind wir nicht hier!«

Der junge Mann ließ seinen Blick über die Polizeibeamtin schweifen und fügte an: »Es macht mir nichts aus, von einer so interessanten Frau ins Verhör genommen zu werden. Nur leider gefallen mir Ihre Fragen nicht.«

»Das kann ich nicht ändern«, entgegnete Claudia streng, worauf Sven lachte und meinte: »Sie sehen verdammt scharf aus, wenn Sie sich ärgern.«

»Lassen Sie das!«

Sven Koch zuckte mit den Schultern.

»Wo waren Sie heute Morgen zwischen halb zehn und halb elf?«

»Bei meinem Freund!«

»Wer ist dieser Freund? Ich brauche seinen Namen und seine Adresse!«

»Thorsten Fellinger«, antwortete Sven.

»Fellinger?«, staunte Anke.

Forseti schaute Anke fragend an, die ihm sofort erklärte: »Annette Fellinger ist eine der Damen, die ich bei meinem ›Alleingang‹ besucht hatte!«

Der Chef veranlasste sofort, dass Anke anstelle von Jürgen das Verhör übernahm. Sven beobachtete amüsiert den Austausch der Kollegen und bemerkte zur Begrüßung sogleich: »Ach, habe ich jetzt mit Ihnen das Vergnügen? Sie haben mir meine Frage noch nicht beantwortet!«

»Wenn hier jemand Fragen beantwortet, dann sind Sie das!« stellte Anke unmissverständlich klar. »Ist Thorsten Fellinger mit Annette Fellinger verwandt?«

»Ja, er ist ihr Bruder!«

»Wie stehen die beiden zueinander?«

»Es geht so. Jeder geht seine eigenen Wege.«

»Sie kennen Annette aber ganz gut, wie ich erfahren habe«, überlegte Anke laut.

Sven schwieg.

»Sie kennen auch Rita und Susi?«

Er nickte auf diese Frage hin.

»Dann wissen Sie sicherlich, wo die drei jungen Damen Samstagnacht waren?«

»Nein, das weiß ich nicht. Wo waren sie denn?«, entgegnete Sven schlagfertig.

»Ich glaube, dass Sie uns das besser sagen können«, widersprach Anke und fügte an: »Der Verlust Ihrer Mutter schmerzt Sie sicherlich!« Damit lockte sie Sven endlich aus der Reserve.

»Meine Mutter war ein Juwel in dieser Gesellschaft von Schwachköpfen. Sie war viel zu schade für die Kerle, mit denen sie sich abgab. Leider hatte sie sich selbst nicht so geliebt, wie sie es verdient hätte. Sie war intelligent, hübsch und menschenfreundlich. Sie stellte sich selbst ihr Leben lang unter den Scheffel und suchte sich Kerle aus, die weit unter ihrem Niveau waren.«

Anke staunte über den Gefühlsausbruch, den Sven gerade zeigte. Sie verhielt sich ganz still, um ihn nicht in seinem Redefluss zu unterbrechen.

»Ich habe alles versucht, ihr klarzumachen, was für ein

wundervoller Mensch sie ist, sie hat mir einfach nicht geglaubt. Jetzt ist sie tot«, er atmete plötzlich ganz schwer, als würde er in Tränen ausbrechen. Er verlor nicht die Beherrschung, schaute sich fragend um und fiel in seinen hochmütigen Ton zurück: »Wenn Sie wirklich glauben, ich hätte meine Mutter im brennenden Auto zurückgelassen, dann sind Sie dümmer als die Polizei erlaubt!«

»Ihre Beleidigungen können Sie teuer zu stehen kommen«, drohte Claudia unvermittelt. »Wir befragen Sie nicht über den Unfall mit Todesfolge«, erklärte Anke endlich den Grund des Verhörs.

»Jetzt ist es Ihnen wirklich gelungen, mich zu überraschen!«

»Wir haben heute Emil Tauber in seinem Haus aufgefunden – schwer verletzt nach einem missglückten Mordanschlag! Also noch einmal unsere Frage: Wo waren Sie heute Morgen zwischen halb zehn und halb elf?«

»Ich habe bestimmt Besseres zu tun, als einen Anschlag auf Emil zu verüben. Das ist ein ganz armer Tropf, der leidet schon, ohne dass jemand nachhelfen muss«, erklärte Sven naserümpfend.

»Ich will nur, dass Sie meine Frage beantworten«, erinnerte Anke den jungen Mann.

»Darauf habe ich doch schon geantwortet, schöne Frau: Ich war bei meinem Freund Thorsten Fellinger. Sie können ihn ja fragen!«

»Das werden wir tun.«

Anke und Claudia verließen den Raum.

»Was wolltest du mit den Bemerkungen über die drei Frauen erreichen? Sollte das ein vergeblicher Versuch sein, deinen Alleingang zu rechtfertigen?«, höhnte Claudia.

»Wenn du dir das nicht denken kannst, dann hast du

den falschen Beruf gewählt«, schoss Anke im gleichen Tonfall zurück.

»Du willst mir doch nicht sagen, dass du dabei ernsthaft an das Hirngespinst mit den Drohanrufen deiner Hebamme gedacht hast?«, verzog Claudia ungläubig das Gesicht.

»Oh doch. Allerdings bezweifle ich, dass Sven Koch der Anrufer war, weil Susi seine Stimme erkannt hätte!«

Erik kam von seinem Krankenhausaufenthalt zurück. Auf seiner rechten Kopfhälfte hatte er ein großes Wundpflaster.

»Die Wunde musste genäht werden«, erklärte er sofort. »Es sieht schlimmer aus, als es ist. Ich kann weitermachen, keine Sorge.«

»Das freut mich. Denn Sie werden jetzt zusammen mit Claudia Fanroth nach Walpershofen fahren und Thorsten Fellinger überprüfen.«

Anke staunte über die Gleichgültigkeit ihres Chefs. Erik ließ sich nicht anmerken, wie er diese Überrumpelung empfand. Stattdessen folgte er Anke in ihr Büro und fragte besorgt: »Ist bei dir alles in Ordnung?«

»Ja! Ich hatte nur einen gehörigen Schrecken davongetragen, mehr nicht«, spielte Anke ihre Sorge ein wenig herunter, obwohl ihr Eriks Mitgefühl gut tat.

»Ich habe im Krankenhaus ständig daran denken müssen, dass ich nun schon zum zweiten Mal durch meine Unvorsichtigkeit eine schwangere Frau in große Gefahr bringe.«

Nun endlich glaubte Anke, Erik besser zu verstehen.

Claudia übernahm das Steuer. Der Regen hatte inzwischen aufgehört, vereinzelt kam sogar die Sonne zum Vorschein.

Der Wind blies immer noch stürmisch. Er drehte, kam von Nordosten und war eisig kalt.

»Ich dachte immer, du seiest freiwillig von Köln nach Saarbrücken gekommen«, meinte Claudia während der Fahrt.

»Das bin ich auch«, stutzte Erik.

»Bei dem Gespräch heute Morgen hat es sich ganz anders angehört!«

»Forseti gräbt alte Leichen aus, die schon verschimmelt sind!«

»Du meinst, vergessen und aus dem Sinn damit?«, hakte Claudia nach.

»Genau das! Ich will nicht mit dir darüber reden. Konzentrieren wir uns lieber auf unseren aktuellen Fall«, bestimmte Erik unfreundlich.

»Warum verhältst du dich mir gegenüber wie ein Kotzbrocken. Ich habe dir doch nichts getan?«

Daraufhin merkte Erik erst, dass er sich ihr gegenüber wirklich unfair verhielt. Er spürte deutlich, dass er die Affäre mit Claudia während ihres Lehrgangs in Wiesbaden am liebsten ungeschehen machen würde. Nur mit seinen verbalen Angriffen erreichte er nichts. Im Gegenteil, sie würde dann erst recht darauf zu sprechen kommen.

Der Weg zum Elternhaus von Thorsten Fellinger führte nach der Autobahnabfahrt durch Riegelsberg über den Russenweg in die Etzenhofer Straße, die die Hauptverbindungsstrecke zwischen Köllerbach und Walpershofen darstellt. Das große, alte Bauernhaus war eines der ersten Häuser von Walpershofen. Stallungen befanden sich dahinter, die von der Straße aus nicht zu sehen waren. Die Haustür befand sich ganz versteckt an der Seite. Als sie darauf zugingen, kam ihnen ein großer, kräftiger

Mann entgegen, schaute sie mürrisch an, dabei hielt er seine Schaufel eisern fest, als wollte er sie als Waffe benutzen.

»Wir sind von der Polizei und wollen mit Thorsten Fellinger sprechen«, antwortete Claudia freundlich.

Der Alte veränderte seine Miene nicht, als er murrte: »Dich kenne ich doch!«

Claudia schwieg.

»Du bist doch die junge Fanroth!«

»Stimmt. Das ändert aber nichts an dem Grund meines Besuches«, konterte Claudia ungehalten.

»Willst dich jetzt hier aufspielen? Meinst wohl, dass du was Besseres bist, weil du in die große, weite Welt gegangen bist? Täusch dich mal bloß nicht! Wir sind hier nicht schlechter als ihr Großstädter!«

»Wir wollen mit Thorsten Fellinger sprechen«, wiederholte Claudia hartnäckig ihre Bitte, ohne auf die unfreundliche Begrüßung des Bauern einzugehen.

»Thorsten hat nichts verbrochen!«

»Darum geht es nicht! Wir brauchen nur eine Auskunft von ihm!«

»Dafür kommst du extra hierher. Deinen Job möchte ich mal haben! Durch die Gegend fahren und Frau von Welt spielen!«

»Wo ist Ihr Sohn?«, fragte Claudia den Alten immer noch bemüht freundlich.

»Ich ruf' ihn!«

Er machte keinen Hehl daraus, dass er die Polizei nicht in seinem Haus haben wollte. Also blieb Erik und Claudia nichts anderes übrig, als im kalten Wind stehen zu bleiben und auf den jungen Mann zu warten. Zum Glück dauerte es nicht lange, schon stand er vor ihnen.

Thorsten Fellinger entsprach nicht dem Bild, das sie sich von einem jungen Bauern gemacht hatten. Er war groß, seine Figur war sportlich, was er noch mit seinen engen Jeans und dem eng anliegenden Sweatshirt betonte. Er hatte blondes, kurzes Haar und Sommersprossen. Seine blauen Augen konnten eindringlich schauen, so dass Claudia glaubte, er könnte ihre Gedanken lesen. Dieser junge Mann wirkte außerdem älter, als er war. Seine Gesichtszüge waren ernst, seine Bewegungen ruhig. Bis auf die Sommersprossen bestand große Ähnlichkeit mit seiner Schwester.

»Halt dich nicht so lange mit den Polizisten auf«, murrte der Vater laut und deutlich. »Du hast noch Arbeit im Stall!«

Thorsten lachte nur verächtlich, eine Geste, die Bände sprach.

»Hast du mich verstanden?«, brüllte nun der Alte.

»Ich sitze nicht auf meinen Ohren«, gab Thorsten zurück. Damit brachte er den Alten so aus der Fassung, dass er nur noch abwinken konnte. Mit schnellen Schritten verschwand er im Stall.

Nun endlich konnte Thorsten sich auf seine Besucher konzentrieren. Als er Claudia erkannte, lachte er so charmant, dass Claudia Mühe hatte, sich weiterhin distanziert zu verhalten.

»Meine Güte, was hat dich denn ins Saarland zurückgebracht? So, wie du dich damals aufgeführt hast, hätte ich dich hier nicht mehr erwartet«, bemerkte er zur Begrüßung.

»Die Fragen stellen wir!« beharrte Claudia.

»Du hast dich kein bisschen verändert«, stellte Thorsten abfällig fest. Dabei bewegte er sich so elegant, dass Claudia ständig an seinem Körper herunterblicken musste. »Außer, dass du hübscher geworden bist!«

Seine Augen schauten sie unverwandt an, ein Blick, der die junge Frau verwirrte. Die Sicherheit, die der junge Mann ausstrahlte, beeindruckte sie. Sie konnte nicht mehr den jungen Lausebengel in ihm sehen, der er damals war. Heute war er ein charmanter Mann, der seine Vorzüge ganz geschickt einsetzen konnte. Was hielt ihn auf einem Bauernhof?

Erik schaltete sich nun dazwischen, um die peinliche Situation zu beenden, indem er die Frage stellte, die der Anlass ihres Besuches war: »Kennen Sie Emil Tauber?«

Thorsten wirkte irritiert. Er schaute abwechselnd von Claudia zu Erik, bis er fragte: »Was soll das? Ihr wollt mir doch nicht sagen, dass ihr wegen Emil gekommen seid?«

»Genau das! Also beantworten Sie bitte meine Frage: Kennen Sie Emil Tauber?«

»Ja klar, wer kennt den nicht!« lachte Thorsten. »Emil ist auf dem besten Weg ins Guinnessbuch der Rekorde zu gelangen!«

»Was meinst du damit?«, staunte Claudia.

»Emil hat bestimmt schon zweihundert Mal versucht, sich umzubringen und lebt immer noch. Für ihn gilt im Dorf der Spruch: *Du altes Arschloch, du lebst ja aach noch!*«

»Das ist aber hart. Warum macht er das?«

»Emil hatte es nie leicht. Der Alte hat ihn immer, wenn er besoffen war, grün und blau geschlagen. Von seiner Mutter weiß Emil nichts, weil sie schon früh fortgegangen ist. Ist eben ein armes Schwein, der Emil«, erklärte Thorsten, wobei er Claudia genau beobachtete.

Sie war sich seiner prüfenden Blicke bewusst, weil es ihr

schmeichelte. Allerdings musste sie aufpassen, sich nicht von den eigentlichen Absichten ihres Besuches ablenken zu lassen. Also erklärte sie sachlich: »Heute Morgen wollte Emil sich aber nicht selbst umbringen! Heute Morgen wollte jemand nachhelfen!«

»Deshalb seid ihr hier«, Thorstens Staunen wirkte echt. »Was dachtest du denn?«

»Ich dachte, ihr bearbeitet den Mord an Sybille Lohmann«, erklärte Thorsten. »Ihr wollt mir doch nicht sagen, dass der Fall abgeschlossen ist?«

»Nein! Warum interessiert dich dieser Fall?«, fragte Claudia.

»Sybille ist nicht einfach von der Straße abgekommen, sie ist umgebracht worden. Ich hoffe, dass ihr das Schwein kriegt!«

Der Wutausbruch war so heftig, dass Claudia und Erik staunten.

»Wir sind aber nicht wegen Sybille Lohmann hier sondern wegen Emil Tauber. Deshalb wollen wir wissen, wo du dich am Morgen aufgehalten hast.«

Thorsten Fellinger musste nicht lange überlegen. Mit einem grimmigen Gesichtsausdruck warf er den beiden eine Antwort hin, als wollte er sie abschütteln: »Ich war hier! Sven Koch hat mir einen Besuch abgestattet, Sie können ihn ja fragen!«

Damit gab er dem Verdächtigen ein Alibi.

»Wenn du deinem Freund Sven Koch ein falsches Alibi gibst, kannst du große Schwierigkeiten bekommen.«

»Sven Koch ist nicht mein Freund«, fiel Thorsten der Polizeibeamtin ins Wort, was Claudia aber nicht davon abhielt, ihre Rede zu beenden: »Wir werden nämlich alles herausbekommen!«

»Das hoffe ich für euch.«

»Was hoffen Sie für uns?«, wurde Erik ungeduldig.

»Wenn Sie wirklich alles herausbekommen, dann auch wer Sybilles Mörder ist«, fuhr der junge Mann den Polizeibeamten an. »Emil Tauber ist nicht so wichtig. Außerdem lebt er ja noch!«

»Sie sind aber erstaunlich gut über seinen Zustand informiert.« Mit dieser Bemerkung brachte er Thorsten ein wenig aus der Fassung. Kurz schaute er sich um, bis er zu seiner Verteidigung sagte: »Claudia hat wörtlich gesagt: Heute Morgen wollte jemand nachhelfen. Das hört sich für mich so an, als sei Emil noch am Leben!«

»Ihre Spitzfindigkeit ist lobenswert«, gestand Erik ihm zu.

»Aber: Warum geben Sie Sven Koch ein Alibi, wenn er gar nicht Ihr Freund ist?«, hakte er nach.

»Ich habe nur die Wahrheit gesagt. Wenn das für den Spinner ein Alibi ist, hat er ja Glück gehabt!«

»Was will er denn bei Ihnen, wenn Sie nicht befreundet sind?«

»Ich glaube, er sucht verzweifelt Freunde. Keiner kann ihn besonders leiden, weil er so eingebildet ist« erklärte Thorsten. »In letzter Zeit kam er häufiger zu mir, ohne dass ich ihn eingeladen hätte.«

Sie verabschiedeten sich und stiegen in ihren Wagen. Doch Erik fuhr nicht sofort los, sondern beobachtete den jungen Mann, der zu seinem Wagen eilte, einstieg und davon brauste.

»Was ist?«, fragte Claudia erstaunt.

»Ich sehe nur, was ich sehen wollte. Thorsten Fellinger macht nicht das, was sein Vater ihm gesagt hat. Stattdessen setzt er sich in sein Auto, fährt weg und lässt den Alten allein. Was sagt uns das?«

»Dass er keine Lust hat, im Stall zu arbeiten«, überlegte Claudia nicht lange. »Welcher junge Mann, der dazu noch so aussieht wie Thorsten Fellinger, will heutzutage Bauer werden?«

Erstaunt über diese Bemerkung schaute Erik auf seine Kollegin, sagte aber nichts dazu. Er startete den Wagen und fuhr weiter zu Emil Taubers Haus. Während der Fahrt spürte er, dass er nicht umhin konnte, sie näher zu Thorsten Fellinger zu befragen. Lag die knisternde Spannung zwischen den beiden daran, dass sie sich von früher kannten oder gab es dafür andere Gründe? Also fragte er sie, bevor sie ausstiegen: »Wie gut kennst du Thorsten Fellinger?«

»Nicht besonders. Als ich das Saarland verlassen habe, war Thorsten noch ein Kind.«

»Dafür kann er sich aber noch gut an dich erinnern«, staunte Erik.

Schulterzuckend verbesserte sie sich: »Na ja, für mich war er noch ein Kind. So jung war er nicht mehr, weil er schon damals mächtig nach den Frauen geschaut hat.«

»Ein frühreifer Schwerenöter?«, lachte Erik.

Die Sonne kam immer häufiger hinter den dunklen Wolken hervor und erwärmte das Wageninnere schnell, so dass Erik und Claudia ins Schwitzen gerieten.

»Das trifft es genau. Was beschäftigt dich so an ihm?«, fragte Claudia verwundert.

»An der Unterhaltung haben mir verschiedene Aspekte nicht gefallen«, gestand Erik.

»Und zwar?«, hakte Claudia nach.

»Die Art, wie ihr euch angeschaut habt! Ich hatte den Eindruck, dass es ihm gelungen war, dich zu beeinflussen. Aber wie?«

Claudia befürchtete schon, rot zu werden. Hastig antwortete sie: »Ich glaube, die Fantasie geht mit dir durch. Thorsten ist fünf Jahre jünger als ich. Glaubst du, ich verfalle einem Jüngling?«

Sofort trat Erik seinen Rückzug an. »Entschuldige. Ich habe da wohl etwas falsch verstanden!«

Daraufhin nickte Claudia zufrieden.

»Das war nicht mein einziger Zweifel an dieser Befragung! Seine Antworten haben mir nicht gefallen«, erklärte Erik weiter. »Sein Interesse an Sybille Lohmanns Tod macht mich misstrauisch. Während dieser Fall allergrößte Priorität für ihn hat, stellt er den Überfall auf Emil Tauber so hin, als sei Emil selbst an seinem Schicksal Schuld.«

»Ich kann deinem Gedankengang nicht ganz folgen!«

»Die Erwähnung von Emils Selbstmordversuchen ohne, dass wir danach gefragt haben, hat mich stutzig gemacht. Mir kam es vor, als wollte er uns damit weismachen, dass Emil nicht überfallen wurde, sondern versucht hat, sich das Leben zu nehmen!«

»Da spricht der Überfall auf Anke und dich dagegen«, stellte Claudia klar.

»Ich glaube, dass Thorsten Fellinger gar nicht will, dass der Fall Emil Tauber bearbeitet wird. Ihm geht es nur um Sybille Lohmann«, erklärte Erik weiter. »Außerdem hat er Sven Koch nur widerwillig ein Alibi gegeben. Während Sven Koch von Freundschaft geredet hat, bekam ich nicht das Gefühl, dass Thorsten Fellinger diese Verbindung genauso sieht!«

»Ist das wichtig?«, fragte Claudia.

»Wer weiß?! Vergessen sollten wir es auf keinen Fall!«

Sie stiegen aus und steuerten ein gepflegtes Häuschen an, das durch einen kleinen Vorgarten mit Gartenzaun von der Hauptstraße getrennt war. Es lag schräg gegenüber von Emil Taubers Zuhause, in dem sich am gleichen Morgen der Überfall ereignet hatte. Auf ihr Klingeln hin öffnete ihnen eine Frau mittleren Alters. »Sie wissen sicherlich, was heute Morgen in Emil Taubers Haus vorgefallen ist«, leitete Erik seine Fragen ein, als sie das Haus betreten hatten.

»Ja. Es war nicht zu übersehen. Er wurde mit dem Krankenwagen abtransportiert. Was passiert ist, weiß ich nicht. Wie geht es Emil?«

»Er wurde überfallen und fiel die Kellertreppe hinunter«, erklärte Erik. »Zurzeit liegt er im Koma. Wie es weitergeht, wissen die Ärzte noch nicht!«

»Ach, das ist ja schrecklich«, seufzte die Frau. »Der arme Emil. Immer hat er Pech in seinem Leben!«

»Haben Sie heute Morgen etwas an Emils Haus beobachten können, bevor die Krankenwagen eintrafen?«

»Ja! Ein großer, schwarzer Wagen parkte vor dem Haus und zwei Leute, ein Mann und eine Frau gingen in das Haus!«

»Das war die Polizei«, erklärte Erik. »Ich meinte schon vorher!«

Die Frau überlegte eine Weile, dann schüttelte sie den Kopf mit den Worten: »In Emils Haus kann jemand unbemerkt durch den Hintereingang eintreten. Dann ist der Besucher von meiner Seite aus nicht zu sehen.«

»Wie gut kennen Sie Emil Tauber?«

»Gut. Er ist wirklich ein Pechvogel. Sein Vater hatte immer getrunken und den Jungen sich selbst überlassen. Da haben wir Frauen in der Nachbarschaft ihm immer ein wenig unter die Arme gegriffen.«

»Inwiefern?«

»Er ging eine Weile in die gleiche Schulklasse wie meine Tochter. In dieser Zeit habe ich für ihn Pausenbrote mitgemacht, weil sein Vater an so etwas nie gedacht hatte. Außerdem haben einige Frauen manchmal seine Wäsche gewaschen, weil er oft ungepflegt herumlief. Manchmal brachten wir ihm etwas zu Essen, weil wir wussten, dass sein Vater sich nicht darum kümmerte. Ein Nachbar hat ihm später geholfen, über eine ABM-Maßnahme eine feste Arbeitsstelle bei der Stadt zu bekommen. Es ist zwar keine anspruchsvolle Arbeit, aber Emil hatte damit sein Auskommen.«

»Arbeitet er heute noch dort?«, fragte Erik.

»So viel ich weiß, ja.«

»Wie kommt es, dass er gestern und heute Morgen zuhause anzutreffen war?«, überlegte Erik.

»Emil ist oft krank – schon von Kindesalter an. Er leidet an Neurofibromatose.«

»Ich glaube, ich brauche eine Erklärung, was das bedeutet«, gestand Erik. »Mit medizinischen Fachwörtern kenne ich mich nicht aus.«

»Das ist eine Erbkrankheit. Sie äußert sich hauptsächlich in Form von Hautveränderungen, wie hellbraune Pigmentflecken oder Sommersprossen, die mit den Jahren zu Geschwülsten werden. Diese Geschwülste sind gutartig.«

Eine Weile verharrten alle drei in Schweigen.

»Ist das so üblich, dass Nachbarn einen Mitmenschen selbstlos versorgen?«, überlegte Erik, dem diese Schilderungen unbekannt waren.

»Bei uns schon. Im Dorf lebte ein geistig behinderter Junge, dem wir auch so gut es ging halfen. Er war in einer Tagesschule. Ein Nachbar, der jeden Morgen den gleichen Weg hatte, nahm ihn immer mit zur Schule und abends holte er ihn ab. So brauchte er nicht mit dem Behindertentransport zu fahren«, erklärte die Frau.

»Bisher wusste ich nicht, dass Menschen auch zu guten Taten fähig sind«, lachte Erik. »In unserem Beruf lernt man viel mehr die negative Seite des Menschen kennen!«

»Dann tut Ihnen unser Gespräch vielleicht ganz gut«, stellte die Frau lächelnd fest.

»Wir sind wegen Emil hier. Gibt es etwas, was für unsere Ermittlungen hilfreich sein könnte?«, erinnerte Erik an den Grund seines Besuchs.

»Emil hat immer versucht, sich mit einem Mädchen im Dorf anzufreunden. Da hatte er keine Chance. Sie nannten ihn ›Frankensteins Monster‹, was ich immer als grausam empfand«, berichtete die Frau.

»Versuchte er es bei einem speziellen Mädchen?«, fragte Erik.

»Ja! Er war bis über beide Ohren in Annette Fellinger verliebt. Ob er es immer noch bei ihr versucht, weiß ich nicht. Seit sein Vater tot ist, kommt er kaum noch zu uns. Jetzt braucht er keine Zuflucht mehr.«

»Warum werden zwei Angriffe auf ihn verübt«, überlegte Erik laut. »Auf einen Menschen wie Emil Tauber, der doch schon genug Sorgen mit sich selbst hat?«

»Warum sprechen Sie von zwei Angriffen auf Emils Leben?«

»Gestern Morgen fand der erste Angriff auf ihn statt. Haben Sie etwas in der Nähe seines Hauses bemerkt?«

»Nein, ich muss Sie enttäuschen.«

Als Erik und Claudia sich verabschieden wollten, sprach die Gastgeberin Claudia an: »Sie waren doch mit meiner Tochter in einer Schulklasse!«

»Stimmt! Ich kann mich an Ihre Tochter erinnern«,

antwortete Claudia kurz, in der Hoffnung, schnell das Haus verlassen zu können.

»Dass Sie wieder ins Saarland zurückkommen würden?! Damit hat hier wohl niemand gerechnet!«

Schnell verließ Claudia das Haus, so schnell, dass Erik Mühe hatte, ihr zu folgen.

»Ich bin für die Nachbarschaftsbefragungen wohl doch nicht geeignet«, stellte sie fest, als sie sich auf den Weg zum nächsten Haus machten.

»Das musst du aber Forseti selbst beibringen«, stellte Erik klar. »Er hat dich auf Befangenheit angesprochen, du hast es ausgeschlossen.«

»Im Zusammenhang mit Sybille Lohmann«, konkretisierte Claudia diese Feststellung sofort. »Dass sich diese Dorfleute noch so gut an mich erinnern würden, konnte ich nicht ahnen!«

»Diese Leute leiden nicht an Gedächtnisschwund, nur weil sie Saarländer sind«, schimpfte Erik. »Und jetzt machen wir unsere Arbeit. Hinterher kannst du zum Chef gehen.«

8

Anke fühlte sich gut ausgeruht, als sie an diesem Morgen durch den Sonnenschein zur Arbeit fuhr. Sie begann sofort mit der Suche nach der Lebensversicherung von Kurt Lohmann, Sybilles Mann, der am 11. September 2001 bei dem Angriff auf das World Trade Center umgekommen war. Mit einer Tasse dampfendem Tee kam bald darauf Erik auf ihren Schreibtisch zu mit den Worten: »Heute gibt es Wildbeere-Geschmack!«

»Hört sich gut an«, lachte Anke. »Ich freue mich schon jeden Morgen auf den Tee, den du mir machst. Ich gewöhne mich daran, von dir verwöhnt zu werden.«

»Das freut mich! Ich genieße unsere Teamarbeit. Nur mit Forseti habe ich meine Probleme. Das war ein dummer Zufall, dass er sich ausgerechnet zur gleichen Zeit auf der gleichen Dienststelle bewirbt wie ich. Mein misslungener Streich auf dem Lehrgang zum verdeckten Ermittler hat mich bis nach Saarbrücken verfolgt. Er lässt nichts aus, mich daran zu erinnern!«

Anke lachte: »Das war zwar ein makaberer Scherz, aber glaubst du wirklich, dass das alles ist, was der Chef dich spüren lässt?« Erik stutzte: »Spielst du auf die Moralpredigt an, die er mir gehalten hat nach unserem ersten Besuch in Emil Taubers Haus?«

»Wie soll ich dich darauf ansprechen, ich war doch gar nicht da!«

»Aber sicherlich hat dir Esther alles schon brühwarm erzählt«, spekulierte Erik.

»Stimmt! Und ich muss zugeben, dass ich neugierig geworden bin. Nach dem, was du mir schon über dich erzählt hast, kann ich mir vorstellen, dass es in Köln interessante Vorfälle gegeben haben muss«, grinste Anke.

Erik wand sich verlegen. Es fiel ihm schwer, Anke in die Augen zu schauen, weil er darin deutlich ihren Schalk sehen konnte. Er stellte sich ans Fenster und schaute auf die sonnige Straße hinunter, während er zu erzählen begann: »Ich hatte in Köln eine Phase, in der ich wirklich alles falsch gemacht habe, was man falsch machen kann. Mit Sicherheit hat der Alkohol eine große Rolle dabei gespielt. Durch die ständige Anspannung aufgrund der erschütternden Fälle hatte ich angefangen, mehr zu trinken, als gut für mich war. Im alkoholisierten Zustand sollte man keine verantwortungsvollen Arbeiten mehr machen, aber damals steckte ich mitten drin und wollte davon einfach nichts wissen.«

Anke schaute zu ihm rüber. Sie stellte fest, dass er den Blick zum Fenster gerichtet hielt. Ein wenig erinnerte sie diese Szene an ihr Gespräch in ihrem alten Büro, als Erik ihr zum Teampartner zugeteilt worden war – und das von ihrem ehemaligen Chef, von Kullmann. Damals hatte er das erste Mal über sich gesprochen, was das Eis zwischen ihnen beiden gebrochen hatte.

»Im Jahr 1997 bekamen wir einen neuen Polizeichef. Kaum hatte er seinen Dienst angetreten, ereignete sich ein spektakulärer Fall. Im Kölner Stadtteil Kalk wurden Teile eines menschlichen Körpers gefunden, die nach rechtsmedizinischer Untersuchung alle zu einem jungen Mann gehörten. Schnell erinnerte sich die Bevölkerung an den

Film ›Das Schweigen der Lämmer‹ – Hannibal Lecter ist in Köln. Die Panik war groß, der Druck auf die Polizei gewaltig!«

Anke erinnerte sich: »Sprichst du von dem Fall ›Der Schlächter von Kalk‹?«

»Ganz genau!« nickte Erik. »Nach ersten Ermittlungen stellten wir fest, dass die Körperteile des Opfers mit einem Einkaufswagen aus einem nahe gelegenen Supermarkt transportiert worden waren. Erschwerend kam hinzu, dass schon einen Tag später ein weiterer junger Mann als vermisst gemeldet worden war. Nun hieß es natürlich: schnell handeln!«

Anke hörte gebannt zu.

»Genau das habe ich getan«, setzte Erik seine Erzählung fort. Nun drehte er sich um und stellte sich vor Anke. Dabei schaute er sie immer noch nicht an.

»Dazu muss ich erwähnen, dass die eigentliche Todesursache des Opfers noch nicht bekannt war. Der Körper war post mortem in zerstückelt worden. Vorsicht war geboten! Einige Tage später sah ich einen Verdächtigen einen Einkaufswagen voller Nylontüten durch den Stadtteil schieben. Es war schon dunkel, ich konnte die Gestalt nicht erkennen. Also tat ich das, was in diesem Fall getan werden muss: ich rief das Sondereinsatzkommando.«

Tief atmete Erik durch. Es fiel ihm schwer, dem Kern seiner Geschichte immer näher zu kommen, wie Anke spürte. Aber nun wollte sie die ganze Geschichte wissen. Also schwieg sie und wartete, bis Erik von allein fort fuhr: »Das Aufgebot an Polizisten in Panzerwesten und Schutzhelmen war riesig. Von allen Seiten schlichen sie sich an den Mann heran. Im entscheidenden Moment, als er mit einer Hand in seinen Einkaufswagen greifen wollte, schlugen sie zu!«

»Und?« Anke wurde ungeduldig.

»Wir hatten den Sohn des neuen Polizeichefs festgenommen«, gestand Erik. »Er war dabei, seine Einkäufe aus dem Supermarkt nach Hause zu fahren. Da er kein Auto besaß und ganz in der Nähe wohnte, transportierte er regelmäßig seine Besorgungen mit dem Einkaufswagen, den er anschließend zurückbrachte.«

Anke musste sich ein Lachen verkneifen.

»Durch meine herausragende Leistung in diesem Fall wurde aufgedeckt, dass der Sohn im Stadtteil Kalk mit einem Stricher zusammenlebte, eine Tatsache, die der Polizeichef liebend gerne verschwiegen hätte.«

Nun musste Anke laut lachen.

»Ja, mit genau diesem Lachen wurde ich eine lange Zeit von dem Tag an begrüßt, wenn ich morgens meine Arbeitsstelle betrat. Ich war nicht nur ein guter Ermittler, ich deckte auch andere Wahrheiten auf, die gar nicht aufgedeckt werden sollten! Das hat sicherlich meinen Unterhaltungswert drastisch erhöht«, stellte er resigniert fest.

Als Anke sich beruhigt hatte, meinte sie: »Ich wusste, dass du eine interessante Geschichte erzählen würdest. Dein Leben muss ja wirklich kunterbunt gewesen sein.«

»So habe ich das noch nie gesehen. Aber was soll's! Es gibt in Köln eine Lebensweisheit, die ich seit diesem Tag endlich verstehe!«

»Und die lautet?«

»*Gott schütze dich auf dieser Welt, vor Kalk, Nippes und Ehrenfeld!*«

»Wie treffend!«

»Also sollte man meinen, diese Erfahrung hätte meinen Horizont erweitert! Leider war es nicht so«, fügte Erik an. »Für heute habe ich dir genug von meinen Sünden erzählt. Das hat mich viel Überwindung gekostet. Jetzt schlage ich vor, dass wir mit unserer Arbeit beginnen!«

»Schade. Dir zuzuhören, ist spannender, als jeder Krimi«, bedauerte Anke.

Als Erik ihr Zimmer verließ, war der Tee kalt. Zügig begann sie, verschiedene Versicherungsgesellschaften anzurufen, um endlich herauszufinden, wo Kurt Lohmann versichert war und in welcher Höhe. Forsetis Geduld durfte sie nicht mehr länger auf die Folter spannen.

Sie hatte Glück, denn es dauerte nicht lange, da wurde sie fündig. Sie ließ sich die Daten der Versicherung durchfaxen und erlebte eine große Überraschung. Die Summe wurde bar ausgezahlt. Diese Tatsache veranlasste nun Anke dazu, auf Sybille Lohmanns Bank anzurufen, um sich dort zu informieren, warum der ungewöhnliche Zahlungsweg gewählt worden war und erhielt sofort die Information, die alles erklärte. Die Vermögenssituation der Eheleute Lohmann war äußerst kritisch. Vor Jahren hatten sie bereits nach mehreren Pfändungen eine Eidesstattliche Versicherung abgegeben, die immer noch aktiv war. Das Konto war somit gesperrt und jede Zahlung, die darauf einging, wurde vom Gläubiger eingezogen. Das war nun geklärt. Sofort tauchte die nächste Frage auf: Wo war das Geld?

Mit diesen neuen Angaben ging Anke zu Forseti und legte ihm die Berichte vor. Als der Chef die Summe las, pfiff er leise durch die Zähne und rief die Abteilung zusammen.

»Wir haben hier neue Fakten, die den Fall schon wieder

in einem anderen Licht erscheinen lassen! Sybille Lohmann bekam von der Lebensversicherung ihres Mannes eine halbe Million Euro in bar ausgezahlt!«

Diese Neuigkeit ließ alle mächtig staunen. Interessiert schauten sie auf den Vorgesetzten, der nun zum ersten Mal, seit er die Nachfolge von Kullmann angetreten hatte, eine Abteilungsbesprechung angeordnet hatte. Die Stimmung unter den Kollegen war gespannt. Das Fehlen der Kollegen der Spurensicherung und des Aktenführers, Fred Feuerstein, die Kullmann zu jeder Versammlung hinzugezogen hatte, entging ihnen nicht. Aber niemand wagte sich, etwas dazu zu sagen. Forseti wirkte trotz der Ungeduld der Mitarbeiter entspannt, als sei er es gewöhnt, Verantwortung in solchen Maßen zu tragen. Er machte eine bedeutungsvolle Pause, bis er sprach: »Nun haben wir ein eindeutiges Motiv, für die Tötung von Sybille Lohmann. Weiterhin müssen wir davon ausgehen, dass der Mordanschlag auf Emil Tauber im Zusammenhang mit dem Fall Lohmann steht. Emil Tauber war vermutlich zur Unfallzeit am Unfallort. Warum ihn diese Tatsache in solche Schwierigkeiten gebracht hat, müssen wir herausfinden.«

»Wie sieht es mit den Drohanrufen bei Susi Holzer aus?«, wagte Anke zu fragen.

»Da Susi Holzer ebenfalls zur Unfallzeit am Unfallort war – wie wir vermuten – muss sich jemand darum kümmern.«

Erwartungsvoll schaute Anke ihren Chef an, bis er endlich das sagte, worauf sie gehofft hatte: »Also gut! Das tun Sie.«

Zufrieden nickte Anke. Aber Forseti war noch nicht fertig, denn sofort fügte er an: »Ihr Außendienst beschränkt sich nur auf einen Besuch bei Ihrer Hebamme in der Praxis Ihres Gynäkologen! Ich erwarte von Ihnen, dass Sie vernünftig sind. Sollte ein Termin an einem anderen Ort anfallen, übernehmen die Kollegen das. Sind wir uns einig?«

Enttäuscht stimmte Anke zu.

»Erik Tenes und Claudia Fanroth, Sie werden sich mit den beiden Damen befassen, die zusammen mit Susi Holzer im Wagen saßen, Annette Fellinger und Rita Rech.«

Der Kriminalist ging einige Schritte auf und ab. Niemand regte sich, weil sie spürten, dass er noch nicht alles gesagt hatte. Nach einer kurzen Pause fügte er abschließend an: »Thorsten Fellinger hat unserem einzigen Verdächtigen ein Alibi gegeben. Deshalb mussten wir Sven Koch heute Morgen entlassen.«

Diese Mitteilung stieß auf Unverständnis. Ein leises Murmeln entstand im Raum, das Forseti aber sofort abstellte, indem er weiter sprach: »Jürgen Schnur und Esther Weis, Sie muss ich damit beauftragen, Thorsten Fellinger genauer zu überprüfen.«

Die beiden nickten. Obwohl die Aufgaben verteilt waren, beendete der Vorgesetzte die Besprechung noch nicht. Erwartungsvoll schauten ihn alle an, bis er endlich weiter sprach: »Das Team der Spurensicherung hat eine Blutspur in Emil Taubers Haus gefunden, die nicht zum Hausbesitzer gehört. Das ist eine erste Spur auf den Täter.«

»Das ist doch mal ein Anfang«, freute Jürgen sich.

»Die DNA-Analyse wird erstellt und mit den Daten der Straftäter verglichen. Vielleicht ist er erfasst; dann wäre der Fall erledigt. Aber solange wir kein Ergebnis haben, machen wir unsere Arbeit, wie beschlossen!«

Das genügte als Aufforderung. Schnell verließen sie den Sitzungssaal.

Erik folgte Anke in ihr Büro. Kaum war die Tür geschlossen, sagte er: »Ich mache mir Sorgen um dich. Ich kann Forseti nicht verstehen, dass er dir diesen Auftrag gibt, nach dem, was passiert ist.«

»Ich wollte ihn aber, weil Susi meine Hebamme ist«, lachte Anke. »Außerdem werde ich Susi in der Praxis meines Gynäkologen aufsuchen; wie der Chef es angeordnet hat. Dort wird mir nichts passieren!«

»Das kann ich nur hoffen. Wenn du meine Hilfe brauchst, ruf mich übers Handy an. Ich habe es immer dabei.«

»Danke, Erik. Ich weiß deine Sorge zu schätzen«, freute Anke sich. »Ich weiß, wie du mir helfen kannst!«

»Okay! Was soll ich tun?«

»Erzähl mir mehr aus deinem Leben. Das vertreibt meine Niedergeschlagenheit und ich kann mit neuer Energie an meine Arbeit gehen«.

»Du bist unersättlich«, schimpfte Erik und eilte begleitet von Ankes Lachen hinaus.

Anschließend rief sie ihre Hebamme an, um ihren Besuch bei ihr anzumelden. Susi Holzer machte am Telefon den Eindruck, als habe sie nur auf ihren Anruf gewartet. Bevor Anke sich auf den Weg machte, warf sie einen Blick aus dem Fenster. Es war herrlicher Sonnenschein, der schon den Eindruck erweckte, der Frühling sei zurückgekehrt. Aber sie wusste, welche Temperaturen draußen herrschten, weshalb sie sich ihren warmen Mantel und ihren Schal anzog. Da sich die Praxis ihres Gynäkologen in einem Ärztehaus an der Ecke der Dudweiler Straße zur Berliner Promenade befand, legte sie den Weg zu Fuß zurück. Der Wind kam von Nordosten und war so kalt, dass Anke sich kaum davor schützen konnte. Sie beschleunigte ihren Schritt, um sich durch ihre Bewegungen aufzuwärmen, zog ihren Mantelkragen enger und vergrub die Hände in den Manteltaschen, aber es half nichts. Als sie an der Praxis ankam, fühlte sie sich wie Ötzi aus dem Eis. Als Anke den Fahrstuhl verlassen wollte, wäre sie um ein Haar von einem großen, blonden Mann umgestoßen worden. Hastig sprang sie zur Seite, schaute zurück in die Fahrstuhlkabine und konnte gerade noch das Gesicht des Mannes erkennen, der den Knopf zum Erdgeschoss drückte. Es war voller Sommersprossen. Als Anke durch den Flur auf Susis Sprechzimmer zuging, fragte sie: »Wer war das?«

Susi winkte ab, obwohl ihr Gesichtsausdruck keineswegs so lässig wirkte: »Ich dachte, du kämst wegen Emil!«

»Dann hast du es schon gehört?«

Susi nickte: »Ja! Im Dorf wird über nichts anderes mehr gesprochen!«

»Deshalb muss ich heute mit dir reden«, erklärte Anke. »Wir vermuten, dass du in Gefahr schwebst; ebenso deine Freundinnen Annette und Rita. Emil ist euch in der Nacht zum Sonntag gefolgt. Vermutlich hat er den Unfall gesehen und wurde dabei selbst gesehen. Warum er darüber geschwiegen hat, muss einen Grund haben. Und das ist vermutlich der Grund, warum er jetzt im Krankenhaus auf der Intensivstation liegt.«

Susi schluckte.

»Jetzt bitte ich dich, offen mit mir darüber zu reden, was in dieser Nacht wirklich vorgefallen ist. Wenn man Alkohol getrunken hat, funktioniert das Gedächtnis bekanntlich langsamer. Inzwischen wirst du dich wohl erinnert haben, was in der Nacht passiert ist.«

»Ich kann nur sagen, dass ich nichts von einem Unfall weiß«, beharrte Susi.

»Ist es möglich, dass du so besoffen warst, dass du einen Blackout hast?«, staunte Anke.

»Nein, so betrunken war ich wirklich nicht. Ich gebe zu, dass ich zu viel getrunken habe auf dieser Party, aber nicht so viel«, widersprach Susi.

»Emil kam euch an dem Abend besuchen, als ich zufällig bei dir zu Hause war. Was hat er da von euch gewollt?«

»Keine Ahnung!«

»Susi, du willst mich zum Narren halten«, wurde Anke ungeduldig. »Wir wissen inzwischen, dass Emil in Annette verliebt ist und es ständig bei ihr versucht. Wenn Emil euch besuchen kommt, dann will er zu Annette. An diesem Abend wollte er etwas mit ihr besprechen, wovor sie weggerannt ist. Rita ist Annette gefolgt. Da du in deinem eigenen Haus warst, konntest du schlecht hinter den beiden her rennen. Aber dein Verhalten Emil gegenüber war mehr als eindeutig. Also wisst ihr doch etwas.«

»Nein, wir wissen nichts«, wich Susi aus.

Verzweifelt schaute Anke auf ihre Hebamme. Als sie Susi kennenlernte, hatte ihr die unbeschwerte und vergnügte Art an ihr am besten gefallen. Anke hatte das Gefühl, dass ihre positive Lebenseinstellung sich auf sie übertragen könnte. Sie hatte sich so motiviert gefühlt, dass sie jegliche Angst vor dem Ereignis der Entbindung verloren hatte. Doch heute sah sie nichts mehr von alledem. Zu ihrem Entsetzen fiel ihr ausgerechnet in diesem Moment Kullmanns Hinweis auf Susis Vergangenheit ein. Zu dieser Tatsache passte die Aussage einer Nachbarin, die das Verhältnis zwischen Susi und Sybille als zerstritten beschrieb. Hoffentlich hatte sie sich nicht in der jungen Frau getäuscht. Denn ein Vertrauensbruch zwischen ihr und ihrer Hebamme wäre für die Geburt ihres Kindes untragbar.

»Ich habe erfahren, dass dir beim Babysitten ein Kind weggestorben ist«, begann Anke.

Susi wechselte die Gesichtsfarbe: »Was hat das mit Emil zu tun?«

»Nichts«, gab Anke zu. »Aber mit Sybille Lohmann, die zufällig das Todesopfer in unserem derzeitigen Fall ist.«

Susi wurde nervös. Sie sprang von ihrem Stuhl auf und ging in dem kleinen Zimmer auf und ab.

Anke drängte weiter: »Es wurde nachgewiesen, dass dich an dem Tod des Kindes keine Schuld traf. Aber war Sybille mit dieser Erklärung zufrieden zu stellen?«

»Zuerst nicht. Sie hatte lange Zeit ein Riesentheater um diese Sache veranstaltet. Aber ich konnte nichts dafür. Ich liebe Kinder über alles. Niemals käme ich auf den Gedanken, so einem kleinen, hilflosen Wesen etwas anzutun«, plapperte Susi aufgeregt los. »Das Dumme daran war, dass Gina ein stilles Kind war. Wenn sie abends die Milchflasche hatte und ins Bettchen gelegt wurde, schlief sie durch. Niemals gab es Unterbrechungen. Deshalb hatte ich mir einen Rhythmus ausgemacht, in dem ich nach dem Kind sehe. Ich bin jede Stunde hinein gegangen. Immer hat Gina friedlich geschlafen. An dem Abend, als es passiert ist, geschah nichts Ungewöhnliches. Gina war ruhig und friedlich wie immer. Wie konnte ich so etwas ahnen?«

»Ich gebe dir ja keine Schuld«, beruhigte Anke die junge Frau.

»Und warum grabt ihr die Geschichte aus? Ich habe mir genügend Vorwürfe anhören müssen. Soll das wieder von vorn losgehen?«

»Wir haben diese Geschichte ausgegraben, weil wir erfahren haben, dass deine Freundschaft zu Sybille Lohmann ganz plötzlich endete. War der Tod des Kindes der Grund dafür?«

»Du glaubst also, ich hätte ein Motiv, Sybille umzubringen und bringe dabei gleichzeitig meine besten Freundinnen in Lebensgefahr, indem ich riskiere, selbst von der Straße abzukommen?«, lachte Susi kalt. »Ich wusste, dass Sybille genau in dieser Nacht genau um diese Zeit genau diese Strecke nehmen würde, was vermutlich in ihrem Leben ein einziges Mal vorgekommen ist – nämlich in der Unfallnacht.«

»Wie gut war dein Kontakt zu Sybille?«, fragte Anke weiter, Susis Gefühlsausbruch ignorierend.

»Annette und Rita gingen sie gelegentlich besuchen. Sie waren mal Arbeitskolleginnen auf dem Gesundheitsamt in Saarbrücken. Vor dieser unangenehmen Geschichte bin ich immer mitgefahren, aber hinterher nicht mehr. Ich hatte keine Lust mehr, weil ein unausgesprochener Vorwurf immer noch in der Luft hing. Das musste ich mir nicht antun!«

»Wie gut kanntest du Kurt Lohmann?«, fragte Anke weiter, weil sie gerade erst den Bericht gelesen hatte, in dem der Hinweis der Nachbarin stand, dass Kurt Lohmann eine Sünde wert war. Nun wollte sie genau wissen, welchen Hintergrund die Entfremdung der beiden Frauen hatte. Sollte es wirklich der plötzliche Kindstod eines Kindes sein, das nicht einmal Sybilles Kind war? Dieser Zweifel beschäftigte Anke.

»Kurt Lohmann war ein Typ, der durch sein gutes Aussehen auffiel – blonde Haare, blaue Augen, gute Figur und riesengroß. Keine Frau konnte ihm widerstehen«, geriet Susi ins Schwärmen.

Bei dieser Beschreibung fiel Anke unwillkürlich der Vater ihres Kindes ein. Auch er hatte blonde Haare, blaue Augen und eine gute Figur. »Und du konntest ihm auch nicht widerstehen?«, schlussfolgerte sie.

Diese Frage empörte Susi sofort: »Was hältst du von mir. Ich habe kein Interesse an verheirateten Männern!«

»Aber die beiden lebten doch getrennt!«

»Als Kurt sich von Sybille trennte, war er im Dorf nicht mehr zu sehen. Er hatte seine Augen auf andere Frauen gerichtet als auf mich. Ich entspreche ja nicht gerade dem Sex-Symbol!«

Anke glaubte Susi in dieser Angelegenheit sofort. Sie erkannte, dass Eifersucht nicht die Ursache für das Ende der Freundschaft zwischen den beiden Frauen war. Also blieb nur noch der Tod des Kindes Gina Koch, das die Nichte von Sybille Lohmann war. Eine Weile schaute sie Susi an, die in einer unmissverständlichen Trotzhaltung verharrte. Sie spürte, dass ihre ungezwungene Zusammenarbeit zur Geburtsvorbereitung auf eine harte Probe gestellt wurde. Aber sie konnte nicht umhin, sie musste fragen: »Wer war der Vater von Gina Koch?«

Susi schaute Anke eine Weile an, bis sie zögernd antwortete: »Annettes Bruder Thorsten!«

Anke fiel der Zwischenfall beim Verlassen des Fahrstuhls ein. Wenn sie sich an die Beschreibungen von Erik und Claudia erinnerte, trafen sie genau auf diesen jungen Mann zu, der an ihr vorbeigestürmt war.

Daraufhin fragte sie: »War das gerade Thorsten Fellinger, dem ich im Flur begegnet bin?«

Susi nickte nur.

»Was wollte er hier?«

»Er kann einfach keine Ruhe geben. Er hat wieder gedroht, mir nachzuweisen, dass ich Schuld am Tod seines Kindes habe. Dass es ein plötzlicher Kindstod war, will Thorsten einfach nicht wahrhaben!«

»Ist das Kind nicht schon längst beerdigt«, überlegte Anke.

»Doch! Außerdem wurde der Fall genau überprüft. Ich bin unschuldig, aber das kapiert er einfach nicht«, beschwerte Susi sich.

»Das heißt, dass er sein Kind geliebt hat«, überlegte Anke.

»Er liebte das Kind, durfte es aber nicht zu sich nach Hause nehmen. Sein Vater hätte ihn enterbt und aus dem Haus geworfen«, lachte Susi.

»Warum das denn?«

»Weil Tanja, die Mutter des Kindes, schon lange drogenabhängig war und nicht in das Bild eines gutbürgerlichen Bauernhauses passte«, rümpfte Susi die Nase. »Der Alte ist ein echter Spießer! Ich verstehe nicht, wie Thorsten es bei dem aushält!«

»Wie hat sich das Unglück auf deine Freundschaft zu Annette ausgewirkt?«, fragte Anke weiter.

»Annette hat immer zu mir gehalten. In dieser Zeit hat sie sich mit ihrem Bruder zerstritten. Die beiden reden kein Wort mehr miteinander!«

»Was veranlasst ihn dazu, jetzt immer noch keine Ruhe zu geben?«

Susi überlegte eine Weile, bis sie sagte: »Ich glaube,

Sybilles Tod hat ihn erschüttert. Immerhin war sie Tanjas Schwester und die beiden hatten sich immer gut verstanden. In der Zeit, als Tanja Drogen brauchte, hatte Sybille ihr geholfen. Sie hat ihre Schwester nie im Stich gelassen.«

Diese Erklärung konnte Anke nicht so recht als Grund für Thorstens feindseliges Verhalten akzeptieren. Da gab es noch etwas anderes, was Susi ihr verschwieg. Aber das würde sie der Hebamme nicht so einfach entlocken können, überlegte Anke. Sie musste sich ganz diplomatisch an die junge misstrauisch gewordene Frau heranpirschen.

»Kann es sein, dass Thorsten Fellinger hinter diesen Anschlägen steckt?«

»Warum sollte er?«, fragte Susi zurück.

»Sein Verhalten ist verdächtig. Ich weiß ja nicht genau, worauf er wirklich so wütend ist und zu was der fähig sein kann«, spekulierte Anke.

Aber Susi lachte nur und wehrte sogleich ab: »Thorsten ist ein harmloser Spinner. Ich traue ihm nicht zu, dass er handgreiflich werden kann!«

»Ist das wirklich harmlos, was er macht?«, bohrte Anke weiter. »Immerhin hat er aus dem plötzlichen Kindstod von Gina Koch einen Fall für die Ermittlungen der Polizei gemacht. Unter harmlos verstehe ich etwas anderes.«

»Dann sind wir unterschiedlicher Meinung«, trotzte Susi nun.

Eine Weile schwiegen beide und schauten aus dem Fenster, das zu einem Balkon führte, der bei diesen Temperaturen nicht betreten wurde. Der Ausblick reichte über die Berliner Promenade, auf die Saar bis hin zur Stadtautobahn. Das Laub der Bäume, die die Saar säumten, leuchtete im strahlenden Sonnenschein in den schönsten Farben.

Einige Menschen spazierten dick vermummt am Fluss entlang und ließen ihre Hunde laufen. Der Saarkran auf der anderen Seite der Wilhelm-Heinrich-Brücke glänzte golden in dem gleißenden Licht.

Ganz geschickt nutzte Susi diesen Augenblick, um das Thema auf Ankes Schwangerschaft zu lenken. Sie vereinbarten weitere Termine für den Geburtsvorbereitungskurs.

Als Anke im Landeskriminalamt eintraf, sah sie Rita Rech. Sie saß im Flur, hielt einen Handspiegel in der Hand und war so mit ihrer Frisur beschäftigt, dass sie ihr Eintreten gar nicht bemerkte. Erst als Erik zusammen mit Claudia den Flur betrat, versteckte sie geschwind den kleinen Spiegel und schaute Erik erwartungsvoll an.

»Ich werde Sie jetzt befragen«, erklärte Erik.

»Bin ich verdächtig?«, lächelte sie verschmitzt.

Claudia stand hinter Erik und drehte ihre Augen in Richtung Decke, eine Geste, die Anke amüsierte.

»Ich sagte ›befragen‹ nicht ›verhören‹! Das ist ein großer Unterschied«, erklärte Erik, wobei er beflissen Ritas Zwischentöne überhörte. Er bat Rita Rech, ihm zu folgen, bevor sie noch etwas sagen konnte, was ihn in Verlegenheit brachte. Rita folgte Erik ohne Protest. Im Gegenteil, Anke bekam den Eindruck, dass sie sich auf die Befragung freute.

»Wo ist Annette?«, fragte Anke ihre Kollegin Claudia, die das Schauspiel skeptisch beobachtet hatte.

»Sie hat uns versetzt«, lachte Claudia abfällig. »Annette ist heute Morgen ganz überraschend in die Schweiz gefahren!«

»Ganz überraschend?«, staunte Anke.

»Ja! Sie hat Rita ihren Urlaubsantrag mitgegeben, als Rita sie zur Arbeit abholen wollte.«

Anke kehrte an ihren Schreibtisch zurück, wo sich die Arbeit inzwischen türmte. Die Kollegen ihrer Abteilung hatten sich schnell daran gewöhnt, dass sie zur Schreibkraft degradiert worden war.

Als es klopfte, war sie froh über die Unterbrechung, doch als sie sah, wer vor ihr stand, war sie sich nicht so sicher, ob ihr dieser Besucher willkommen war: Es war Thorsten Fellinger!

Sein Gesicht war gerötet, sein blondes Haar zerzaust vom Wind. Ohne auf ihre Aufforderung zu warten, setzte er sich einfach auf den Besucherstuhl und begann zu sprechen: »Ich habe seit dem letzten Besuch Ihrer Kollegen nichts mehr von dem Fall Sybille Lohmann gehört. Nun will ich wissen, ob Sie überhaupt noch daran arbeiten!«

»Natürlich arbeiten wir daran«, antwortete Anke.

»Dann haben Sie doch sicherlich herausbekommen, wer es war? Warum diese Geheimhaltung?«

»Wir wissen noch nicht, wer es war! Von Geheimhaltung kann keine Rede sein.«

Thorsten fixierte sie schweigend; ein Blick, der Anke verwirrte.

Rasch fügte sie an: »Ich bin aber nicht verpflichtet, Ihnen Rede und Antwort zu stehen! Wenn hier jemand fragt, bin ich das, und wenn hier jemand antwortet, sind Sie das!«

»So einfach könnt ihr euch das machen, was?«, fragte Thorsten in einem Tonfall, der tadelnd wirkte, als spräche er mit einem ungehorsamen Kind. Anke spürte eine Wirkung von diesem jungen Mann ausgehen, die sie daran zweifeln ließ, dass Thorsten Fellinger wirklich so jung sein sollte, wie in den Akten stand. Mit seinem einnehmenden

Blick schaute er Anke an, bevor er sagte: »Ich weiß, wer Sybille von der Straße abgedrängt hat. Wieso kommen Sie nicht darauf. Sie machen auf mich den Eindruck, dass Ihnen nichts entgeht!«

Anke wusste nicht, wie sie diese letzte Bemerkung verstehen sollte: als Anspielung oder als Verlockung, damit sie Vertrauen zu ihm fasste.

»Wer hat Sybille von der Straße abgedrängt?«, fragte sie nur, um sich nicht anmerken zu lassen, dass er mit seiner Taktik Erfolg hatte. »Woher wollen Sie so viel wissen!?«

»Ich weiß es, weil ich Nachforschungen angestellt habe.«

»Dann sagen Sie uns, wen Sie im Verdacht haben«, forderte Anke ihn auf.

»Das werde ich Ihnen noch unter Ihre hübsche Nase binden«, sagte er, stand von seinem Stuhl auf, lehnte sich über den Schreibtisch, womit er Anke näher kam, als ihr lieb war. Sie schob ihren Stuhl ein Stück zurück, ohne seinem Blick auszuweichen. Seine blauen Augen wirkten wie ein Ozean, indem sie am liebsten versinken würde.

»Machen Sie keine Dummheiten«, rief Anke lauter aus, als sie eigentlich wollte.

Plötzlich wurde die Tür aufgerissen und Erik stand im Türrahmen. Hinter ihm standen Claudia, Esther und Jürgen, die durch Ankes Ausruf ebenfalls neugierig geworden sind.

»Was ist hier los?«, brüllte Erik.

Erschrocken schaute Thorsten auf Erik.

Als die beiden Männer sich gegenüber standen, stellte Anke fest, dass Thorsten Fellinger genauso groß war wie Erik Tenes. Mit feindlichen Blicken fixierten sich die beiden, bis Erik seine Frage wiederholte: »Was ist hier los?«

»Thorsten Fellinger behauptet zu wissen, wer Sybille Lohmann von der Straße abgedrängt hat«, erklärte Anke. »Aber er will mir nicht sagen, wen er im Verdacht hat!«

»Dann ist es wohl das Beste, du verschwindest jetzt und behältst deine Hirngespinste für dich«, wurde Erik so böse, dass Thorsten ohne ein Wort des Protestes das Zimmer verließ.

»Ich denke, wir sollten ihn ernst nehmen«, überlegte Anke, ob Eriks Verhalten richtig war.

»Woher will dieser Wichtigtuer so viel wissen?«, fragte Erik zurück. »Wir ermitteln auf Hochtouren und da kommt so ein dahergelaufener Jüngling und meint, er könnte unsere Arbeit besser machen!«

»Stimmt«, erkannte Anke. »Es ist wohl anzunehmen, dass er blufft. Ich wundere mich nur, welches Interesse er an Sybille Lohmann hat!«

»Ja, das ist mir auch schon aufgefallen!« Mit diesen Worten verließ Erik Ankes Zimmer.

9

Es war schon dunkel, als Erik sein Appartement betrat. Seit einem halben Jahr wohnte er bereits in dieser kleinen Wohnung, die aus einem Zimmer mit Balkon bestand, der schon seit seinem Einzug als Ablage für seine Umzugskartons diente. Der Sommer war zu Ende. Nun wurde es für ihn unumgänglich, diese Kartons zu entfernen, weil der Regen alles aufweichen würde. Müde warf er seine Jacke auf die Sessellehne, eine Garderobe besaß er nicht. Der Flur war zu klein, um dort solche Möbelstücke anzubringen. Deshalb zog er es vor, seine Jacken und Mäntel an dem einzigen Schrank, der als Raumteiler diente, aufzuhängen oder einfach über eine Stuhllehne oder Sessellehne zu legen. Das vereinfachte sein Leben, weil er am nächsten Morgen, bevor er die Wohnung verließ, nur zugreifen musste – ohne langes Suchen. Ein Blick in den Kühlschrank hob seine Laune mächtig an, weil er dort ein Mikrowellengericht fand, das er sogleich aufwärmte. Zum Essen setzte er sich an den Küchentisch, der an einem großen Fenster stand, mit Blick zur Ostseite. Alle Fenster und der Balkon zeigten zu dieser Seite. Von seinem Platz aus konnte er einen Ausblick bis zum Stadtteil Eschberg genießen, der hell auf dem entfernten Hügel aufleuchtete. Ein Flugzeug befand sich gerade im Landeanflug auf den Saarbrücker Flughafen in Ensheim, eine Flugbahn, die Erik von seinem Standpunkt aus gut verfolgen konnte.

Dieses ständige Aufblinken der Luftfahrzeuge rief in ihm oftmals ein schmerzliches Fernweh wach. Er hatte noch nicht viel von der Welt gesehen. Seine Frau war viel zu bodenständig und wollte nicht verreisen. Kathrin wollte immer nur reiten. Ihr war es im Grunde genommen egal, wo sie auf dem Pferd saß – Hauptsache Pferd. Manchmal glaubte er, dass sie noch da waren, so nah spürte er sie. Alles, was sie sagten, kannte er schon, bevor sie es sagten, alle Reaktionen, alle Mienen, die sie verzogen, wenn ihnen etwas nicht passte. Sie waren eine nette kleine Familie mit allen Höhen und Tiefen. Damals war er nicht in der Lage gewesen, das zu erkennen. Jetzt vermisste er seine Frau und seine Tochter schmerzhaft.

Er schaute dem Flugzeug nach, bis es hinter den Hügeln verschwand.

Die Stille in seiner Wohnung ließ seine Gedanken an das Gespräch mit Rita Rech zurückkehren. Es hatte zu keinem Ergebnis geführt. Wenn er es sich richtig überlegte, kamen sie in diesem Fall keinen Schritt voran. Sie tappten buchstäblich im Dunkeln, ein Zustand, den er verabscheute. Der einzige Eindruck, der ihm allzu deutlich geblieben war, war die Erregung, die er gespürt hatte, als er mit Rita Rech allein in seinem Zimmer war.

Das Telefon klingelte. Bisher war er selten zu Hause angerufen worden. Seine Brücken zu Köln hatte er längst abgebrochen, seine neuen Kontakte in Saarbrücken beschränkten sich nur auf seine Mitarbeiter. Wer konnte das also sein? überlegte er. Neugierig hob er den Hörer ab.

Es war Rita Rech: »Ich muss noch mal mit Ihnen sprechen!«

»Kann das Gespräch nicht bis morgen warten?«, fragte Erik betont lässig.

»Nein! Sie haben doch gesagt, dass ich jederzeit anrufen kann, wenn mir etwas Wichtiges einfällt. Und genau das ist passiert: mir ist tatsächlich etwas eingefallen. Ich möchte mit Ihnen jetzt gleich darüber sprechen«, drängte Rita.

Erik erkannte, dass dieses Gespräch nicht dienstlich werden würde. Trotzdem konnte er sich der Verlockung nicht entziehen. Er spürte die starke Ambivalenz seiner Gefühle, die ihn einerseits warnten, diesen Schritt zu tun, weil Rita Rech eine aufregend gefährliche Frau war. Andererseits drängte ihn die Zuversicht, dass sie sich womöglich wirklich an etwas Wichtiges erinnerte, etwas, das ihm entscheidend weiterhelfen konnte. Er befand sich mit seinen Ermittlungsarbeiten in einer Sackgasse, da konnte er es sich nicht leisten, Hinweise auszuschlagen. Gegen alle Vernunft ließ er sich von ihr beschreiben, wo sie wohnte und machte sich auf den Weg. Das Haus entpuppte sich als ein restauriertes Bauernhaus. Der lange, flache Bau war zu beiden Seiten umgeben von Bäumen, die sich wie Greifarme im Wind wiegten. Auf dem Dach befanden sich vier Giebelfenster. Die ursprüngliche Einteilung von Stallungen und Wohnbereich war noch zu erkennen. Auf der linken Seite befand sich die Haustür, die einem Scheuneneingang glich. Ein großer Rundbogen umrahmte die Tür. Das Portal wirkte massiv. Rechts vom Eingang befanden sich kleine Fenster, die mit weiß lackiertem Holz eingerahmt waren. Eine Weile betrachtete Erik sich das Haus. Nur schwaches Licht schimmerte durch eines der Fenster. Als er endlich darauf zuging und die Klingel betätigte, stand Rita fast augenblicklich in der Tür. Mit einem strahlenden Lächeln empfing sie ihren Gast, ließ ihn eintreten und nahm ihm so geschwind seine Jacke ab, dass Erik den Eindruck hatte, sie wollte sich nur absichern, dass er sie nicht so schnell wieder verlassen konnte.

»Schön wohnen Sie hier«, begann Erik, der sich interessiert die Einrichtung dieses beeindruckenden Hauses ansah. Gut gepflegte, antike Möbelstücke schmückten das Wohnzimmer, in das Rita ihn führte. »Meine Eltern waren leidenschaftliche Antiquitätensammler. Sie haben alle diese Möbel auf Flohmärkten erstanden und selbst restauriert. Es sieht beeindruckend aus, nicht war«, erklärte Rita, als habe sie Eriks abschätzenden Blick verstanden.

»Wo sind Ihre Eltern jetzt?«

»Beide tot! Leider«.

Mit geschickten Bewegungen zündete sie einige Kerzen an, schaltete das elektrische Licht aus, so dass die Stimmung sofort vertraulich wurde. Misstrauisch schaute Erik auf den Tisch. Erst jetzt erkannte er, was darauf stand: eine Karaffe mit Rotwein und zwei Gläser.

»Was hat das zu bedeuten, Frau Rech?«, fragte er sofort in einem unpersönlichen Tonfall.

»Nennen Sie mich doch bitte Rita, das klingt viel netter«, ging die junge Frau gar nicht auf seinen Stimmungswechsel ein.

»Nun gut, Rita! Ich bin nicht gekommen, um mit Ihnen Alkohol zu trinken. Außerdem trinke ich nicht«, stellte Erik klar. »Sie sagten mir am Telefon, dass Ihnen etwas eingefallen ist, was den Fall betrifft. Nur deshalb bin ich hier!«

»Entspannen Sie sich doch erst einmal«, wich Rita ihm weiterhin geschickt aus. »Setzen wir uns, dann redet es sich leichter!«

»Ich trinke aber nichts von dem Zeug, egal, ob ich sitze oder stehe«, stellte Erik noch einmal klar.

»Kein Problem, dann nehme ich etwas anderes. Was trinkst du lieber? Bier? Cognac?«

»Mineralwasser!«

»Oh!« stutzte Rita.

Schnell verschwand sie in einem Nebenzimmer und kam mit dem Gewünschten zurück.

»Dann trinke ich auch keinen Alkohol«, beschloss sie kurzerhand.

»Mich stört es nicht«, wehrte Erik ab. Er ließ sich auf dem Sofa nieder. Rita stellte die Flasche ab und setzte sich ganz dicht neben ihn. Erik spürte, wie die Hitze ihres Körpers sich auf seinen übertrug. Hastig wollte er aufstehen, aber Rita hielt ihn fest. »Wovor haben Sie Angst?«

Verdutzt schaute Erik die junge Frau an. Sie sah verwegen aus, ihre schwarzen Haare umrahmten ihr blasses Gesicht und betonten ihre dunklen Augen ganz besonders. Diese Augen machten ihn fast verrückt, so funkelnd vor Leidenschaft schauten sie ihn an. Er durfte nicht vergessen, warum er gekommen war. Schon spürte er ihre Hand an seinem Hosenbein. Langsam und geschickt wanderte sie immer höher und höher, bis Erik endlich reagierte. Sanft legte er seine Hand auf ihre, damit sie mit ihrer Bewegung innehielt.

»Ich habe vor Ihnen Angst«, gestand er ihr mehr, als er eigentlich wollte.

Rita lachte so aufregend, dass er unwillkürlich ihre Hand losließ, um sie weiter ihren Weg machen zu lassen. Mit glühenden Augen verfolgte Rita weiterhin ihr Ziel. Erik versank in ihren Augen. Plötzlich hörte er ein lautes Krachen. In Sekundenschnelle war er wieder hellwach.

»Was war das?«, fragte er sofort.

»Nichts!« murrte Rita enttäuscht. »Der Wind hat nur einen Blumentopf oder so etwas umgeweht.«

Erik traute dieser Sache nicht, sondern stand auf und schaute in jedem Zimmer nach. Aber Rita hatte recht, sie waren allein im Haus.

»Was ist mit dir? Ich denke, du bist Polizist! Wie kannst du dich da vor jedem Geräusch fürchten?«, ärgerte Rita sich über seine Reaktion.

»Ich habe mich nur gefragt, ob du vielleicht einen Freund hast, der dreifacher Weltmeister im Schwergewichtsboxen ist und furchtbar eifersüchtig. Sonst fürchte ich mich nicht vor jedem Geräusch«, erklärte Erik. Er ließ sich wieder neben ihr auf dem Sofa nieder.

»Ich habe keinen Freund – was hältst du von mir?«, schimpfte Rita.

»Ich glaube, jetzt brauche ich einen kräftigen Schluck Mineralwasser«, wich Erik dieser Frage einfach aus.

Rita nahm die Flasche, drehte den Verschluss auf und wollte einschenken, doch mit einer ungeschickten Bewegung schaffte sie es, den gesamten Inhalt Erik über die Hose zu schütten. Erschrocken sprang Erik auf, aber es war zu spät. Seine Hose war tropfnass.

»Verdammter Mist«, schimpfte er, aber Rita kicherte ganz vergnügt, sprang auf und schaute sich Eriks Hose genauer an.

Ihr Lachen war so heiter und ohne jede Schadenfreude, dass es tatsächlich ansteckend wirkte. Sie standen sich gegenüber und lachten so herzhaft, bis sie sich vor Erschöpfung in die Arme fielen.

»Du musst deine Hose trocknen«, stellte Rita fest, als sie sich ein wenig beruhigt hatten. Ohne auf Eriks Reaktion zu warten, knöpfte sie den Hosenbund auf und half ihm dabei, sie auszuziehen. Sie legte das Kleidungsstück über einen Heizkörper, nahm Erik an der Hand und führte ihn eine schmale Holztreppe hinauf in das Obergeschoss. Die Zimmer dort waren so klein und niedrig, dass Erik sich bücken musste. Rita führte ihn in ihr Schlafzimmer. Ein übergroßes Bett füllte den ganzen Raum aus, so dass kein Platz mehr für einen Schrank oder eine Kommode war. Aber Erik blieb keine Zeit, sich umzusehen, da lag er schon auf dem Bett und über ihm Rita, die mit ihren Händen so geschickt war, dass er schon befürchtete, innerhalb von Sekunden splitternackt zu sein. Sanft drehte er sich zur Seite, um sich gegen diese Hände wehren zu können, als er wieder ein Krachen hörte. Dieses Mal hörte sich das Geräusch lauter und näher an.

»Wie viel Blumenkübel gibt es hier, die vom Wind umgestoßen werden können?«, fragte er erschrocken.

»Der ganze Hof ist voll«, bemerkte Rita knapp und zog Erik zurück auf das Bett.

Aber das Krachen wollte nicht aufhören. Ein Scheppern erfüllte nun das ganze Haus, gefolgt von Klopfen, als versuchte jemand, eine Tür aufzubrechen.

»Rita, hier ist jemand!« ließ Erik sich nicht mehr von seinen Bedenken abbringen.

»Nein! Was ist nur los mit dir?«, schimpfte Rita. »Ich habe mir die Liebesnacht mit einem Mann wie dir weiß Gott anders vorgestellt!«

Entsetzt von diesen Worten sprang Erik auf, wobei er die Zimmerhöhe vergaß. Heftig stieß er sich den Kopf an, so dass er sich vor Schreck auf das Bett zurückfallen ließ.

»Mein Gott! Worauf habe ich mich nur eingelassen«, stöhnte er mit den Händen vor dem Gesicht. Da lag er nun, seine Hose befand sich eine Etage tiefer und ein Eindringling war ihm Haus. Ritas Hände waren überall, an seinem Kopf, an seinem Rücken, seinem Gesäß und seinen Beinen. Gegen seine Vernunft spürte er, wie sein Körper sich nach diesen Berührungen sehnte, aber die Geräusche im Haus belehrten ihn eines Besseren.

»Von wo kommen diese Geräusche?«, richtete er sich hastig auf, um sich von den Liebkosungen zu befreien, ohne brüsk zu werden.

Schmollend meinte Rita: »Wie ich dir doch sagte, das ist der Wind. Er wird immer heftiger. Das kostet mich jedes Mal eine Menge Blumentöpfe. Wer sollte denn Interesse daran haben, in mein Haus einzubrechen?«

»Vielleicht derselbe, der Emil die Kellertreppe hinunter gestoßen hat.« Dieses Mal erhob Erik sich vorsichtiger vom Bett. In gebückter Haltung ging er auf die Schlafzimmertür zu, die Rita zugeschlagen hatte. Wieder hörte er Geräusche. Sie klangen wie ein schleppender, schwerer Gang. Auf Zehenspitzen näherte Erik sich der Tür, um besser lauschen zu können, als sie ihm mit voller Wut entgegengeschlagen kam, ihn am Kopf traf, sodass er nach hinten flog und hart auf dem Boden landete. Ganz benommen versuchte er zu erkennen, was dort geschah, sah aber nur ganz verschwommen eine schwarze Gestalt. Verzweifelt kämpfte Erik sich auf die Beine, damit er dem Einbrecher nicht hilflos ausgeliefert war, als der Fremde einen Gegenstand in die Höhe hob und zuschlagen wollte. Zum Glück war Erik schneller. Er sprang zu Rita, die wie versteinert neben dem Bett stand und das Schauspiel beobachtete. Reaktionsschnell warf er sie auf das Bett und schrie: »Duck dich!« Im Nu war Rita verschwunden. Als Erik sich umdrehte, sah er, wie der Fremde mit hastigen

Schritten die Holztreppe hinunter rannte. Er rannte hinterher. Aber der Schlag auf seinen Kopf war so hart gewesen, dass ihm ständig schwarz vor Augen wurde. Obwohl er sich bemühte, es gelang ihm nicht, den Fremden einzuholen. Im Wohnzimmer angekommen, ergriff er hastig seine Hose, zog sie an und verfolgte den Eindringling weiter bis hinunter in den Keller. Dort war es zu allem Ärger so dunkel, dass Erik nichts erkennen konnte. Plötzlich hörte er den Mann ganz in seiner Nähe. Blitzschnell drehte er sich in dessen Richtung. Verzweifelt versuchte er in der Dunkelheit etwas auszumachen, aber vergebens. Hinzu kam, dass ihm ständig schwindelig wurde, so dass er keine Chance hatte, etwas zu erkennen. Er hörte eine Bewegung seines Gegenübers. Zur Vorsicht sprang Erik zur Seite. Ganz knapp ging das Zischen an seinem Kopf vorbei. Der Gegner stieß ein leises Fluchen aus und setzte zum nächsten Schlag an. Erik hatte in der Dunkelheit und in seiner schlechten Verfassung keine Chance, den Kampf zu gewinnen. Dieser Schlag traf ihn am Brustkorb, so dass ihm für einige Sekunden die Luft wegblieb. Röchelnd ging Erik zu Boden. Nur am Rande hörte er, wie der Unbekannte sich entfernte, eine Tür aufstieß und in das stürmische Wetter hinausrannte.

Krampfhaft rang er nach Luft, seine Brust war wie zugeschnürt. Hinzu kam die Finsternis, die auf ihm lastete, dass er das Gefühl bekam, ein schwerer Gegenstand läge auf ihm und erdrückte ihn. Das ständige Klopfen der Kellertür, die vom Wind in regelmäßigen Stößen gegen die Hauswand geschlagen wurde, verstärkte seine Qual noch mehr. Plötzlich wurde alles gleißend hell, dass er augenblicklich geblendet war. Aber mit diesem Licht wich seine Verkrampfung aus seiner Brust, er konnte wieder durchatmen. Das tat er so gierig, als hätte er nur begrenzte Zeit zum Luftholen. Rita beugte sich mit besorgter Miene über ihn und fragte: »Ist alles in Ordnung?«

Erik atmete noch einige Male tief durch, bevor er mit einem Nicken antwortete.

Kalter Wind blies in den Kellerraum. Schnell ging Rita auf die Tür zu, durch die der Fremde geflüchtet war und schloss sie. Endlich wurde es ruhiger.

»Ich kann nicht umhin«, röchelte Erik, während er sich mühsam von dem kalten Boden erhob. »Ich muss die Kollegen anrufen!«

Das hatte ihm gerade noch gefehlt, weil er sich in einer äußerst misslichen Lage befand. »Wenn ich keine Anzeige erstatte, ist es doch gar nicht nötig, dass du deine Dienststelle anrufst«, überlegte Rita.

»Hast du den Mann erkannt? Willst du jemanden schützen?«

Entrüstet schüttelte Rita den Kopf: »Was hältst du von mir? Er war maskiert, wie sollte ich ihn erkennen?«

»Warum willst du dann keine Anzeige erstatten?«

»Das habe ich dir doch gerade erklärt: ich will nicht, dass du durch mich in Schwierigkeiten gerätst. Immerhin bist du durch meine Schuld in diese Situation geraten.«

»Du bist in großer Gefahr. Dieser Kerl hat bereits Emil angegriffen, wer weiß, womöglich sogar schon zweimal. Das heißt, dass er nicht so leicht aufgibt. »Ich rufe jetzt Anke an und frage sie, was wir tun sollen«, beschloss er.

10

Anke träumte, sie saß im Wartezimmer eines Kinderarztes. Ihr gegenüber saß ein kleines Mädchen mit langen, blonden Haaren und wunderschönen, blauen Augen. Das Mädchen sprühte vor Leben und ließ die Beine schwungvoll vom Stuhl herunterbaumeln, weil sie noch nicht bis zum Boden reichten, als wollte sie nach jemandem treten. Dabei blitzte der Schalk aus ihren Augen. Anke fühlte sich angespannt, weil sie auf den Arzt wartete. Endlich trat er heraus, schaute sie mit belustigten Augen an und sprach mit salbungsvoller Stimme: »Ihre Tochter Lisa ist ...« Er konnte den Satz nicht mehr zu Ende sprechen, weil sie plötzlich vom Telefon geweckt wurde. Langsam drehte sie sich auf die andere Seite, wobei sie Mühe hatte, den dicken Bauch herumzuwälzen. Aber der Anrufer war hartnäckig. Was für ein Unhold war das, der einfach nicht aufgeben wollte? Mühsam schleppte sie sich ans Telefon und meldete sich. Die hellwache Stimme von Erik riss sie nun endgültig aus ihrer Verschlafenheit. Schlagartig war sie ebenfalls putzmunter.

»Anke, ich habe ein Problem!« begann Erik.

»Ich hoffe, es ist es wert, mich mitten in der Nacht aus einem schönen Traum zu holen«, murrte Anke.

»Mir ist nicht zum Spaßen«, meinte Erik. »Ich bin hier bei Rita Rech zu Hause. Vor einigen Minuten ist hier eingebrochen worden. Der Einbrecher hat mich leider überwältigt und ist entkommen. Was soll ich jetzt tun?«

»Zieh deine Hose wieder an und ruf die Kollegen«, antwortete Anke ironisch. »Oder erwartest du, dass ich jetzt in der Nacht komme und die Eisen aus dem Feuer hole?«

»Sehr witzig. Du siehst das falsch!«

»Was hältst du von mir?«, murrte Anke zurück. »Du holst mich hier aus dem Tiefschlaf und stellst mich als Vollidiotin hin. Vergiss nicht, ich bin schwanger aber nicht doof. Du hast dich selbst in diese Situation gebracht; also hol dich auch selbst wieder raus!«

»Scheiße! Ich hatte mehr Verständnis von dir erwartet! Es ist wirklich nicht so, wie du denkst. Ich habe meine Hose nämlich an. Ich befürchte nur, dass Forseti mir Schwierigkeiten macht, wenn er erfährt, wo ich heute nach Dienstschluss noch hingegangen bin!«

»Also gut«, gab Anke nach. »Du meldest bei der Bereitschaft einen Überfall in Ritas Haus. Deine Anwesenheit vor Ort erklärst du damit, dass Rita dich anstelle der Kollegen um Hilfe gebeten hat, und du bist im Rahmen deiner Pflichterfüllung natürlich sofort zu ihr gefahren.«

»Klingt nicht schlecht«, bekannte Erik nachdenklich.

»Hast du Blessuren von einem Kampf?«, fragte Anke.

»Ja, eine Beule!«

»Dann erzählst du, dass der Täter noch im Haus war, als du angekommen bist. Aber verlange jetzt bitte nicht von mir, dass ich nach Walpershofen komme«, fügte Anke noch mürrisch an.

»Anke, ich wusste, dass du eine rettende Lösung findest.«

Mit diesen Worten legte Erik auf. Anke schleppte sich ins Bett zurück, aber einschlafen konnte sie nicht mehr.

Ständig beschäftigte sie die Frage, warum Erik gegen jede Vernunft zu Rita Rech nach Hause gefahren war.

Übernächtigt traf sie am nächsten Morgen im Büro ein. Erik war schon da und mit ihm eine große Aufregung in der Abteilung. Forseti ging in seinem tadellos sitzenden Anzug auf und ab. Esther und Jürgen standen im Flur, während Erik bis ins Detail den Einbruch bei Rita Rech schilderte. Anke gesellte sich zu den Neugierigen und hörte gerade, wie er berichtete, dass der Unbekannte ihn im dunklen Keller außer Gefecht gesetzt hatte und entkommen konnte. Als Erik fertig war, fragte Forseti: »Hat Rita Rech den Einbrecher erkannt?«

»Nein, er war maskiert«, antwortete Erik.

»Wo ist Rita Rech jetzt?«

»Zu Hause! Sie wartet auf meinen Anruf, dann will sie zur Aussage ins Landeskriminalamt kommen!«

»Dann rufen Sie sie an. Wir müssen feststellen, ob dieser Vorfall im Zusammenhang mit Sybille Lohmann steht«, bestimmte Forseti. Als er in sein Büro eilen wollte, erblickte er Anke.

»Gut, dass ich Sie sehe! Schauen Sie die Verbrechenskartei nach Einbrüchen durch, die ähnliche Muster aufweisen. Wir dürfen die Möglichkeit nicht ausschließen, dass Rita Rech nur ein zufälliges Opfer eines Einbrechers geworden ist.«

Anke nickte.

»Die Ergebnisse der Durchsuchung der Dateien und der Befragung von Rita Rech möchte ich heute Nachmittag auf meinem Schreibtisch sehen«, fügte er noch schnell an, bevor er in seinem Dienstraum verschwand.

Esther und Jürgen verzogen sich, Anke eilte in ihr Büro.

Erik folgte ihr und schloss die Tür hinter sich. Erwartungsvoll schaute er sie an, bis sie bemerkte: »Du hast deinen Kopf geschickt aus der Schlinge gezogen!«

Seine dicke Beule über dem linken Auge, die ein dunkles Blau angenommen hatte, war nicht zu übersehen, obwohl Erik sich bemüht hatte, seine Haare über die Stirn zu kämmen. »Das verdanke ich dir«, gestand er sofort und ohne Umschweife. Als er Ankes Gesichtsausdruck sah, fügte er griesgrämig an: »Gefällt dir meine Beule?«

»Ja, sehr gut sogar! Macht einen richtigen Helden aus dir«, lachte Anke.

»Toll! Dein Mitgefühl rührt mich zutiefst!«

»Mit Mitleid ist dir nicht zu helfen!«

»Ist ja schon gut! Glaubst du nicht, dass ich mir schon genug Vorwürfe mache?«

»Nein, das glaube ich nicht. Sonst wärst du gar nicht in dieser Situation gelandet. Ich will dir nur eines klarmachen: erwarte nicht von mir, dass ich dir jedes Mal helfe. Ich liebe meine Arbeit und habe keine Lust, etwas zu riskieren!«

Schuldbewusst blickte Erik zu Boden: »Das kann ich verstehen. Trotzdem danke!«

»Was hat Rita tun müssen, damit du in der Nacht zu ihr fährst?«

Erik berichtete Anke von dem Anruf, worauf sie nur stöhnen konnte: »Das genügt, dass du alle Prinzipien über Bord wirfst und dich mit einer Verdächtigen triffst?«

»Ich hatte einfach nur die Hoffnung, in diesem verrückten Fall einen Schritt weiter zu kommen. Als ich feststellte, dass Rita andere Absichten hatte, war bereits der Einbrecher im Haus.«

»Was für ein Pech«, höhnte Anke.

»Das kann man so oder so sehen«, schimpfte Erik. »Ich war nicht auf ein Liebesabenteuer aus!«

»So sehe ich das auch«, erkannte Anke mit einem todernsten Gesichtsausdruck.

»Ach, du nimmst mich nicht ernst«, murrte Erik verärgert. »Ich rufe Rita jetzt an, damit sie ihre Aussage macht.«

»Die ich aufnehmen werde«, bestimmte Anke. »Ich werde nämlich mit meinem Kopf arbeiten, während du andere Körperteile einsetzen könntest!«

»Jetzt werde bitte nicht unverschämt!«

»Ich bin nur realistisch!«

Erik gab sich geschlagen. Er bestellte Rita zum Landeskriminalamt, damit ihre Aussage festgehalten werden konnte.

Als sie endlich das Büro betrat, eilte Erik ihr entgegen. Schwerfällig erhob Anke sich von ihrem Stuhl und folgte ihm. Als sie Rita erblickte, staunte sie. Aufsehen erregend sah sie aus, mit ihrem roten kurzen Top, das einen gepiercten Bauchnabel freiließ. Ihre schwarze, enge Hüfthose saß tief, was ihre Figur vorteilhaft betonte. Ihre Jacke trug sie lässig über der Schulter. Ihr schwarzes Haar glänzte im Neonlicht, ihre Lippen waren rot, die Augen dezent geschminkt, kein Detail hatte Rita ausgelassen. Wie besprochen bat Erik die junge Frau, zu Anke ins Büro zu gehen, damit sie die Befragung durchführen konnte.

Jürgen und Esther hatten sich neugierig im Flur getroffen. Jürgen, der sich bisher mit persönlichen Meinungsäußerungen immer zurückgehalten hatte, meinte leise zu Esther: »Was für eine Frau! Da könnte man glatt seine guten Manieren vergessen.«

Obwohl er leise sprach, hatte Anke jedes Wort verstanden.

Mit einem Schmollmund trat Rita auf Anke zu. Diese Geste verriet ihre Enttäuschung darüber, dass sie nicht mit Erik über die Ereignisse der letzten Nacht sprechen durfte. Die beiden Frauen begrüßten sich verhalten. Anke zeigte Rita ihr Büro. Als Rita auf dem ihr zugewiesenen Stuhl Platz genommen hatte, fragte sie, was sie bedrückte:

»Warum darf ich nicht mit Erik sprechen?«

»Ganz einfach: Wir müssen eine objektive Aussage von Ihnen aufnehmen. Da Sie und ich wissen, dass eine solche Aussage nicht von Erik aufgenommen werden kann, übernehme ich das, um eventuelle Missverständnisse zu vermeiden!«

Zuerst nahm Anke Ritas Personalien auf, vermerkte Ort und Uhrzeit, bevor sie mit ihren Fragen begann: »Um welche Zeit hörten Sie die ersten Geräusche, die auf einen Einbrecher schließen ließen?«

Rita überlegte eine Weile, bis sie sagte: »Tut mir leid, ich hatte nicht auf die Uhr gesehen!«

»Rita, wir müssen diesen Bericht vollständig machen! Oder wollen Sie, dass Erik Schwierigkeiten bekommt?«

»Nein, natürlich nicht! Also sagen wir, es war zweiundzwanzig Uhr!«

»Okay, das haut hin!« stellte Anke fest. »Was haben Sie gemacht, als sie bemerkten, dass jemand im Haus war?«

»Mist!« stöhnte Rita. »Was soll ich jetzt sagen? Sie könnten sich doch denken, wie es war!«

»Also, Sie haben Erik Tenes angerufen und um Hilfe gebeten«, ging Anke nicht auf Ritas Anspielung ein.

»Richtig! Erik kam sofort und geriet mit dem Einbrecher in eine Schlägerei«, fügte Rita an.

»Konnten Sie den Mann erkennen?«

»Nein, er war ganz in Schwarz gekleidet und maskiert«, erklärte Rita.

»Gab es nichts an seiner Stimme oder seinen Bewegungen, was Ihnen bekannt vorkam?«

»Zuerst dachte ich, dass er mir schon Mal begegnet ist, aber schwören kann ich es nicht. Er hat kein Wort gesprochen.«

»Es könnte also sein, dass er mit Ihnen bekannt ist?«, hielt Anke fest.

»Warum ist das so wichtig?«, wollte Rita wissen.

»Wir müssen herausfinden, warum er in Ihr Haus eingedrungen ist. Dabei dürfen wir nicht ausschließen, dass es sich um denselben Mann handelt, der Emil verletzt hat und der Susi mit Drohanrufen belästigt hat«, erklärte Anke.

»Sie glauben also immer noch, dass wir etwas mit dem Unfall zu tun haben!«

»Genau das!«

»Aber warum bricht er dann bei mir ein? Ich weiß nichts von einem Unfall, außerdem habe ich Sybille nur flüchtig gekannt und keinen Vorteil von ihrem Tod«, zweifelte Rita. »Warum also sollte er es auf mich abgesehen haben?«

»Es gibt im Fall von Sybille Lohmanns Unfall viele Ungereimtheiten, die wir aufklären müssen. Allerdings bin ich nicht befugt, Ihnen Einzelheiten zu nennen. Aber eines kann ich Ihnen versichern: Wir sind uns sicher, dass diese Angriffe oder versuchten Angriffe mit dem Unfall zu tun haben. Den genauen Zusammenhang müssen wir selbst noch herausfinden. Deshalb diese Befragung hier!«

Rita wurde es ganz unbehaglich. Sie rutschte auf ihrem Stuhl einige Male hin und her, was Anke zu der Frage veranlasste: »Was beunruhigt Sie?«

Überrascht schaute Rita Anke an, antwortete aber prompt: »Die Ungewissheit!«

»Wie konnte der Mann unbemerkt und ohne Spuren zu hinterlassen in ihr Haus kommen?«, fragte Anke weiter. »Unser Spurensicherungsteam hat nämlich sämtliche Schlösser Ihres Hauses überprüft und keines ist beschädigt!«

»Ich hatte vergessen, die Kellertür abzuschließen. Durch die muss er gekommen sein!«

»Dann muss er sich aber gut ausgekannt haben.«

»Sie wollen mir doch nicht unterstellen, ich hätte diese Situation provoziert, damit Erik etwas zustößt«, schimpfte Rita los.

»Ich unterstelle Ihnen gar nichts. Aber an Zufälle glaube ich nicht.«

»Vielleicht kennt er mich ja wirklich und wusste genau, wo er nachsehen musste, um sich unnötige Arbeit zu sparen«, versuchte Rita, Anke auf eine andere Idee zu bringen.

»Das ist durchaus möglich. Aber dann bleibt die Frage, wer von Ihren Bekannten einen Grund hat, bei Ihnen einzubrechen?«

Rita zuckte mit den Schultern.

»Gibt es jemanden, den Sie und Ihre Freundinnen Annette und Susi und Sybille gleichzeitig kennen?«

»Da gibt es eine ganze Menge. Im Dorf kennt jeder jeden«, meinte Rita.

Das hatte Anke vergessen. Mit dieser Aussage kam sie keinen Schritt weiter. Eine Weile überlegte sie, bis sie anfügte: »Hiermit beenden wir das offizielle Verhör. Denn ich habe eine andere Frage, die ich außerhalb dieser Befragung stellen will: Was wollten Sie gestern Abend Erik

Tenes mitteilen, als Sie ihn zu sich nach Hause bestellt haben?«

Verständnislos schaute Rita Anke an.

»Sie haben Erik Tenes unter dem Vorwand, ihm etwas mitzuteilen, gebeten, zu Ihnen nach Hause zu kommen«, erinnerte Anke die junge Frau an ihr Telefonat.

Aber Rita fiel nichts ein, oder sie schauspielerte. Das konnte Anke nicht erkennen. Jedenfalls machte sie nur ein staunendes Gesicht, gab aber keine Antwort.

»Na gut!« gab Anke nach.

Schnell verließ die junge Frau das Büro. Anke ahnte, dass sie Erik aufsuchen würde, bevor sie das Landeskriminalamt verließ. Sie erhob sich von ihrem Platz und folgte Rita Rech in den Flur. Gerade noch konnte sie erkennen, wie die Tür zu Eriks Büro geschlossen wurde. Unschlüssig stand Anke da und überlegte, ob es besser wäre, die beiden einfach in Ruhe zu lassen, oder Erik an seine Pflichten zu erinnern. Sie entschied sich für den ersten Gedanken und kehrte an ihren Platz zurück. Rita hatte ihr, ohne sich dessen bewusst zu sein, eine Menge neuer Arbeit auf den Tisch gebracht. Sie war nicht nur aufregend hübsch, sie war auf eine Weise gefährlich, die Anke noch genauer erforschen musste. Rita hatte ihr nicht auf alle Fragen ehrlich geantwortet, was Anke misstrauisch stimmte.

Sie war so in ihre Arbeit vertieft, dass sie Kullmanns Eintreten fast nicht bemerkt hätte. Erst als er vor ihrem Schreibtisch stand, schaute sie auf. »Norbert, wie schön, dich zu sehen«, bot sie ihm sofort den Stuhl vor ihrem Schreibtisch an. »Soll ich in gewohnter Weise Kaffee kochen?«

Lachend wehrte er ab: »Nein, nein! Da du zurzeit keinen Kaffee verträgst, brauchst du dir nicht die Mühe zu machen.«

»Was führt dich zu mir?«

»Du hast doch einmal zu mir gesagt, deine Wohnung wird zu klein, wenn das Kind einmal da ist!«

Anke nickte.

»Weißt du inzwischen, ob es ein Junge oder Mädchen wird?«, fragte er nun, um Anke mit seiner Neuigkeit auf die Folter zu spannen.

So kannte Anke ihn: immer schon hatte es ihm Freude bereitet, Ankes Neugierde anzustacheln. Lachend antwortete sie: »Es wird ein Mädchen. Seit heute Nacht weiß ich, wie es heißen wird!«

»Wie wird sie heißen?«

»Ich hatte einen Traum, in dem ich mein Mädchen gesehen habe, wie es mit vier Jahren aussehen wird. In diesem Traum hieß meine Tochter Lisa! Das hört sich so gut an, dass ich nicht widerstehen kann, sie so zu nennen«, erzählte sie.

»Wunderschön! Ein besserer Name hätte dir wirklich nicht einfallen können. Ich kann es kaum noch erwarten, Lisa im Arm halten zu können. Martha freut sich auch!«

»Aber deshalb bist du nicht gekommen«, stellte Anke nun klar.

»Nein. Im Grumbachtalweg, ganz in der Nähe meines Hauses, steht ein Appartementhaus. Dort wird eine Wohnung mit drei Zimmern, Küche, Bad und Balkon, frei. Nicht teuer, die Lage ist fantastisch. Hinter diesem Gebäude führt ein Trampelpfad in meinen Garten. Als ich die Anzeige gelesen habe, musste ich sofort an Lisa und dich denken. Wie günstig wäre es doch, wenn du jeden Morgen vor der Arbeit nur durch den Garten gehen müsstest, um Lisa bei Martha und mir abzugeben, damit du zur Arbeit kannst!«

»Wie teuer wird diese Wohnung sein?«

»Du kannst es dir leisten. Außerdem bekommst du automatisch ein Vorkaufsrecht auf die Wohnung, falls du daran interessiert sein solltest!«

»Hast du sie schon gesehen?«

»Nein! Das musst du schon selbst übernehmen. Die Entscheidung liegt letztendlich bei dir. Kannst du dir heute Nachmittag für eine Stunde frei nehmen, dann schauen wir sie uns gemeinsam an?«

»Da muss ich Forseti fragen. Und glaub mir, bei ihm kann ich nicht auf Verständnis hoffen, wie ich das von dir gewöhnt war«, gestand Anke.

»Du machst das schon!«

Eine Weile schwiegen beide, bis Kullmann fragte: »Wie gehen die Ermittlungen voran?«

»Schleppend! Seit ich den Chef davon überzeugt habe, dass hinter Sybille Lohmanns Unfall mehr steckt, bin ich selbst nicht mehr so sicher, ob das richtig war!«

Er lachte: »Warum das? Bisher war dein Urteilsvermögen immer untrüglich!«

»Vielleicht bringt meine Schwangerschaft diese Fähigkeit durcheinander«, zweifelte Anke. Sie berichtete, was sich inzwischen ereignet hatte.

»Ich glaube nicht, dass du da etwas durcheinander bringst. Ich hätte diesen Fall genauso bearbeitet!«

Mit dieser Bemerkung gab er Anke genau die Bestätigung, die sie brauchte.

Kullmann erhob sich von seinem Platz und trat auf die Tür zu, als wollte er hinausgehen. Doch kurz davor hielt er inne, drehte sich zu Anke um und sagte: »Mir ist wieder eingefallen, in welcher Angelegenheit ich gegen Kurt Lohmann ermittelt habe.«

»Ach«, horchte Anke auf.

»Es liegt bestimmt schon über zwanzig Jahre zurück. Damals wurde in Püttlingen eine Bank überfallen und viel Geld erbeutet. Auf der Flucht wurde ein Passant erschossen, der leider zur falschen Zeit am falschen Ort war. Den Bankräuber konnten wir nie fassen. Ich hatte Kurt Lohmann im Verdacht, konnte ihm aber nichts nachweisen. Kurze Zeit später hatte er das Saarland verlassen. Bis heute bin ich der Meinung, dass er hinter dieser Sache gesteckt hat!«

»Dann hat er letztes Jahr in New York seine gerechte Strafe bekommen«, bemerkte Anke dazu, was den Kriminalisten nachdenklich stimmte: »So grausam sehe ich es nicht. Ich muss nur gelegentlich an ihn denken. Ich habe ihn für ein Glückskind gehalten, weil er mit dem Geld davongekommen ist. Aber wie man sieht, hat ihn das Glück nun doch verlassen!«

»Das ist aber ein Schicksal, mit dem er gut leben konnte«, konterte Anke. »Sollte er wirklich für den Tod des Passanten verantwortlich sein, hat er sich noch eine lange Zeit ein schönes Leben machen können!«

Kullmann nickte.

»Ich glaube aber nicht, dass mir das in meinem Fall weiterhilft«, fügte Anke an.

»Wahrscheinlich nicht. Das ist Vergangenheit, mit der du dich nicht herumschlagen musst. Es erstaunt mich nur, dass es bestimmte Menschen gibt, die immer wieder auf die eine oder andere Art bei uns landen. Ich bin zu Hause, falls es dir gelingen sollte, eine Stunde frei zu machen. Dann besichtigen wir gemeinsam die Wohnung!«

Anke nickte und sah ihm nach. Erinnerungen knüpften sich an diesen Anblick, die sie wehmütig werden ließen. Zur Mittagszeit kam Erik in ihr Büro. Eine Weile druckste er herum, bis er endlich aussprach, was er auf dem Herzen hatte: »Darf ich dich in Rosis Kneipe zum Mittagessen einladen?«

11

»Heute gibt es Wirsing mit Kartoffeln und Kassler«, begrüßte Rosi die beiden mit einer solchen Herzlichkeit, dass Erik und Anke nicht widerstehen konnten. Sie bestellten das Stammessen und dazu Mineralwasser, bevor sie sich zu dem Tisch begaben, der schon zu ihrem Stammtisch geworden war.

»Meinen gestrigen Besuch bei Rita möchte ich dir gern erklären!« begann Erik, als sie endlich allein waren.

Anke schüttelte den Kopf: »Das ist deine private Sache und geht mich nichts an!«

»Doch«, widersprach Erik so energisch, dass Anke erstaunt aufhorchte. »Ich bin der Meinung, dass es dich etwas angeht. Es ist nämlich nicht meine private Sache gewesen, weil ich von Rita Informationen erwartet habe. Nur deshalb bin ich zu ihr gefahren.«

»Warum erzählst du mir das alles?«

»Weil ich einen Fehler gemacht habe! Wenn ich damit in Teufels Küche gerate, dann darf ich mich nicht darüber wundern. Aber auf keinen Fall will ich, dass du diesen Besuch missverstehst. Das würde mir viel mehr ausmachen!«

»Aber warum denn? Du lebst dein Leben, ich meines! Bei wem du die Hosen runterlässt, ist ganz und gar deine Sache«, wehrte Anke ab.

Erik wischte sich den Schweiß aus dem Gesicht. Als

er dabei an seine Stirn kam, zuckte er vor Schmerzen zusammen. Er atmete tief durch, bevor er weiter sprach: »Ich gebe zu, dass Rita weitaus gefährlicher ist, als ich angenommen habe. Sie war mir wirklich verdammt nahe gekommen. Eigentlich war es für mich sogar ein Glücksfall, dass dieser Einbrecher kam. Zwar hatte ich mich standhaft gegen sie gewehrt, aber ich bin mir sicher, dass sie noch lange nicht alle Register ihrer Verführungskünste gezogen hatte.«

Nun musste Anke staunen. Interessiert zog sie die Augenbrauen hoch, musterte Erik genau und stellte dann fest: »Wenn es dich beruhigt, ich kann dir einen guten Geschmack bescheinigen. Rita ist wirklich eine interessante Frau.«

»Das beruhigt mich keineswegs. Im Gegenteil, ich bin über mich selbst enttäuscht«, gestand Erik.

»Nun sei mal nicht so streng mit dir!«

»Als ich noch dem Alkohol frönte, hatte ich immer eine Ausrede, wenn ich eine Dummheit begangen habe.«

»Was beschäftigt dich wirklich?«, fragte Anke. »Was meinst du damit? Du hast deinen Kopf geschickt aus der Schlinge gezogen. Warum noch diese Selbstvorwürfe?«

Eine Weile überlegte Erik, bis er endlich zu sprechen begann: »Ich habe mich regelmäßig durch meinen Übermut in Schwierigkeiten gebracht. Dadurch habe ich mir nicht gerade den Ruf eines tüchtigen, ehrbaren, blitzgescheiten, zuverlässigen und souveränen Polizisten eingehandelt. Das Ergebnis kennst du: ich wurde aufgefordert, einen Antrag auf Versetzung zu stellen, weil mein Chef meine Fehlschläge für untragbar hielt, mir aber eine zweite Chance geben wollte. Mein privater Schicksalsschlag war ausschlaggebend für mein Versetzungsgesuch.«

Anke wurde hellhörig. Er kam auf ein Thema zu sprechen, das sie neugierig machte.

Er zögerte eine Weile, bis er herausbrachte: »Ich hätte besser gar nicht erst anfangen sollen. Es ist mir verdammt peinlich, über meine Glanzleistungen zu sprechen!«

»Ich hatte dir schon einmal gesagt: Dir zuzuhören ist spannender als jeder Krimi«, schmunzelte Anke. »Jetzt, nachdem du ›A‹ gesagt hast, musst du auch ›B‹ sagen!«

Tief atmete Erik durch: »Meine verfängliche Situation mit Rita erinnert mich an einen ganz speziellen Fall.«

Er machte eine Pause, bis er weiter sprach: »In Köln-Lindenthal, ganz in der Nähe meines Wohnortes, geriet eine ältere Frau in den Verdacht, für das Verschwinden zweier Männer verantwortlich zu sein. Die Opfer waren beide das letzte Mal auf einem ›Ball der einsamen Herzen‹ gesehen worden. Diesen Ball hatten sie mit einer Frau verlassen, deren Beschreibung auf unsere Verdächtige passte.«

»Da muss ich an den Film *Arsen und Spitzenhäubchen* denken«, grinste Anke.

»Stimmt! Die Ähnlichkeit war verblüffend«, bestätigte Erik. »Wir hatten nur die Personenbeschreibung einiger Zeugen, die alle ebenfalls schon älter waren. Die Verdächtige wurde befragt, wie zu erwarten war, gab sie uns kein Geständnis. Da wir keine Beweise hatten, bestand die Gefahr, dass weitere einsame Herren spurlos verschwanden, mussten wir handeln. Der Chef ordnete an, die Frau zu observieren. Ich durfte diese Aufgabe übernehmen.«

Ankes Neugier wuchs.

»Die Verdächtige wohnte in einem Mietshaus im zweiten Stock. Ich saß schon seit dem frühen Nachmittag im

Auto, das in dieser Straße nicht weiter auffiel, und beobachtete das Haus. Nichts geschah. Am Abend sah ich eine aufregend hübsche Frau, die das Haus betrat. Kurze Zeit später ging im ersten Stock das Licht an. Mehr geschah nicht. Im zweiten Stock blieb alles dunkel. Vor dem Haus stand ein herrlicher Baum, mit vielen starken Verzweigungen. Da ich mich langweilte, begann in meinem Kopf der Plan zu reifen, diesen Baum hoch zuklettern. Er reichte bis zum zweiten Stock. So hätte ich die beste Gelegenheit, in die Wohnungen hineinzusehen, ohne gesehen zu werden. Die Verästelungen des Baums waren zu dicht, dass mich jemand hätte bemerken können. Entschlossen stieg ich aus dem Wagen und kletterte flink diesen Baum hinauf. Dabei fühlte ich mich in die Zeit zurückversetzt, als ich noch ein Lausbub war. Diese Aktion machte mir richtig Laune. An dem hell erleuchteten Fenster hielt ich an und schaute hinein. An der Scheibe stand die aufregend hübsche Frau; sie war nackt und schaute ganz verträumt hinaus in die Nacht. Ich war so überrascht, dass ich von dem Ast abrutschte und in die Tiefe stürzte, direkt vor die Füße der zu observierenden Frau. Die alte Dame reagierte mit einem Riesengeschrei, während ich vor ihren Füßen lag und krampfhaft nach Luft ringen musste. Ich konnte kein Wort zu meiner Verteidigung sagen, bis der Krampf meine Lungen endlich losließ und ich wieder atmen konnte. Doch da war es schon zu spät. Die Alte hat mit ihrem Gezeter alle Nachbarn geweckt, mich als heimtückischen Voyeur beschuldigt und die Polizei gerufen. Die Kollegen waren sofort zur Stelle. Die Belustigung war natürlich groß, als sie den vermeintlichen Spanner festnehmen wollten und mich vorfanden.«

Schmunzelnd hatte Anke seinen Worten gelauscht und

ihn dabei nicht aus den Augen gelassen. Beschämt wich Erik ihrem Blick aus, als er anfügte: »Warum schaffst du es jedes Mal, dass ich dir von den peinlichsten Situationen in meinem Leben erzähle?«

»Ja, warum?«, grinste Anke.

Als Erik nichts darauf erwiderte, fügte sie an: »Ich sitze immer gern mit dir in dieser kleinen Kneipe und lausche den Erzählungen aus deinem Leben.«

»Ich sehe das nicht so. Ich sehe nur den Dummkopf, der hinter diesen Peinlichkeiten steckt. Nachdem ich mit dem Trinken aufgehört habe, dachte ich, mir solche Missgeschicke ersparen zu können.«

»Es sieht so aus, als hättest du aus deinen Fehlern nichts gelernt.«

»Amen.«

»Dann mach so weiter«, murrte Anke. »Mal sehen, wie weit du damit kommst!«

»Entschuldige. Ich weiß ja, dass du recht hast. Es fällt mir nur so schwer, nicht ständig in meine alten Verhaltensmuster zurückzufallen. Ich mache diese Fehler ja nicht bewusst, sie passieren einfach. Wie kann ich mich davor schützen?«, gab Erik nach.

»Den Anfang hast du schon gemacht, indem du mit jemandem darüber sprichst!«

»Klar! Du amüsierst dich prächtig«, lachte Erik gequält.

»Unter anderem! Aber bei mir sind deine Erzählungen in guten Händen«, erwiderte Anke. »Das ist doch auch etwas?«

»Stimmt! Aber nichtsdestotrotz wollte ich mit dir über etwas anderes sprechen«, erinnerte Erik an den eigentlichen Grund dieses Gesprächs. »Erzähl mir von deinen Nachforschungen über Rita!«

Anke reagierte nicht sofort auf Eriks Aufforderung, bis er anfügte: »Du hast doch Nachforschungen über sie angestellt?«

»Stimmt«, begann Anke geheimnisvoll, womit sie Erik auf die Folter spannte.

»Was hat Rita dir über ihre Eltern erzählt?«, fragte sie als Einleitung.

»Dass sie beide tot sind!«

»Mehr nicht?«

»Nein! Wie sind sie denn gestorben?«, wurde Erik ungeduldig.

»Sie sind mit dem Flugzeug abgestürzt, als sie auf dem Rückflug von Kenia waren«, las Anke von dem Notizzettel, den sie aus ihrer Tasche herausgezogen hatte, vor.

»Das ist ja schrecklich!« Erst gestern hatte ihn noch das Fernweh geplagt.

»Sie war adoptiert, weil ihre Eltern jahrelang keine Kinder bekommen konnten«, berichtete Anke weiter.

»Was ist daran so schlimm?«, überlegte Erik.

»Nichts! Später bekamen sie überraschend ein eigenes Kind, einen Jungen!«

»Und wo ist der angebliche Bruder von Rita Rech?«

Anke zog weitere Notizen aus ihrer Jackentasche. »Du wirst staunen, was ich alles herausgefunden habe!«

»Mach es nicht so spannend!«

»Als Rita fünf Jahre alt war, bekamen ihre Adoptiveltern noch ein leibliches Kind, einen Sohn namens Hans. Hans war von Geburt an geistig behindert.«

»Oh«, staunte Erik.

»Hans war als Alleinerbe eingesetzt und Rita wurde als Vormund bestimmt im Falle des Todes der Eltern. Außerdem bekam Hans ein lebenslanges Wohnrecht im

Elternhaus. Da er niemals allein für sich sorgen konnte, hatten die Eltern sich über einen Notar abgesichert, dass Rita ihren so genannten Bruder auf Lebenszeit betreuen muss.«

»Klingt hart«, stellte Erik fest.

»Für mich klingt es so, als hätten die Eltern ihrer Adoptivtochter nicht vertraut«, fügte Anke an Eriks Erklärung an. »Der Flugzeugabsturz, bei dem die Eltern starben, ereignete sich im Sommer 2000. Hans ertrank im Winter 2001 im O-Weiher in Walpershofen!«

»Im Winter?«

»Ja! Der O-Weiher ist ein kleiner Weiher, ganz in der Nähe von Ritas Haus. Das Gewässer war zugefroren und einige Leute aus dem Dorf sind auf dem Eis mit ihren Schlittschuhen gelaufen. Rita und ihr Bruder Hans ebenfalls. Der Junge brach im Eis ein und konnte nicht mehr gerettet werden!«

Eine Weile schwiegen beide.

»Wie helfen uns diese Fakten in unseren Ermittlungen?«, fragte Erik anschließend.

»Das weiß ich noch nicht. Mein Gefühl sagt mir, dass diese Sache nicht so einfach ist, wie sie aussieht«, antwortete Anke.

»Du meinst, Rita hat nachgeholfen, damit sie den lästigen Bruder los wird«, sprach Erik Ankes Vermutung deutlich aus.

»Erst nach Hans' Tod erbte Rita!«

»Das sind aber wilde Spekulationen«, meinte Erik. »Ich habe einmal miterlebt, wie ein Junge im Eis eingebrochen ist. Da ist es unmöglich zu helfen, oder man riskiert, selbst einzubrechen!«

»Ich gehe dieser Sache ganz diskret nach. Du brauchst

dir keine Sorgen zu machen, ich werde Ritas Ruf nicht sinnlos schädigen«, beruhigte Anke ihren Kollegen sofort.

»Siehst du in diesem Unfall einen Zusammenhang mit unserem Fall?«, ließ Erik nicht locker.

»Was ich sehe, wenn ich mir diese Daten ansehe, ist ganz eindeutig: Rita hätte mit einem geistig behinderten Bruder nicht das Leben führen können, wie sie es jetzt tut. Dafür hatten die Eltern gesorgt. Dass Hans tödlich verunglückt, schon gleich eineinhalb Jahre nach dem Flugzeugabsturz der Eltern, kommt mir reichlich zufällig vor!«

»Du glaubst also nicht, dass es ein tragischer Unfall war?«

»Solange ich nicht das Gegenteil beweisen kann, muss ich es aber glauben!«

»Das erklärt mir immer noch nicht den Zusammenhang zu unserem Fall«, erinnerte Erik.

»Wir wissen doch, dass Rita, Annette und Susi alles gemeinsam unternehmen!«

Erik nickte.

»Außerdem wissen wir, dass sich Sybille den Frauen gelegentlich angeschlossen hatte!«

Erik nickte zustimmend.

»Es wäre doch möglich, dass Sybille dabei war, als es passiert ist!«

»Du siehst also ein Motiv für Rita, Sybille zu beseitigen. Aber warum sollten dabei Annette Fellinger und Susi Holzer mitmachen? So gut kann keine Freundschaft sein, dass man zu einem solchen Risiko bereit ist!«

»Susi Holzer hatte mit Sybille große Schwierigkeiten im Fall Gina Koch. Das Kind war Sybilles Nichte. Wir wissen nicht, ob für Sybille diese Tragödie wirklich abgeschlossen war«, erklärte Anke.

»Und Annette Fellinger? Welches Motiv sollte sie haben?« zweifelte Erik immer noch.

»Wenn sie ein Motiv hatte, werden wir das herausfinden«, stellte Anke klar. »Ich werde heute Nachmittag im Archiv nachforschen, ob es eine Akte über sie gibt. Wer weiß, vielleicht finde ich dort die berühmte Stecknadel im Heuhaufen!«

»Du klingst so zuversichtlich«, stellte Erik erstaunt fest.

»Ja, das bin ich. Mit diesen neuen Erkenntnissen bekommt unser Fall endlich eine Richtung. Bisher sind wir nur im Dunkeln getappt.«

»Hast du daran gedacht, dir eine neue Hebamme zu suchen? Nach den Theorien, die du dir selbst aufgestellt hast, hältst du Susi Holzer für fähig, eine Frau von der Straße abzudrängen in dem vollen Bewusstsein, dass diese Frau dabei sterben kann. Das ist vorsätzliche Tötung! Wie kannst du dieser Frau noch dein Leben und das deines Kindes anvertrauen?«

Diese Frage beschäftigte Anke schon lange. Eine Entscheidung hatte sie noch nicht getroffen.

»Mein Kind hat seit heute Nacht einen Namen«, erwiderte sie daraufhin nur.

»Und zwar?«

»Lisa!« Ich werde ihr Leben nicht in Gefahr bringen«, meinte Anke. »Aber zunächst werde ich recherchieren, wieweit meine Theorie zutrifft, bevor ich Rufmord betreibe. Susi Holzer ist als Hebamme wirklich eine vertrauenswürdige Person. Es würde mit leid tun, in ihr diese dunkle Seite entdecken zu müssen.«

»Auf deine Intuition vertraue ich voll und ganz«, nickte Erik zufrieden. »Nicht nur Kullmann hat diese Qualität an dir so gut erkannt. Ich erkenne sie auch!«

Gemeinsam verließen sie das gemütliche Lokal. Durch den kalten Wind kehrten sie zurück zum Landeskriminalamt. Trotz ihrer dicken Jacke fror Anke. Erik sah, wie sie zitterte. Fast hätte er seinen Arm um sie gelegt und sie an sich gedrückt, um sie zu wärmen, doch in letzter Sekunde überlegte er es sich anders und schwang den Arm einfach nur durch die Luft.

»Was ist?«, fragte Anke erstaunt über diese Bewegung.

»Fast hätte ich es vergessen«, begann Erik.

»Was?«

»Ich war heute Morgen im Krankenhaus. Emil Tauber ist auf dem Weg der Besserung!«

»Na, das ist ja wirklich eine gute Nachricht«, freute Anke sich.

In ihrem warmen Zimmer angekommen, ließ sie noch eine Weile die Eindrücke dieser Mittagspause auf sich einwirken. Es grenzte schon an Wunder, wie sich das Leben auf eine ganz natürliche Weise weiter entwickelte. Als Kullmann ausschied, dachte sie, dass es nichts mehr auf dieser Dienststelle geben würde, was ihr die Arbeit anregend machen könnte. Aber sie hatte sich getäuscht. Nun war es Erik, der ihr diese gemeinsamen Stunden bot, in denen über berufliche Erfahrungen und über das Leben gesprochen wurde. Er hatte einen reichen Erfahrungsschatz aus Köln mitgebracht, allerdings Erfahrungen ganz anderer Art, so dass es für Anke jedes Mal ein besonderer Genuss war, seinen Erzählungen zuzuhören.

Gerade wollte sie sich an ihre Recherchen über Annette Fellingers Vergangenheit machen, als Kullmann in ihr Zimmer trat und ihr prompt die Wohnung einfiel, die er mit ihr ansehen wollte. Sie hatte vergessen, Forseti um eine freie Stunde an diesem Nachmittag zu bitten. Aber er lachte so zufrieden, dass sie es schon ahnte.

»Da du dein eigenes Wohlergehen vergessen hast, habe ich mich darum gekümmert. Dein Chef hat nichts dagegen einzuwenden, dass du dir frei nimmst, um dir eine größere Wohnung anzusehen.«

Anke freute sich über seine väterlichen Bemühungen und erhob sich rasch.

Langsam fuhren sie durch die stark befahrene Mainzer Straße. Viele Menschen standen in warme Winterjacken eingepackt und trotzdem zitternd vor Kälte an den Haltestellen der Straßenbahnen. Der Wind rüttelte an den Verkehrsschildern, die schon bedrohlich schwankten. Ein gelber Sack wurde aufgewirbelt und über die stark befahrene Straße geschleudert, so dass die Autofahrer abrupt abbremsen mussten. Kullmann fuhr bedächtig durch das Unwetter. Er bog in den Grumbachtalweg ein und hielt schon nach hundert Metern vor einem großen Gebäude.

»Alle Appartements sind mit Balkon«, erklärte er stolz. »Aber das kannst du dir gleich ganz genau anschauen. Deshalb sind wir ja hier!«

Ein junger Mann trat auf sie zu.

»Sie sind sicherlich die Interessenten für die Wohnung«, hielt er ihnen die Hand entgegen und stellte sich als der zuständige Wohnungsmakler vor.

Das Foyer war großräumig, mit verschiedenen Pflanzen ausgestattet. Der Aufzug war groß und fuhr fast unbemerkt in den dritten Stock. Der Flur war ebenfalls breit, hell und sauber. Der Boden bestand aus hellen Fliesen mit marmoriertem Muster. Die Wände waren mit weißem Raupputz. Am Ende des Flurs befand sich eine Tür, die der Makler aufsperrte. Als sie die Wohnung betraten, war Anke sofort begeistert. Durch eine kleine Diele gelangte sie in einen großen Raum, dessen gegenüberliegende Seite nur aus Balkon und Fenster bestand. Rechts daneben gab es eine Küche, ein kleines Badezimmer. Auf der anderen Seite befanden sich zwei kleine Zimmer, die Anke bei sich zu ihrem Schlafzimmer und Kinderzimmer erklärte. Die Lage dieser beiden Räume gefiel ihr, weil sie nebeneinander lagen und durch eine Tür verbunden waren. So wusste sie ihr Kind immer in unmittelbarer Nähe. Neugierig trat sie auf den Balkon hinaus. Aber dort konnte sie sich nicht lange aufhalten, weil ihr der Wind in aller Heftigkeit entgegen blies. Trotzdem wagte sie noch einen Blick hinunter, der genau auf den Balkon der Wohnung unter ihr reichte. Unwillkürlich schaute sie nach oben. Sie stellte fest, dass die Bewohner über ihr die gleiche ungehinderte Sicht auf ihren hatten. Dafür war aber die Aussicht herrlich. Vor ihrem Auge erstreckte sich nur Wald, ein kleiner Parkplatz und in einiger Entfernung einige Hochhäuser des Wohngebiets Eschberg. Sie konnte sich vorstellen, dass die Aussicht im Frühling noch viel schöner war, wenn das Laub begann im jungen Grün zu blühen. Sie spürte, dass ihre Entscheidung innerlich schon gefallen war.

»Nun zeige ich dir den Trampelpfad, den du mit Lisa jeden Morgen zu meinem Haus gehen kannst«, verhieß Kullmann. Sie verließen die Wohnung und steuerten dort eine Tür an, die zur Rückseite des Hauses führte. Durch diese gelangten sie auf ein kleines Stück Rasen, der platt getreten war. Sofort erkannte Anke den Pfad. Er verlief an dem steilen Hang entlang, bis er abwärts führte und genau vor Kullmanns Gartentor endete. Dieses Tor hatte Anke noch nie gesehen, weil es von Sträuchern zugewachsen war. Wieder zurück im Haus ließen sie sich an einer kleinen Tischgruppe nieder, um die Details für den Mietvertrag zu besprechen. Ankes Herz klopfte vor Aufregung. Leider wurde die Wohnung erst im Januar 2003 frei, was also bedeutete, dass sie sich noch gedulden musste. Trotzdem hätte sie ihren ehemaligen Chef am liebsten umarmt, aber sie hielt sich zurück. Ob sie sich zu solchen Vertraulichkeiten hinreißen lassen durfte, dessen war sie sich einfach noch nicht sicher.

Sie fuhren durch das Unwetter zurück zur Dienststelle, wo die eintönige Tätigkeit unvermindert auf Anke wartete. Kullmann bemerkte ihre düstere Laune. »Hat dein Stimmungswechsel mit deiner Arbeit oder mit deiner Schwangerschaft zu tun?«, fragte er.

»Ich glaube beides! Der Fall zermürbt mich. Inzwischen habe ich herausgefunden, dass Susi Holzer und Rita Rech einen Vorteil von Sybille Lohmanns Tod haben. Nun will ich herausfinden, ob Annette Fellinger auch eine Leiche im Keller hat!«

»Es ist nahe liegend, dass der Fahrer des Wagens hinter den Anschlägen auf die Frauen steckt. Wer weiß, was für ihn alles auf dem Spiel stand, als dieser Unfall passierte!«

Diese Vermutung ließ Anke nachdenklich werden: »Meinst du das verschwundene Geld der Lebensversicherung?«

»Genau! Wie du doch inzwischen herausbekommen hast, wollte Sybille Lohmann mit diesem Geld ein neues Leben anfangen. Auf ihrem Konto war es nicht, sonst hätte die Bank es unverzüglich eingezogen. Also hatte sie es bei sich, als sie verunglückte.«

»Was ist mit dem Geld passiert?«, fragte Anke.

»Diese Frage stellt sich noch jemand – vermutlich der Fahrer des Wagens.«

»Nun vermutest du, dass er das Geld bei Emil Tauber, Rita Rech, Susi Holzer und Annette Fellinger sucht?«, begann Anke zu verstehen.

»Stimmt! Weil er der Einzige ist, der die vier am Unfallort gesehen haben könnte!«

Schlagartig fiel ihr das Gespräch mit Thorsten Fellinger ein. Er hatte behauptet zu wissen, wer für Sybille Lohmanns Tod verantwortlich war.

»Was ist?«, fragte Kullmann. »Du siehst aus, als wäre dir gerade etwas Wichtiges eingefallen!«

»So ist es«, bestätigte Anke. Sie berichtete ihm von Thorsten Fellingers Auftreten in ihrem Büro. Kullmann hörte sich diese Schilderungen genau an, während er seinen Wagen auf dem Parkplatz des Landeskriminalamtes abstellte. »Kommt Thorsten Fellinger als neuer Lebenspartner für Sybille Lohmann in Frage?«

Zuerst lachte Anke, doch plötzlich hielt sie inne. Erstaunt schaute Kullmann sie an, woraufhin sie erklärte: »Er ist der Freund ihres Sohnes – also viel zu jung für Sybille.«

»Aber?«, hakte Kullmann nach, weil er spürte, dass mehr in Ankes Kopf vorging.

»Er ist kein unreifer Bengel. Seine Ausstrahlung ist schon verwirrend. Ganz unmöglich ist es nicht, dass eine ältere Frau seinem Charme verfällt.«

»Könnte das seine Wut erklären?«

»Bisher dachte ich, hat seine Wut mit dem plötzlichen Kindstod zu tun. Er ist der Vater von Gina Koch!«

Der erfahrene Kriminalist rümpfte die Nase als er widersprach: »Das klingt mir aber sehr weit hergeholt. Warum macht er einen solchen Aufstand bei Sybilles Tod, wenn sein eigentlicher Verlust, nämlich der Tod seines Kindes, schon ein halbes Jahr zurückliegt?«

»Ein halbes Jahr ist keine lange Zeit bei dem Verlust des eigenen Kindes«, bekräftigte Anke ihre Behauptung.

Kullmann nickte. Als Anke aus dem Wagen stieg, meinte er noch: »Vermutlich hast du recht. Ich bin nicht genügend in den Fall involviert. Ich darf mich nicht so viel einmischen!«

Für diesen Nachmittag hatte Anke sich vorgenommen, zusammen mit Fred Feuerstein im Archiv nach Delikten von Annette Fellinger zu suchen. Dass diese Suche äußerst schwierig würde, wusste sie, weil sie keinen Anhaltspunkt hatte. Aber da der Kollege Feuerstein stets hilfsbereit und geduldig war, fiel es ihr nur halb so schwer. Die Ordner waren akribisch genau geführt. Der Aktenführer war gerade damit beschäftigt, Vorgänge in einen Computer einzuspeichern, als Anke mit ihrer Bitte zu ihm kam. Sofort begaben sie sich in einen Regaltrakt, indem er solche Akten vermutete und begannen zu suchen.

Es war, wie Anke erwartet hatte, die Suche nach der Stecknadel im Heuhaufen. Nach einigen Stunden gaben sie auf. Anke sah alles nur noch doppelt, weil die vielen Buchstaben vor ihren Augen verschwammen.

»Wer weiß, vielleicht packen wir die Suche am falschen Ende an«, überlegte Fred Feuerstein.

»Wie meinen Sie das?«

»Es könnte doch sein, dass Annette Fellinger an einem Fall beteiligt war, deshalb jedoch eine Akte unter einem anderem Namen angelegt wurde«, erklärte Fred Feuerstein.

»Und das heißt für uns?«

»Dass wir wissen müssen, um welchen Fall es sich handelt! Wir können hier schlecht planlos alles durchsuchen, weil wir auf diese Weise vermutlich gar nichts finden werden!«

»So ein Mist! Ich weiß ja überhaupt nicht, ob es etwas in Annettes Fellingers Vergangenheit gibt. Es war nur so ein Verdacht«, gestand Anke.

»Dann müssen Sie ihr einfach ein wenig auf den Zahn fühlen. Wer weiß, vielleicht plaudert sie etwas Unbedachtes aus.«

»Annette Fellinger passt genau auf, was sie sagt«, widersprach Anke.

Enttäuscht verabschiedete sie sich. Sie kehrte in ihr Büro zurück, ließ sich an ihrem Schreibtisch nieder und ruhte sich ein wenig aus. Diese Arbeit hatte sie erschöpft. Am meisten ärgerte sie, nichts damit erreicht zu haben. Plötzlich kam ihr der Gedanke, zu Susi zu fahren, sie so unauffällig wie möglich über ihre Freundschaft zu Annette zu befragen, wobei sie versuchen wollte, ihr Details zu entlocken. Da die drei jungen Frauen auf Anke den Eindruck machten, als hätten sie keine Geheimnisse voreinander, bestand doch die Möglichkeit, durch ihre Hebamme etwas zu erfahren. Susi war das schwächste Glied in dieser Gruppe, das hatte Anke schon lange erkannt. Als sie auf ihren Terminkalender schaute, sah sie, dass für den nächsten Vormittag ein Termin bei Susi eingetragen worden war. Das war mehr als praktisch. So konnte sie die Unterhaltung ganz harmlos angehen.

Zufrieden mit ihrer neuen Strategie wollte sie sich gerade auf den Heimweg machen, als Forseti in ihrem Büro auftauchte. Seine Miene war undefinierbar, wie immer. Doch sein Zögern, bevor er zu sprechen begann, gab Anke zu denken.

»Wonach haben Sie im Archiv gesucht? Kann es sein, dass Sie den Einbrecher in Rita Rechs Wohnung zwischen den Akten vermuten?«

Das war es also.

»Fred Feuerstein hat klare Anweisungen von mir bekommen, was er tun muss. Da möchte ich nicht, dass er Ihren Hirngespinsten nachjagt und seine Arbeit darüber vernachlässigt. Es sei denn, Sie haben etwas wirklich Wichtiges, wonach er suchen soll!«

»Ich suche nach Motiven der drei befreundeten Frauen für Sybille Lohmanns tödlichen Unfall«, erklärte Anke.

»Was hat dieses Ansinnen mit dem Einbruch letzte Nacht zu tun?«

»Es wäre möglich, dass die drei Frauen bei dem tödlichen Unfall gesehen wurden. Da uns immer noch jede Spur zum Fahrer des Unfallwagens fehlt, können wir nicht ausschließen, dass er sich noch eine Weile am Unfallort aufgehalten und alles beobachtet hat.«

»Das beantwortet meine Frage nicht!«

»Ich will damit sagen, dass ich den Fahrer des Unfallwagens hinter Emil Taubers Überfall, Rita Rechs Einbruch und Susi Holzers Drohanrufen vermute.«

»Wenn die drei Frauen diesen Unfall verursacht haben sollen, wie passt dann Ihrer Meinung nach Emil Tauber ins Bild?«, fragte Forseti weiter.

»Er war bewiesenermaßen am Unfallort, weil er die Polizei über den Unfall informiert hatte. Wenn der Fahrer des Wagens zu dieser Zeit immer noch vor Ort war, hat er auch Emil Tauber gesehen«, erklärte Anke.

»Sehr gut! Ihre Hypothesen werden immer abenteuerlicher. Ich glaube, Sie haben in Ihrer Jugend zu viel ›Pippi Langstrumpf‹ gesehen, was ihre Urteilsfähigkeit merklich getrübt hat«, wurde Forseti böse. »Sie haben die Anweisung erhalten, in der Verbrecherkartei nach Einbrechern mit ähnlichen Verhaltensmustern zu suchen. Aber was machen Sie? Sie handeln wie immer eigenmächtig. Noch verzeihe ich Ihnen, weil Sie schwanger sind. Wer weiß? Vielleicht schmälert Ihr Zustand Ihr Pflichtbewusstsein. Aber lange sehe ich nicht mehr zu!« Er machte eine kurze Pause, in der er auf und ab ging. Dann fügte er an: »Haben Sie etwas herausgefunden, was ihre Theorie stützen könnte?«

Über diese Frage war Anke nun wirklich überrascht. Damit zeigte er ihr doch noch ein Fünkchen Verständnis für ihre eigenmächtigen Aktivitäten. Sie berichtete ihm, was sie bei ihren Nachforschungen über die Vergangenheit von Susi Holzer und Rita Rech herausgefunden hatte, womit sie ihm erklären wollte, warum sie zusammen mit Fred Feuerstein den ganzen Nachmittag nach Akten über Annette Fellinger gesucht hatte. Forseti machte ein nachdenkliches Gesicht. »Was veranlasst den Fahrer des Wagens ein solches Risiko einzugehen? Es wäre doch leichter für ihn – gesetzt den Fall, es wäre so, wie Sie es darstellen – die Polizei über den oder die Täter zu informieren!«

»Das Geld aus der Lebensversicherung«, antwortete Anke prompt.

Zu ihrer großen Überraschung sagte er lange Zeit nichts, bis er sachlich meinte: »Wenn eine der drei Frauen im Besitz dieses Geldes ist, können wir das nur durch eine Hausdurchsuchung erfahren. Aber einen Durchsuchungsbefehl werden wir aufgrund der nicht vorhandenen Beweislage nicht bekommen. Wie also wollen Sie diese Theorie belegen?«

»Indem ich im Archiv weiter nach Motiven suche, die die drei Frauen in Verbindung mit Sybille Lohmanns Tod bringen. Über diesem Weg könnte es uns gelingen, den Verdacht gegen sie zu erhärten und einen Durchsuchungsbefehl zu erwirken!«

»Sie sind wirklich optimistisch! Glauben Sie wirklich, dass eine der Damen sich verplappert, nachdem sie – gesetzt den Fall, Ihre Spekulationen treffen zu – einen solchen raffinierten Plan ausgetüftelt und ausgeführt haben?«

Anke lachte resigniert, weil sie wusste, dass er recht hatte.

»Gut, ich denke, wir sollten diesen Möglichkeiten weiter nachgehen, weil unsere bisherigen Ermittlungsarbeiten uns keinen Schritt weitergebracht haben. Dafür werde ich morgen früh eine Dienstbesprechung einberufen. Es geht nicht, dass Sie eigenmächtig handeln. Wir werden diese neue Ermittlungsrichtung gemeinsam besprechen, und die Aufgaben neu verteilen!«

Darauf verabschiedete sich Forseti und ließ eine überraschte Anke zurück.

12

Am Abend lag Anke in ihrer kleinen Wohnung in St. Arnual auf dem Sofa. Ihre Regale, den Fernseher und den Wohnzimmerschrank hatte sie mit kleinen Tonmonstern geschmückt, die innen ausgehöhlt waren, so dass sie ein Teelicht hineinstellen konnte. Die Wirkung war anheimelnd, weil die ausgeschnittenen Augen und grinsenden Münder nun hell leuchteten. Es war die Zeit vor Halloween, die sie sich jedes Jahr mit diesen kleinen, lustigen Figuren in Form von roten Kürbisköpfen oder weißen Gespenstern vergegenwärtigte. Die Atmosphäre war so gemütlich, dass sie sich pudelwohl fühlte. Mit ihren Händen strich sie über ihren Bauch und wartete gespannt darauf, dass Lisa sich bewegen würde. Dieses kleine Mädchen, das in ihr heranwuchs, hatte sie schon ganz und gar eingenommen. Ständig kreisten ihre Gedanken um ihr Kind. Hoffentlich würde es gesund und glücklich werden! Sie musste von nun an Lisas Geburt und ihre Ermittlungsarbeiten streng trennen. Das konnte sie ganz geschickt tun, indem sie weiterhin ihre Termine bei Susi Holzer einhielt, sie eben als Polizeibeamtin distanziert beobachtete, ohne einen Verdacht zu erregen, sich aber gleichzeitig nach einer anderen Hebamme umsah. Der Gedanke daran tat weh, weil sie diese junge Frau in ihr Herz geschlossen hatte. Aber sie hatte durch ihre Arbeit schon so viele Widersprüchlichkeiten in Menschen gesehen, dass nichts mehr unmöglich für sie war. Ein Täter war nicht immer ein schlechter Mensch. In fast jedem steckte auch eine andere Seite, die die Polizeibeamten staunen und zweifeln lassen konnte. Deshalb musste sie einfach nur hellwach sein. Trotzdem hatte ihre ganz persönliche Erfahrung sie gelehrt, nicht alle Menschen über einen Kamm zu scheren. Nur weil viele Menschen zu einer Gewalttat fähig waren, durfte sie nicht vergessen, dass es noch andere gab, auch wenn ihr Beruf ihr diese Art zu denken schwer machte. Durch ihre Engstirnigkeit, in jedem Menschen einen potenziellen Verbrecher zu sehen, hatte sie sich ihre Zukunft mit Lisas Vater selbst verdorben. Sie war einfach nicht in der Lage gewesen, ihre Eigenschaften als Polizistin abzulegen, indem sie einfach nur Mensch war. Fälschlicherweise hatte sie ihn verdächtigt, wie es ihre gesamte Abteilung getan hatte, einen Menschen erschossen zu haben. Diese Fehleinschätzung tat ihr immer noch leid. Nun wollte sie nicht schon wieder den gleichen Fehler mit Susi Holzer machen. Susi zu verärgern konnte in zweierlei Hinsicht schädlich sein: Sie konnte sich die bisher so harmonische Zusammenarbeit mit ihr als Hebamme verderben oder für den Fall, dass ihre Untersuchung in die richtige Richtung führte, auf eine Ablehnung stoßen, die für die Ermittlungen abträglich war. Müde erhob sie sich vom Sofa und begab sich zu dem kleinen Schlafzimmer, das nur wenige Schritte vom Wohnzimmer entfernt war. Bei dieser Gelegenheit schaute sie sich in ihrer kleinen Wohnung um. Sie lebte schon einige Jahre hier. Bald würde sie die vertrauten Räume verlassen. Ein Gefühl des Abschieds tat sich in ihr auf. Ihr Leben veränderte sich nun drastisch. Nicht nur Lisa war auf dem Weg, sondern ein neues Zuhause wartete auf sie. Bei diesen Gedanken überkam sie eine große Aufregung vor dem Neuen, dem Unbekannten. Auch wenn sie aufgeregt war, so freute sie sich doch darauf. Veränderungen wirkten belebend auf sie.

In die Stille hinein klingelte das Telefon. Anke hob mit gemischten Gefühlen ab, weil sie befürchtete, es sei ihre Dienststelle, die mit Arbeit aufwartete. Ihre Mutter meldete sich. Zunächst sprach sie über die neue Situation ihrer Ehe, seit Ankes Vater in Pension war. Ihr war das Leben durch die vielen Reisen angenehmer gewesen. Jetzt verbrachten sie viel Zeit in dem kleinen Dorf, in Lisdorf, eine Welt, in der Ankes Mutter sich nicht geborgen fühlte.

»Und wie ergeht es dir in deiner Schwangerschaft?«

»Gut! Das Baby wächst gesund heran. Meine Freude wächst mit dem Baby«, gestand Anke.

»Weißt du schon, ob es ein Junge oder ein Mädchen wird?«

»Ein Mädchen«, antwortete Anke stolz. »Sie wird Lisa heißen!«

»Das ist ein schöner Name«, pflichtete die Mutter bei. Sie berichtete ihrer Mutter von ihrer neuen Wohnung im Grumbachtal. Es war ein schönes Gefühl für Anke, mit ihrer Mutter über ihre privaten Angelegenheiten zu sprechen. Ihr wurde dabei ganz warm ums Herz. Ihre ständige Annahme, sie sei ihrer Mutter egal, erwies sich damit als falsch. Das Gegenteil war der Fall: ihre Mutter machte sich ernste Gedanken um sie.

»Das ist eine gute Entscheidung. Du sollst wissen, dass ich auch für dein Kind da sein werde. Schließlich werde ich Oma, das ist ein Ereignis, auf das ich mich freue.«

Anke konnte ihr Glück gar nicht fassen.

Der nächste Morgen war noch kälter. Anke beschloss, mit ihrem Auto zur Praxis der Hebamme zu fahren. Zu dieser frühen Stunde bekam sie dort sicherlich einen Parkplatz.

Im Stop-and-Go-Tempo fuhr die junge Frau durch den Berufsverkehr, eilte dann durch den eiskalten Wind in das große Gebäude und fuhr mit dem Fahrstuhl in die dritte Etage. Susi erwartete sie schon. Gemeinsam betraten sie den Raum, in dem sie immer ihre Sitzungen abhielten. Bevor sie mit ihren Übungen begannen, sprachen sie gewohnheitsmäßig über Ankes Arbeit. So hatte Anke es nicht schwer, auf das Thema zu lenken, über das sie unbedingt sprechen wollte.

Susi hatte schon von dem Einbruch in Ritas Haus erfahren. Zu Ankes Sorge wusste sie natürlich auch, warum Erik wirklich in Ritas Haus war. Ihre Bemerkung dazu ließ keinen Zweifel: »Rita ist wirklich ein Glückskind! Wenn sie einen Mann im Bett haben will, schafft sie das. Und wenn es ein katholischer Priester ist!« Über diesen Scherz musste sie lachen. Allerdings konnte Anke nicht einstimmen, weil dieses Wissen Erik in Schwierigkeiten bringen konnte.

»Erik Tenes war nicht mit ihr im Bett«, widersprach sie stattdessen, was Susi nur abwinken ließ: »Klar, weil der Einbrecher einfach zu früh kam. Schade eigentlich. Der Polizist hat wirklich das gewisse Etwas. Ich glaube, Rita ist nicht allein scharf auf ihn!«

»Wer noch?«

»Annette natürlich! Ich nicht – ich halte nichts von oberflächlichen Abenteuern.«

»Warum sagst du *Annette natürlich*? Ist sie denn dafür bekannt, dass sie jeden Mann ins Bett bekommt, auch wenn es ein katholischer Priester ist?« wurde Anke hellhörig. Bewusst wählte sie die gleichen Worte.

»Ich will hier nicht über meine besten Freundinnen lästern. Aber Annette tut manchmal Dinge, die mir nicht gefallen. Wir haben uns deshalb oft gestritten.

»Welche Dinge tut sie denn?«

»Sie sucht sich ganz bewusst verheiratete Männer mit Geld. Das hat für Annette den Vorteil, dass diese Herren sich nicht fest an sie binden wollen. Mit ihrem Geld beglücken sie Annette. Damit erhoffen sie sich, dass sie sich die junge Geliebte so lange wie möglich halten können.«

»Das klingt gefühllos«, stellte Anke entsetzt fest.

»Das ist es auch. Irgendwann beendet sie die Beziehung, worunter die Männer leiden.«

»Woher weißt du das so genau?« Anke war überrascht darüber, wie einfach es doch war, etwas über Annette Fellinger zu erfahren.

»Sie erzählt uns alles, weil sie sich damit brüstet. Außerdem stellt sie uns ihre Eroberungen immer vor!«

»Was will sie damit beweisen?« überlegte Anke laut, die dieses Verhalten immer besser in ihre Theorie einbauen konnte.

»Vielleicht glaubt sie, dass es in einer Freundschaft, wie wir sie pflegen, keine Geheimnisse voreinander gibt«, zuckte Susi mit den Schultern.

»Ist es denn so bei euch?«

»Ja, das ist es wirklich!«

»Dann wisst ihr bestimmt, was die Männer tun, wenn sie von Annette abserviert werden«, schlussfolgerte Anke sofort.

»Wenn Annette davon erfährt, erfahren wir es auch. Warum willst du das alles wissen?« wurde Susi nun stutzig.

»Einfach so«, log Anke. »Ich habe es nicht so leicht mit den Männern. Da interessiert es mich einfach, wie sie reagieren, wenn sie merken, dass sie verarscht worden sind. Bisher war das immer ich. Es ist doch schön, mal eine Frau kennenzulernen, die den Spieß umgedreht hat.«

Diese Antwort ließ Susi auflachen und ihr kurz aufgeflackertes Misstrauen wieder verschwinden.

»Es gab wirklich schon einige hässliche Szenen. Weil sie uns die Männer immer vorgestellt hat, erhofften sie sich Hilfe von uns. Deshalb wissen Rita und ich genau Bescheid.«

Sie überlegte eine Weile: »Einmal war es besonders schlimm! Nachdem Sybille von dem Tod ihres Mannes erfahren hatte, lernte sie ungefähr ein halbes Jahr später einen gut aussehenden Herrn kennen, der zu allem Erstaunen noch steinreich war! Dieser interessante Herr war allerdings verheiratet! Und Vater von drei Kindern! Also besaß er alle Attribute, die Annette so begehrte.«

Anke ahnte schon etwas.

»Es kam also, wie es kommen musste: Annette spannte Sybille diesen Mann gnadenlos aus, dabei hatte Sybille ernsthaft gehofft, mit dem Mann mehr zu erreichen als nur eine Affäre. Annette vereitelte Sybille den Plan, woraufhin diese beschloss zu warten, bis Annette die Beziehung beendete und sie dann wieder an der Reihe wäre!«

»Sehr großzügig«, staunte Anke.

»Sybille nahm es mit der Moral nicht immer so genau!«

»Annette auch nicht«, stellte Anke daraufhin klar.

»Da muss ich dir recht geben! Nichtsdestotrotz kam es wie erwartet. Annette ließ sich eine Weile von dem Mann verwöhnen. Schon nach kurzer Zeit war die Beziehung beendet, der gut situierte Herr wieder frei. Nur leider kam Sybille nicht mehr zum Zug, weil der Verschmähte ganz anders reagierte, als alle seine Vorgänger!«

»Mach es nicht so spannend!« drängte Anke ungeduldig.

»Er brachte sich um!«

»Oh!«

Eine Weile herrschte Stille.

»Warum?« fragte Anke.

»Keine Ahnung! Vielleicht steckte er in der Midlife-Crisis und verkraftete die Abfuhr nicht«, spekulierte Susi.

»Wie reagierte Sybille auf den Selbstmord des ›Objekts ihrer Begierde‹?«

Susi winkte lachend ab: »Sie war stinksauer auf Annette!«

»Wie hieß dieser Mann?« Diese Frage musste Anke noch stellen. Wie hatte Fred Feuerstein zu ihr gesagt: »*Es könnte doch sein, dass Annette Fellinger an einem Fall beteiligt war, deshalb jedoch eine Akte unter einem anderem Namen angelegt wurde!*« Der Name dieses Mannes könnte durchaus der Fall sein, nach dem Anke suchen musste.

Susi konnte ihn ohne lange zu überlegen nennen, was Anke wunderte. Was die Affären ihrer Freundin betraf, hatte Susi ein gutes Gedächtnis. Über Ankes Gesichtsausdruck lachte die Hebamme, weil sie sofort verstand, was Anke dachte: »Mein Leben ist nicht so kunterbunt. Deshalb kann ich mich auf die interessanten Anekdoten meiner Freundinnen konzentrieren. Das macht es für mich immer unterhaltsam.«

Nun endlich kamen sie zu dem eigentlichen Grund ihres Termins. Sie begannen mit verschiedenen Übungen, die zur Vorbereitung der Geburt wichtig waren. Wie immer spürte Anke bei diesen Vorbereitungskursen die große Aufregung und Angst vor der Entbindung. Einerseits konnte sie es nicht erwarten, dass Lisa endlich auf der Welt war, so hatte sie doch andererseits große Angst vor der Geburt. Diese Termine, die der Vorbereitung dienten, vergegenwärtigten ihr ihre Ängste nur noch mehr, so dass sie sich immer angespannt und hilflos fühlte. Aber Susi konnte so geschickt mit ihr arbeiten, dass sie sich am Ende der Sitzung besser fühlte und die Aufregung in weite Ferne geschoben war.

Anschließend fuhr sie zum Landeskriminalamt, wo die Kollegen schon auf sie warteten, um endlich mit der Dienstbesprechung beginnen zu können.

Kaum hatte sie den Flur betreten, kam ihr Forseti entgegen und ordnete an, sich mit den anderen im Sitzungssaal einzufinden. Anke rief schnell Fred Feuerstein an, um ihm den Namen durchzugeben, den sie gerade von Susi erfahren hatte. Erst anschließend folgte sie der Anweisung und eilte zum Sitzungssaal. Sogar Kurt Wollny und Staatsanwalt Foster waren anwesend, was ein Zeichen für besondere Dringlichkeit war. Sie nahm Platz. Unverzüglich begann der Kriminalist zu sprechen: »Die Ereignisse der letzten Tage veranlassen mich heute und hier diese Besprechung durchzuführen. Wie wir inzwischen erfahren haben, ist in Rita Rechs Haus eingebrochen worden. Nachdem die Betroffene – für uns unverständlicherweise – Erik Tenes zu Hilfe gerufen hatte, traf dieser im Haus von Rita Rech überraschend mit dem Einbrecher zusammen!«

Alle Blicke fielen auf Erik, dessen Stirn inzwischen dunkelblau geworden war. Es nützte nichts, sein Haar über die dicke Beule zu kämmen, Man konnte sie einfach nicht übersehen.

»Ob das so überraschend war, sei noch dahingestellt«, funkte nun Claudia dazwischen. »Wer sagt uns, dass Erik nicht schon im Haus war, als der Einbrecher kam?«

»Bleiben Sie bitte bei den Fakten«, ermahnte Staatsanwalt Foster, aber Claudia ließ sich nicht beirren.

»Fakt ist, dass Rita eine interessante Frau ist, die es versteht, mit Männern zu flirten. Die Theorie, dass der Einbrecher wartet, bis endlich die Hilfe kommt, die Rita gerufen hat, um sich mit ihm zu prügeln, erscheint mir unwahrscheinlicher, als die, dass Erik schon im Haus war!«

Anke presste gequält die Luft heraus. Claudia war viel zu aufgeweckt, um die Schwachstelle von Eriks Geschichte nicht zu bemerken. Jetzt wurde es gefährlich. Zum Glück gelang es ihr nicht, die Kollegen damit auf ihre Seite zu ziehen. »Wollen Sie damit den Kollegen Tenes anschuldigen, sich heimlich mit einer Hauptverdächtigen in unserem Fall zu treffen?« fragte der Staatsanwalt erbost.

»Ich habe Augen im Kopf. Es war unübersehbar, wie die beiden im Verhör am gleichen Vormittag mit dem Feuer gespielt haben«, entgegnete Claudia.

Mit dieser Antwort fühlte Anke sich sofort erleichtert, weil sie daran erkannte, dass Claudia nur bluffte. Genauso deutete Foster diese Bemerkung, unsanft wies er Claudia in die Schranken: »Ich weiß nicht, was diese Bemerkung jetzt hier soll? Ich bin nicht hier, um Zeuge Ihrer persönlichen Unstimmigkeiten zu werden. Dieser Fall erscheint mir ohnehin sehr zweifelhaft, so dass ich von Ihnen starke Beweise erwarte, damit ich endlich hinter Ihren Vermutungen mehr erkenne als einen Unfall mit Todesfolge!«

Damit brachte er die ganze Mannschaft zum Schweigen.

In die Stille hinein sprach Forseti: »Wenn es Ihnen lieber ist, nicht mehr mit Erik Tenes im Team zu arbeiten, dann lässt sich das arrangieren!«

Claudia wollte dazu etwas sagen, aber der Vorgesetzte ließ es nicht zu, indem er einfach weiter sprach: »Ich überlege, Sie mit Esther Weis im Team arbeiten zu lassen!«

Dieser Vorschlag brachte unverzüglich zwei Proteste hervor. Esther und Claudia wehrten sich lautstark gegen diesen Vorschlag, was Gelächter unter den Kollegen auslöste. Nur Forseti verzog keine Miene. Er hob die Hand, was die beiden Frauen zum Schweigen brachte. Dann sagte er: »Wir haben alle gehört, was Staatsanwalt Foster von uns erwartet. Also müssen wir effektiv arbeiten können. Da ist kein Platz für persönliche Differenzen. Ich hoffe, ich habe mich klar ausgedrückt!«

Esther und Claudia nickten mürrisch.

Anke begann nun zu sprechen. Sie berichtete allen Kollegen, was sie über die Vergangenheit von Susi Holzer und Rita Rech herausgefunden hatte und konnte an diesem Morgen auch noch die Geschichte, die Susi ihr bei der Geburtsvorbereitung über Annette Fellinger erzählt hatte, beitragen. Außerdem gab sie an, dass Fred Feuerstein schon damit beauftragt war, nach der Akte dieses Mannes zu suchen. Als sie fertig war, sah sie in erstaunte Gesichter.

Esther war die Erste, die dazu etwas sagte: »Und bei dieser Hebamme willst du bleiben?«

»Nein! Aber die Sitzungen werde ich trotzdem weiter bei ihr durchführen, in der Hoffnung, weitere Details von ihr zu erfahren«, gab Anke zu verstehen.

»Was haben Sie inzwischen über Thorsten Fellinger, Annettes Bruder herausfinden können?« fragte Forseti.

»Nichts, was uns weiterhelfen könnte«, antwortete Esther. »Sein Vater will, dass er den landwirtschaftlichen Betrieb später übernimmt. Thorsten Fellingers Meinung dazu kennen wir nicht. Er äußert sich nicht dazu. Das Einzige, was ihn mit Sybille Lohmann und Susi Holzer in Verbindung bringt, ist seine Tochter Gina Koch, die vor einem halben Jahr an plötzlichem Kindstod starb. Er glaubt nicht an Susi Holzers Unschuld in dieser Angelegenheit.«

»Warum sollte Susi Holzer das Kind töten?«

»Er behauptet, dass Susi eifersüchtig war und ihm deshalb dieses Kind nicht gegönnt hatte.«

»Eifersüchtig?« staunte der Vorgesetzte.

Esther grinste, als sie bemerkte: »Thorsten Fellinger ist für sein Alter ein reifer, interessanter Mann. Er weiß, wie er auf die Frauen wirkt!«

»Das klingt alles theoretisch«, schüttelte Forseti ungläubig den Kopf.

»Thorsten Fellinger macht Susi Holzer für den Tod seines Kindes verantwortlich. Das beweist aber nicht, dass er ein Motiv hatte, Sybille Lohmann zu töten«, stellte Staatsanwalt Foster klar.

Damit brachte er die Kollegen dazu, gleichzeitig loszureden.

»Ich habe in der Vergangenheit der drei verdächtigen Frauen endlich einen Zusammenhang zum Opfer gefunden«, rief Anke in die aufgebrachte Menge. »Da müssen wir weiter recherchieren!«

Die Diskussion wurde immer heftiger, weil die Kollegen nun die gleichen Fragen stellten, wie sie Forseti am Vortag gestellt hatte, nur unfreundlicher. Niemand wollte mit diesem unscheinbaren Fall konfrontiert werden, weil sie alle befürchteten, zu keinem Ergebnis zu kommen.

Es klopfte.

Die Abwechslung war für alle willkommen.

Zögernd streckte Fred Feuerstein seinen Kopf herein. Auf Forsetis Bitte, hereinzukommen und allen zu berichten, was er herausgefunden hatte, trat er ein. Als er Staatsanwalt Foster erblickte, hellte sich sein Gesicht auf. Sofort hielt er ihm die Akte entgegen, die er in der Hand hielt.

»Sag uns doch bitte, welche Akte du in den Händen hältst«, forderte Foster den langjährigen Kollegen auf. »Vielleicht ist das der Beweis, den wir so verzweifelt suchen!«

Daraufhin begann Feuerstein zu sprechen: »Anke hat mich gebeten, nach einer Akte zu suchen, die etwas über Annette Fellingers Vergangenheit enthüllen könnte. Hierbei handelt es sich um einen Fall, der sich im Sommer letzten Jahres ereignet hatte. Ein reicher Geschäftsmann ließ sich auf eine Affäre mit Annette Fellinger ein. Während dieser Liaison hat vermutlich Annette Fellinger den betuchten Herrn um sein Vermögen erleichtert. Als die Beziehung von der jungen Frau beendet wurde, entdeckte der Geschädigte erst das Ausmaß seines Verlustes. Seine Frau verließ ihn und er bekam kein Besuchsrecht für seine Kinder. Daraufhin nahm er sich das Leben!«

Erstaunt schauten alle auf Fred Feuerstein.

»Warum kann ich mich nicht an diesen Fall erinnern?« fragte Jürgen fassungslos.

»Zu dieser Zeit war Ihre Abteilung mit den Raubmorden in Saarlouis beschäftigt. Der Fall wurde anderen Kollegen übertragen«, erklärte Kurt Wollny.

»Stimmt«, erinnerte Jürgen sich an die umfangreichen Ermittlungen, die in diesem schwierigen Fall angefallen waren. Dabei fiel ihm auch ein, dass ein einziger Kollege ganz überraschend zur Überführung des Täters beigetragen hatte. Der Kollege war seit einem halben Jahr unter unwürdigen Bedingungen aus dem Dienst ausgeschieden.

»Was hat das mit unserem Fall zu tun?« fragte Foster.

Fred Feuerstein blätterte in der Akte, bevor er darauf antwortete: »Zuerst war Sybille Lohmann mit dem betuchten Herrn liiert, bevor er diese Beziehung abbrach und zu Annette Fellinger wechselte!«

»Ein aktiver Herr«, lachte Esther. Die Kollegen stimmten in das Lachen ein.

»Sybille Lohmann zeigte Annette Fellinger an, den Geschäftsmann in den Selbstmord getrieben zu haben. Sie bezichtigte Annette Fellinger des Totschlags durch Unterlassen«, berichtete Feuerstein weiter.

»War Sybille Lohmann zu diesem Zeitpunkt nicht mit Kurt Lohmann verheiratet?« fragte Esther.

»Doch! In der Akte steht, dass Kurt Lohmann zu dieser Zeit von seiner Frau getrennt lebte«, las Feuerstein aus der Akte vor.

»Eine Beziehung zu beenden bedeutet doch nicht sofort Totschlag durch Unterlassen«, protestierte Claudia gegen die Anschuldigungen, die Sybille Lohmann gegen Annette Fellinger vorbringen wollte.

»Die Begründung, die Sybille Lohmann für ihren Verdacht hatte, war folgende: Sie beschuldigte Annette Fellinger als so genannte Beischlafdiebin.«

Diese Aussage löste allgemeine Erheiterung aus.

»Das war auch der Titel, unter dem dieser Fall behandelt wurde«, erinnerte sich Foster.

»Zu welchem Ergebnis sind die Kollegen gekommen?« fragte Forseti, der über diesen Fall nicht informiert war.

Nun übernahm Staatsanwalt Foster das Wort: »Annette Fellinger konnte nichts nachgewiesen werden und der Fall wurde eingestellt. Aber Sybille Lohmann gab sich mit dem Ergebnis nicht zufrieden. Sie engagierte einen Privatdetektiv, der weiter ermitteln sollte. Sie wollte Annette Fellinger eine Straftat nachweisen; sie war ganz besessen von der Idee. Sybille Lohmann reagierte nicht mehr sachlich, als sie bei mir vorgesprochen hatte. Aber die Anschuldigungen von Sybille Lohmann erwiesen sich als haltlos. Der Privatdetektiv hat auch nichts herausfinden können.«

»Diese neuen Erkenntnisse rücken den Fall Sybille Lohmann in ein anderes Licht. Wie wir nun feststellen können, ist die Frau nicht das unbeschriebene Blatt, für das wir sie anfangs gehalten haben. Sollte sich der Verdacht auf ein Tötungsdelikt bestätigen, so war sie nicht zufällig das Opfer«, stellte Forseti fest.

»So viel zum Opferprofil«, stellte Jürgen ironisch fest. »Und nun hätten wir gern ein Täterprofil!«

Die Kollegen lachten, womit sie allerdings unvermittelt den Zorn des Chefs auf sich zogen. Sofort bemerkte er bissig: »Ihnen wird das Lachen noch vergehen. Unsere Abteilung glänzt in diesem Fall durch Unwissenheit. Ich bin mal gespannt, wie Sie diesen Umstand der Öffentlichkeit verständlich machen wollen, ohne den gesamten Polizeiapparat in Misskredit zu bringen.«

Eine Weile schweigen die Kollegen, bis Erik sich räusperte und Forsetis Einwänden zum Trotz hinzufügte: »Wenn dieser Unfall wirklich beabsichtigt war, würde er vom Tathergang her gut in das Profil einer Täterin passen!«

Seine Kollegen schauten erstaunt.

»Wenn Männer morden, wählen sie Methoden wie Erwürgen, Erstechen oder Erschlagen. Nach den Erfahrungen, die ich bisher in meiner beruflichen Laufbahn gemacht habe, neigen Frauen dazu, unpersönlicher zu töten. Sie bevorzugen die Methode Vergiften, Erschießen oder wie in unserem Fall einen tödlichen Unfall!«

Mit dieser Theorie brachte er die Kollegen ins Staunen, bis Claudia sich nicht mehr zurückhalten konnte: »In dir ist wirklich ein guter Profiler verloren gegangen. Du hättest dich besser in Psychologie ausbilden lassen sollen, anstelle des verdeckten Ermittlers. Auf dem Lehrgang warst du nämlich keine große Leuchte!«

»Danke, liebe Kollegin. Ich weiß deine Offenheit zu schätzen«, entgegnete Erik, dessen Gesicht durch diese Enthüllung puterrot geworden war.

»Nun reicht es wirklich«, schaltete Forseti sich ein. »Mein Entschluss steht fest: Claudia Fanroth wird ab sofort mit Esther Weis zusammenarbeiten.«

Esther schimpfte: »Was kann ich dafür, dass Claudia sich nicht mit Erik versteht?«

»Das tut mir leid«, war alles, was ihr Chef dazu bemerkte.

Fred Feuerstein überreichte Anke die Akte. Dann verließ er den Sitzungssaal, weil er spürte, wie die Luft dort immer dicker wurde.

»Nun sind wir also einen Schritt weitergekommen«, fasste Forseti zusammen.

»Wir wissen, dass Sybille Lohmann mit Susi Holzer, Rita Rech und Annette Fellinger etwas verbindet. Deshalb müssen wir davon ausgehen, dass die Begegnung zwischen den drei Frauen und dem Opfer am Unfallort kein Zufall war. Was unsere Ermittlungen erschwert, ist das verschwundene Geld!«

»Sie glauben also nicht, dass die drei Freundinnen das Geld haben?« erkannte Jürgen.

»Die Überfälle und Drohanrufe sprechen dagegen«, konterte Forseti.

»Das heißt, dass wir zwei Unbekannte suchen: den, der das Geld hat und den, der es sucht«, wurde Anke ironisch. »Die Drohanrufe und die Überfälle sind also von dem Unbekannten, der das Geld sucht!«

Die Kollegen lachten.

Verärgert unterbrach der Vorgesetzte das Gelächter: »Wir fangen hier keine Wortspiele zur allgemeinen Belustigung an, sondern konzentrieren uns auf unsere Arbeit.«

Schweigen machte sich breit.

»Wir werden allen Hinweisen nachgehen. Dafür werde ich jetzt die einzelnen Aufgaben verteilen: Sie beide kümmern sich um den Fall der ›Beischlafdiebin‹! Befragen Sie dazu die Witwe und wenn möglich auch die Kinder!«, richtete Forseti sich an Esther Weis und Claudia Fanroth.

»Erik Tenes und Jürgen Schnur, Sie überprüfen Sven Kochs Alibi für die Zeit, als Rita Rech überfallen wurde und gleichzeitig auch die Zeiten der anderen Überfälle auf Emil Tauber. Anke Deister, Sie überprüfen die Telefonlisten aller Betroffenen, um festzustellen, wer wann mit wem telefoniert hat. Wer weiß, vielleicht kommen dabei Überraschungen zutage. Außerdem fragen Sie bitte Ihre Hebamme nach Details dieser Drohanrufe! Wie war die Stimme des Anrufers? Sprach er einen Dialekt? War er alt oder jung? Solche Einzelheiten könnten uns vielleicht weiterhelfen!«

Anke nickte, aber der Chef war noch nicht fertig: »Falls

der Bericht der Spurensicherung in Rita Rechs Haus in der Zwischenzeit fertig wird, benachrichtigen Sie mich bitte sofort!«

Damit war die Dienstbesprechung zu Ende.

Eilig verließen sie den Sitzungssaal. Zurück blieben Staatsanwalt Foster, Dieter Forseti und Amtsleiter Wollny.

13

Anke begab sich an ihren Schreibtisch. Zuerst versuchte sie, Susi zu erreichen, aber dort lief der Anrufbeantworter. Nach ihrem dritten Versuch fiel ihr ein, dass Susi während ihrer Sitzungen zur Schwangerschaftsvorbereitung nicht gestört werden wollte. Also blieb Anke nichts anderes übrig, als mit der Überprüfung der Telefonlisten zu beginnen – eine ermüdende Tätigkeit. Da war ihr der Anruf von Theo Barthels, dem Chef der Spurensicherung, eine willkommene Abwechslung.

»Anke, ich bin froh, dass ich Ihnen die ersten Ergebnisse unserer Untersuchungen mitteilen kann«, begann Theo.

»Was haben Sie entdeckt?«

»Wir haben im ganzen Haus von Rita Rech Spuren von Erik Tenes gefunden«, antwortete Theo.

Anke wusste nicht, was sie darauf sagen sollte.

»Ich bin mir nicht sicher, wie sich diese Spurensituation mit der Aussage von Erik Tenes über den Verlauf des Abends deckt. Es sieht nicht so aus, als sei er nur im Keller gewesen, um den Einbrecher zu stellen«, erklärte Theo seine Bedenken. Als er merkte, dass Anke immer noch nichts dazu sagte, fügte er an: »Aber das ist zum Glück nicht alles, was wir herausgefunden haben!«

Anke horchte auf.

»Wir haben alles mit Leukokristallen abgesucht und tatsächlich eine kleine Spur von Blut gefunden. Jetzt werden wir das Blut analysieren, um ausschließen zu können, dass es von der Hausbesitzerin oder von Erik Tenes stammt. Vielleicht haben wir damit einen Hinweis auf den Täter.«

»Was ergab die Untersuchung des Bluts in Emil Taubers Haus?« fragte nun Anke, weil ihr in diesem Zusammenhang einfiel, dass sie das Ergebnis noch nicht vorliegen hatten.

»Bei der Untersuchung dieser Blutspuren haben wir festgestellt, dass es sich um zwei verschiedene Spurenleger handelt. Daraus können wir vermuten, dass der Angreifer, der Emil Tauber ein blaues Auge geschlagen hatte, ein anderer war, als der, der ihn am nächsten Tag die Kellertreppe hinunter gestoßen hatte«, erklärte Theo.

»Haben Sie die Ergebnisse schon verglichen?« bohrte Anke neugierig weiter.

»Das Blut vom ersten Überfall konnten wir einwandfrei untersuchen. Wir haben aber keine Übereinstimmung mit unseren erfassten Straftätern finden können«, bedauerte Theo.

»Und das Blut vom zweiten Überfall?«

»Die Blutmenge war so gering, dass wir länger brauchen, um ein Ergebnis zu erzielen. Deshalb können wir darüber noch nichts aussagen. Nichtsdestotrotz haben wir die Möglichkeit die beiden Ergebnisse vom Einbruch in Rita Rechs Haus und vom Kellertreppenfall in Emil Taubers Haus zu vergleichen, was ich jetzt auch tun werde. Wer weiß, vielleicht gibt es ja eine Übereinstimmung – das wäre doch ein wichtiger Hinweis auf deine Theorie!«

»Das würde mich hier in meiner eigenen Abteilung endlich glaubwürdig erscheinen lassen«, stimmte Anke zu, die große Hoffnung in die Laborbefunde setzte.

»Um auf mein anfängliches Problem zurückzukommen: Ich werde mich in meinem schriftlichen Bericht ganz besonders auf diese Spur konzentrieren. Den Rest überlasse ich Ihnen!«

»Danke Theo, ich weiß Ihre Hilfe zu schätzen«, atmete Anke erleichtert auf.

Mit gemischten Gefühlen legte sie den Hörer auf. Das hatte ihr gerade noch gefehlt. Sie spürte, wie ihr ganz heiß zumute wurde, weil sie sich selbst mit ihrer Loyalität zu Erik in Schwierigkeiten gebracht hatte. Das konnte sie wirklich nicht gebrauchen – ausgerechnet jetzt, wo sie einen neuen Mietvertrag für eine größere Wohnung unterschrieben hatte und ein Kind unterwegs war, das ein Recht auf seine Existenz hatte. In ihrer Verzweiflung stürzte sie sich auf die Telefonlisten, um sich nicht mit diesen unangenehmen Gedanken beschäftigen zu müssen. Zwischendurch versuchte sie weiter, Susi zu erreichen, aber ständig lief der Anrufbeantworter. Also beschloss sie, nach Feierabend zu ihr nach Hause zu fahren.

Es klopfte an ihrer Tür. Bevor sie herein sagen konnte, stand Thorsten Fellinger in ihrem Zimmer. Anke stöhnte innerlich, weil sie sich mit Unbehagen an seinen letzten Besuch erinnerte.

»Was wollen Sie schon wieder?« fragte sie forscher, als ihr zumute war.

»Ich will mich über den Stand der Ermittlungen im Fall Sybille Lohmann informieren«, antwortete er freundlich, als habe er ihren Tonfall nicht bemerkt. Er lächelte sie einnehmend an, während er sich auf dem Besucherstuhl niederließ. Anke wusste nicht, ob das eine kühne Taktik von ihm war, oder einfach nur seine Art, mit Menschen – im Besonderen mit Frauen – umzugehen. Sein Lächeln war anziehend, seine Ausstrahlung männlich. Nichts an ihm ließ vermuten, wie jung er war; keine Spuren eines einfachen Lebens auf einem alten Bauernhof auf dem Land. Vor ihr saß ein junger Mann, der genau wusste, was er wollte.

»Ich darf Ihnen nichts über unsere Arbeit sagen. Sie gehen am besten zu unserem Chef, zu Hauptkommissar Forseti, der wird Ihnen Auskunft geben können«, zog Anke sich geschickt aus der Affäre. Sie befürchtete schon, von ihm dazu verleitet zu werden, mehr zu sagen als erlaubt war. Schnell nahm sie den Telefonhörer und wählte Forsetis Nummer.

Er hob sofort ab. Als er Ankes Anliegen hörte, erklärte er sich bereit, den jungen Mann zu übernehmen. Anke war erleichtert.

»Schade«, bemerkte Thorsten Fellinger sichtlich enttäuscht. »Ich hätte mich lieber mit Ihnen unterhalten!«

Kurze Zeit später betrat der Chef ihr Zimmer und verließ es zusammen mit Thorsten Fellinger. Diese Lösung war wirklich die beste, dachte Anke. Bei ihrem Vorgesetzten konnte der junge Mann seine Trümpfe nicht einsetzen.

Die Durchsicht der Telefonliste brachte etwas Interessantes zutage. Annette Fellinger hatte Kontakt zu einer Schweizer Bank hergestellt. War sie nicht ganz überraschend in die Schweiz aufgebrochen, als sie zum Verhör vorgeladen werden sollte? Anke schaute auf die Uhr. Inzwischen war eine Stunde vergangen. Sie hoffte, dass

Thorsten Fellinger nicht mehr da sein würde, was sich bestätigte.

Forseti bemerkte sofort nach ihrem Eintreten: »Der junge Mann hat ein verdächtiges Interesse an dem Fall Sybille Lohmann. Die Ursache dafür kann nicht darin liegen, dass Sybille die Schwester der Braut war!«

»Sie glauben, dass der Täter selbst sich emsig an den Ermittlungen seiner eigenen Tat beteiligt?«

»Solche Fälle gibt es«, bestätigte er. Nach einigem Zögern fügte er an: »Das ist nun mein erster Fall seit meiner Versetzung vom BKA Wiesbaden ins Landeskriminalamt nach Saarbrücken und ich sehe kein Land. Diese Situation macht mich fertig. Bisher habe ich noch keinen so undurchschaubaren Fall bearbeiten müssen.«

Anke staunte über seine Offenheit. Still blieb sie vor seinem Schreibtisch sitzen und wartete, bis er endlich auf ihre Neuigkeit reagierte, die der eigentliche Grund ihres Besuches war.

Nachdenklich schaute er auf die Telefonliste, bis er bemerkte: »Sollte Annette Fellinger das Geld aus der Lebensversicherung von Kurt Lohmann auf einem Nummernkonto in der Schweiz deponiert haben, kommen wir niemals heran.«

Sein Gesichtsausdruck wirkte resigniert. »Wieder ein wichtiger Hinweis, der weitere Fragen aufwirft. Niemand nimmt Verbindung mit einer Schweizer Bank auf, ohne über das entsprechende Kapital zu verfügen. Also hat Annette Fellinger erst kürzlich eine große Summe Geld bekommen. Im Lotto gewonnen hat sie nicht, denn das hätten wir schon erfahren.«

Anke wollte gehen, doch ihr Vorgesetzter rief sie zurück. Er schaute sie eindringlich an, bevor er sprach: »Je mehr wir über diesen Fall herausfinden, umso mehr verstehe ich, was Kullmann in Ihnen gesehen hat!«

Anke war erstaunt. War das eine Anspielung oder ein Lob? Also sagte sie nichts dazu, sondern wartete, bis er von selbst weiter sprach: »Ohne Sie wäre der Fall zu den Akten gekommen. Sie sind die Einzige, die erkannt hat, dass mehr hinter dem Unfall mit Todesfolge steckt. Das habe ich nicht vergessen.«

Erstaunt über den Sinneswandel ihres neuen Chefs kehrte Anke an ihren Platz zurück. Unverdrossen versuchte sie Susi zu erreichen, sie hatte kein Glück. Während sie bei Forseti vorgesprochen hatte, war der Bericht der Spurensicherung eingetroffen. Wie Theo versprochen hatte, bezog er sich eingehend auf die Spuren, die der Einbrecher hinterlassen hatte. Die DNA-Untersuchung war noch nicht abgeschlossen. Es handelte sich nur um einen vorläufigen Bericht, der erst vollständig würde, sobald die Ergebnisse ermittelt waren. Anke war erleichtert darüber, dass dieser Bericht keinen Schluss über Eriks Aufenthalt in Ritas Haus zuließ. Damit ersparten sie sich große Unannehmlichkeiten.

Erik Tenes und Jürgen Schnur kehrten nach wenigen Stunden zurück. Sie wirken durchgefroren. Umso mehr freuten sie sich über den Kaffee, den Anke ihnen bereitgestellt hatte.

»Was habt ihr herausgefunden?« fragte Anke neugierig. Ihr fiel die Bürodecke fast auf den Kopf. Sie konnte es kaum noch erwarten, endlich wieder unter ganz normalen Bedingungen ihre Ermittlungen durchführen zu können. Deshalb platzte sie vor Neugier, was die beiden zu erzählen hatten.

»Sven Koch ist uns entwischt«, gab Jürgen sogleich zu.

»Wie ist das möglich?«

»Er hat uns vorfahren sehen, das haben wir daran erkannt, weil die Gardine am Fenster sich bewegt hatte. Als wir dann geklingelt haben, tat sich nichts. Wir sind um das Haus herumgegangen und haben gesehen, dass er uns durch einen Hinterausgang entkommen ist, weil dort eine Tür offen stand. Leider konnten wir keine Spur von ihm erkennen und ihn nicht verfolgen«, berichtete Jürgen, während er sich seine Hände an der heißen Kaffeetasse wärmte. »Wir sind daraufhin zu Thorsten Fellingers Haus gefahren, weil wir vermuteten, dass er dorthin geflohen ist, aber dort war außer dem Vater niemand.«

»Habt ihr mit dem Alten gesprochen?« bohrte Anke weiter.

»Ja, er war nicht gerade gesprächig. Aus ihm haben wir nichts herausbekommen«, erklärte Jürgen, bevor er sich zum Chef begab, um ihm Bericht zu erstatten

Erik blieb bei Anke zurück. Sie erzählte ihm von ihren Recherchen.

»Das ist eine ganz heiße Spur«, leuchteten seine Augen vor Begeisterung auf. »Damit können wir sie festnageln!«

»Wie denn? Sie ist nicht verpflichtet, über ihre Transaktionen auszusagen. Dafür gibt es doch diese Nummernkonten!«

»Trotzdem können wir sie damit in die Enge treiben«, blieb Erik beharrlich. »Wir fragen sie ja nicht, welche Summe sie auf welchem Konto deponiert hat, sondern einfach nur, warum sie diese Geheimnistuerei betreibt!«

»Und was versprichst du dir davon?«

»Das sehen wir, wenn wir sie darauf ansprechen. Sie muss eine Reaktion zeigen«, spekulierte Erik weiter.

Anke schaute ihn immer noch skeptisch an, bis er anfügte: »Diese Geheimniskrämerei, die Annette Fellinger betreibt, lässt mich vermuten, dass ihre Freundinnen nichts von dieser Aktion wissen.«

»Du glaubst also, dass sie nicht offen zueinander sind?« zweifelte Anke weiter.

»Wenn es uns gelingen sollte, mit unseren Fragen Zweifel unter ihnen zu säen mit unseren Fragen, haben wir die Bestätigung dafür. Mit ein bisschen Glück bekommen sie Streit und fangen an zu reden!«

Anke lachte über diese Vorstellung. Dem konnte sie nichts entgegenhalten, außer: »Das Verhör wirst du auf keinen Fall durchführen!«

Auf Erik erstauntes Gesicht wiederholte sie ihm, was Theo Barthels von der Spurensicherung in Rita Rechs Haus herausgefunden hatte.

Eine Weile schwiegen beide. Erik trank seinen Kaffee, während Anke begann, ihre Tasche für den Feierabend zu packen.

»Was hast du heute Abend vor?« fragte Erik, wofür er ein erstauntes Gesicht von Anke als Antwort bekam.

»Ich dachte nur, wir könnten vielleicht eine Tasse Tee trinken gehen«, erklärte er seine Frage sofort.

Nun musste Anke lachen: »Ich muss dich enttäuschen, ich habe schon etwas vor!«

»Schade!« Fragend schaute er Anke an, bis sie endlich weiter sprach: »Ich werde bei Susi Holzer vorbeifahren und mit ihr über die Drohanrufe sprechen. An ihrem Arbeitsplatz konnte ich sie nicht erreichen, weil sie zu viel zu tun hatte. Also besuche ich sie zu Hause!«

»Du sollst doch keinen Außendienst machen, bis das Kind da ist.«

»Ich fahre doch nur zu meiner Hebamme«, widersprach Anke.

»Susi Holzer hängt genauso in dem Fall, wie Rita Rech und Annette Fellinger. Was du tust, ist dasselbe, was ich gestern Abend getan habe: du machst Hausbesuche und ermittelst auf eigene Faust!«

»Ich sehe da allerdings einen großen Unterschied. In meinem Fall habe ich von Forseti den Auftrag, mit Susi Holzer zu sprechen«, konterte Anke.

Erik schwieg eine Weile, aber lange konnte er sich nicht zurückhalten, bis er sagte: »Entschuldige. Ich habe Angst um dich und das Kind. Lass mich mit dir fahren!«

»Nein«, trotzte Anke. »Ich brauche keinen Aufpasser. Nur weil ich schwanger bin, musst du mich nicht behandeln wie eine Unmündige!«

»Nicht wie eine Unmündige, sondern wie eine Schutzbedürftige«, hielt Erik dagegen. »Lisa hat ein Recht auf Sicherheit. Das darfst du nicht vergessen!«

»Das tue ich nicht. Vergiss nicht, dass du im entscheidenden Moment versagt hast, als es um deine eigene Familie ging. Also schreib mir bitte nicht vor, was ich zu tun habe«, schoss Anke nun mit aller Wucht zurück.

Damit traf sie Erik so hart, dass er ganz blass wurde. Mit zitternder Hand setzte er seine Kaffeetasse ab und verließ das Büro.

Erst als sie sich ein wenig beruhigt hatte, bereute Anke, dass sie ihn so hart angefasst hatte. Er übertrieb es einfach mit seiner Fürsorge. Sie kannte es nicht, dass sie betüddelt wurde. Bisher hatte sie ihr Leben immer selbst in die Hand nehmen müssen. Sogar als Mutter würde sie bald allein dastehen und konnte darin nichts Ungewöhnliches sehen. Da gelang es ihr einfach nicht, eine solche Fürsorge hinzunehmen, die sie schon als Bevormundung verstand. Entschlossen packte sie ihre Tasche weiter und machte sich auf den Weg zu Susi Holzers Haus.

Die Dämmerung war hereingebrochen, Abendrot senkte sich über die Stadt, als Anke mit ihrem Auto durch die Mainzer Straße zur Autobahn fuhr. Der Wind blies immer noch so heftig, dass er an Ankes Auto rüttelte. Diese Atmosphäre empfand Anke als unbehaglich. Leise schlich sich der Gedanke in ihr Gemüt, dass sie doch besser zusammen mit Erik zu diesem Besuch gefahren wäre. Schnell wischte sie diese Idee als Hirngespinst aus ihrem Kopf. Sie stellte ihren Wagen ab, stieg aus und steuerte auf die Tür zu. Im Haus brannte Licht, woraus Anke schloss, dass Susi dort war. Als sie klingelte, tat sich nichts. Mehrmals klingelte Anke mit dem gleichen Ergebnis. Zitternd vor Kälte schlang sie ihre Daunenjacke fester um ihren Körper. Neugierig ging sie zur Seite des Hauses, wo sie zu ihrer Überraschung Susis Auto stehen sah. Schnell kehrte sie zur Haustür zurück, aber dieses Mal klingelte sie an der unteren Klingel, die zu der Wohnung von Susis Mutter gehörte. Sofort öffnete ihr eine ältere Frau, die sich auf einen Stock stützen musste.

»Ich möchte Susi besuchen, aber sie öffnet nicht«, erklärte Anke. »Ist sie da?«

»Oh ja! Susi ist zu Hause. Bei dem Lärm, den sie veranstaltet, besteht daran gar kein Zweifel«, lachte die Alte und ließ Anke eintreten.

Verunsichert über diese Worte stieg Anke die Treppe hoch. Sie hörte nichts. Im ersten Stock angekommen, sah sie, dass die Haustür nur angelehnt war. Vorsichtig stieß sie die Tür auf und rief: »Susi! Bist du da?«

Da hörte sie Schritte, hastige Schritte. Mit klopfendem Herzen trat sie ein. Zielstrebig steuerte sie die Küche an, aus der sie die Schritte gehört hatte. Das Licht war so schwach, dass sie kaum etwas erkennen konnte. Lediglich eine kleine Wandleuchte war eingeschaltet. Dort war niemand. Eine weitere Tür führte ins benachbarte Wohnzimmer, aus dem ein schwacher Lichtstrahl hereinfiel. Erst als Anke genau hinsah, erkannte sie, dass die Verbindungstür sich bewegte. Ihr Herz schlug ihr bis zum Hals. Kurzerhand beschloss sie, diese Wohnung schnellstmöglich zu verlassen. Sie drehte sich um und wollte durch die Tür zurückgehen, durch die sie eingetreten war, aber sie ließ sich nicht mehr öffnen. Verzweifelt rüttelte Anke daran. Vergeblich. Sie war verschlossen. Nun saß sie in der Falle. Zitternd vor Angst schlich sie an der Wand entlang zur nächsten Tür, die immer noch einen Spalt breit geöffnet war. Sie war nicht bewaffnet, bemerkte Anke erst jetzt. Warum auch? Sie wollte doch nur ihre Hebamme besuchen. Verzweifelt näherte sie sich der Tür. Lange Zeit brauchte sie, bis sie sich endlich wagte, einen Blick in das nächste Zimmer zu werfen. Es war leer. Tief durchatmend betrat sie das Zimmer. Wieder hörte sie Geräusche. Ängstlich suchten ihre Augen nach einem Versteck. So leise, wie sie nur konnte, schlich sie hinter das Sofa, wo sie sich verstecken wollte. Als der Boden unter ihren Füßen knarrte, erschrak sie so heftig, dass sie glaubte, in Ohnmacht fallen zu müssen. Wie gelähmt blieb sie stehen. Es rührte sich nichts in der Wohnung. War überhaupt noch jemand da? Doch da hörte sie die Wohnungstür zuschlagen, Schritte nach unten, dann klappte die Haustür zu. Zurück blieb nur noch Stille. Ihr blieb keine Zeit, über ihre eigene Dummheit zu sinnieren. Sie musste zuerst einmal herauszufinden, was mit Susi geschehen war. Zum Glück musste sie nicht lange suchen, denn als ihr Blick auf das Wohnzimmerfenster fiel, ahnte sie es schon. Sie ging auf das Fenster zu und schaute nach. Es war so, wie sie vermutet hatte: das Fenster war nur angelehnt. Also war Susi über den geheimen Fluchtweg in den Hof entkommen. Zufrieden machte Anke sich über den normalen Weg in den Hof. Dort rief sie Susis Namen und versicherte ihr, dass die Gefahr vorüber war. Daraufhin dauerte es nicht lange, bis Susi zitternd vor Kälte hinter einem Schuppen hervorkam.

»Meine Güte, Anke. Was machst du denn hier?« fragte sie mit klappernden Zähnen.

Hastig eilten sie ins Haus zurück. Susi setzte sich sofort vor einen Heizkörper, um sich aufzuwärmen.

Anke ließ ihr ein wenig Zeit, bis sie fragte: »Wer war in deiner Wohnung?«

»Keine Ahnung«, schüttelte Susi den Kopf. »Ich bin so schnell geflohen, dass ich nicht erkennen konnte, wer das war.«

»Warum fliehst du, bevor du überhaupt weißt, wer dich besuchen kommt? Vielleicht war es ein Freund!«

»Meine Freunde brechen die Tür nicht auf. Die klingeln«, widersprach Susi.

Stutzig geworden ging Anke zur Haustür und besah sich das Schloss. Es war tatsächlich beschädigt. Auch das Gegenstück im Türrahmen war abgesplittert. Diese Tür war für einen kräftigen Einbrecher kein Hindernis, erkannte Anke, weil das Holz morsch war und das Schloss alt.

»Wir werden das von den Kollegen der Spurensicherung untersuchen lassen«, meinte Anke, doch Susi widersprach ihr sofort: »Nein! Ich will nicht, dass die meine ganze Wohnung auf den Kopf stellen und am Ende doch nichts herausfinden. Ich will nur meine Ruhe!«

»So bekommst du die aber nicht«, konterte Anke. »Warum sollen wir nichts untersuchen? Kann es sein, dass du doch weißt, wer hier war?«

»Nein!«

»Also, warum lässt du ihn dann entkommen?«

»Ich lasse ihn nicht entkommen! Ihr lasst ihn entkommen«, wurde Susi patzig. »Emil liegt im Krankenhaus, bei Rita wurde eingebrochen und ich habe Drohanrufe bekommen. Aber ihr habt noch nicht die geringste Spur! Warum soll ich euch also vertrauen?«

»Diese Frage ist wirklich gut«, gab Anke zu verstehen. »Ihr boykottiert unsere Arbeit schon von Anfang an. Nur deshalb kommen wir nicht voran. Wir müssen natürlich wissen, warum diese Übergriffe auf euch stattfinden. Es kann doch kein Zufall sein, dass ausgerechnet dein Freundeskreis dem Unbekannten immer wieder zum Opfer fällt.«

»Ich weiß nicht, warum es so ist«, beharrte Susi.

»Das glaube ich dir nicht«, wurde Anke deutlicher. »Ich glaube, dass ihr genau wisst, was hier los ist. Deshalb soll ich die Kollegen von der Spurensicherung nicht rufen. Es könnte am Ende noch herauskommen, was dahintersteckt!«

Susi schwieg.

»Emil Tauber erholt sich«, sprach Anke in die Stille, als hätte sie das Bedürfnis, sich gegen Susis Vorwürfe zu wehren.

»Wirklich?«, staunte Susi.

»Ja! Er hat sein Bewusstsein wieder erlangt!«

»Das freut mich. Er hat dieses Schicksal wirklich nicht verdient!«

Eine Weile verstummten sie, bis Anke sich daran erinnerte, wie Thorsten Fellinger sie fast umgerannt hätte, als sie Susi in ihrer Praxis im Ärztehaus besuchen wollte. Daraufhin fragte sie: »Kann es sein, dass Thorsten Fellinger gerade hier war?«

»Das glaube ich kaum!«

»Warum?«

»Weil Thorsten von dem Notausgang weiß. Annette hatte es ihm irgendwann einmal erzählt, als die beiden sich noch gut verstanden haben. Thorsten wäre mir gefolgt!«

Diese Antwort leuchtete Anke ein, obwohl es bedauerlich war, dass ihr plötzlich aufkeimender Verdacht sich so schnell in Nichts auflöste. Nach einer Weile meinte sie: »Deshalb bin ich nicht gekommen!«

»Warum denn?«

»Ich wollte mit dir über die Drohanrufe sprechen.«

»Was gibt es darüber zu sprechen?« Susis Tonfall war immer noch abweisend.

»Ist dir irgendetwas aufgefallen? Zum Beispiel ein Dialekt, war er alt oder jung, gab es Besonderheiten an seinem Tonfall, Betonung seiner Worte, irgendetwas, was dir vielleicht bekannt vorgekommen ist?«

Plötzlich verschwand Susis Trotz. Eine Weile schaute sie Anke an, bis sie sagte: »Mir ist nichts aufgefallen. Vermutlich habe ich nicht darauf geachtet!«

Anke hatte in Susis Zögern schon einen Hoffnungsschimmer gesehen, der nun in sich zusammensank.

»Lass dir einfach Zeit zum Überlegen. Wenn dir etwas einfällt, ruf mich bitte an. Es ist wichtig. Wir wollen verhindern, dass noch mehr passiert«, erklärte Anke.

»Ich glaube nicht, dass diese Anrufe wichtig sein könnten«, zuckte Susi plötzlich ganz lässig die Schultern, was Anke nun doch in Erstaunen versetzte. Erst vor wenigen Minuten zitterte sie noch vor Angst, und nun markierte sie die Gleichgültige. Das passte nach Ankes Dafürhalten einfach nicht zusammen. Was wurde hier nur gespielt? überlegte sie. Diese drei Frauen waren nicht nur die fröhlichen Freundinnen, die auf einer Party zu viel Alkohol getrunken haben. Dieser Gedanke schlich sich in Ankes Kopf und machte sie misstrauisch. Es gefiel ihr nicht, sich in Susi getäuscht zu haben. Je mehr sie darüber nachdachte, umso deutlicher merkte sie, dass Erik mit seiner Überlegung, dass sie nicht offen zueinander waren, recht hatte. Also wollte sie nun mit seinem Plan beginnen: Zweifel unter den Freundinnen zu säen. Eindringlich schaute sie Susi an, die sich von den Auswirkungen des Einbruchs gut erholt hatte.

»Ich denke, dass alles, was in den letzten Tagen passiert ist – einschließlich der Einbruch gerade eben in deine Wohnung – im Zusammenhang mit dem Unfall steht«, begann Anke.

»Das verstehe ich nicht«, gab Susi zu. »Was für einen Grund sollte er, wer auch immer das sein mag, haben, das zu tun?«

Anke schaute Susi eine Weile an. Sie erkannte, dass der Augenblick der Richtige war und begann zu erzählen: »Sybille Lohmann hatte das Geld, das sie von der Lebensversicherung ihres verstorbenen Mannes ausgezahlt bekommen hatte, bei sich. Das Geld ist verschwunden!«

»Davon weiß ich nichts«, gestand Susi. Anke glaubte ihr, weil Susis Überraschung über diese Neuigkeit echt wirkte.

»Aber der Fahrer von Sybilles Auto muss davon wissen. Wie es scheint, sucht er bei euch danach«, erklärte Anke ausführlich weiter.

Lange schaute Susi ihr Gegenüber an. Dabei wirkte ihre Miene trotzig, als sie sagte: »Ich habe das Geld nicht!«

»Eine von euch muss es haben, weil es nicht verbrannt ist«, bohrte Anke geschickt weiter.

»Warum muss es eine von uns sein? Wir waren nicht am Unfallort, wir können das Geld also gar nicht haben«, wehrte Susi sich immer noch.

»Was veranlasst den Unbekannten, euch alle aufs Korn zu nehmen?« konterte Anke immer bissiger.

»Ich denke, du bist dafür da, das herauszufinden. Heißt es nicht: die Polizei, dein Freund und Helfer??? Also hilf uns! Du siehst doch, dass wir in Gefahr sind«, versuchte Susi geschickt den Spieß umzudrehen. Anke ließ sich nicht beirren. Nun holte sie zu dem Schlag aus, den sie sich mit dieser Befragung vorgenommen hatte: »Weißt du denn, warum Annette Fellinger so plötzlich und ohne jede Vorankündigung in die Schweiz aufgebrochen ist?«

Susi schüttelte den Kopf: »Annette verreist in letzter Zeit oft ins Ausland, ohne uns viel zu erklären.«

»Wisst ihr, was sie tut?«

»Ich vermute, dass sie ihre Bekanntschaften pflegt. Vielleicht bevorzugt sie in letzter Zeit Herren aus anderen Ländern!«

»Das erklärt nicht, warum sie sich mit einer Schweizer Bank in Verbindung gesetzt hat, wo man Nummernkonten anlegt«, legte Anke ihre Bombe. Neugierig beobachtete sie Susis Reaktion. Deutlich erkannte sie, dass diese begann zu verstehen.

»Na gut, dann müssen wir sie fragen, sobald sie zurück

ist«, beendete Anke nun das Gespräch. Sie hatte den Anfang gemacht. Nun wollte sie nur noch nach Hause. Sie legte beide Hände auf ihren Bauch. Das Kind bewegte sich heftig, so dass Anke die Stöße gegen die Bauchwand schmerzten. Eine Weile blieb sie ganz ruhig auf dem Sofa sitzen. Susi beobachtete sie, sagte aber nichts zu ihr. In diese Stille hinein sagte Anke: »Ich werde auf jeden Fall die Spurensicherung rufen. Wer weiß, vielleicht hat der Einbrecher hier mehr Spuren hinterlassen als in Ritas Haus. Nur so können wir ihn finden!«

Susi stöhnte bei dem Gedanken daran, dass bald ihre Wohnung voller Polizeibeamter sein würde. Aber sie wehrte sich nicht mehr dagegen. Plötzlich wirkte sie kraftlos, als hätte sie keine Energie mehr. Anke rief bei den Kollegen an, die sich sofort auf den Weg machten.

Als sie Bernhard Diez unter den Kollegen sah, musste sie lachen. Auch er amüsierte sich darüber.

»Wir sehen uns immer nur dann, wenn es brennt«, bemerkte er belustigt. »Du kannst nicht anders, ob schwanger oder nicht. Immer musst du mit der Nase ganz vorn sein!«

Anke zuckte die Schultern. Dem konnte sie nichts entgegnen. Sie machte sich selbst schon genug Vorwürfe. Deshalb hatte sie keine Lust, sich zu rechtfertigen.

Der Arztbesuch am nächsten Morgen beruhigte Anke, obwohl ihr die Ermahnungen ihres Gynäkologen nicht passten. Er behandelte sie wie ein unartiges Kind, womit er ihr ein Gefühl vermittelte, nicht ernst genommen zu werden. Aber wenn sie ihren Stolz mal beiseite schob und es sich richtig überlegte, hatte er recht. Sie handelte unverantwortlich für ihr Kind. Ihr Beruf hatte von ihr Besitz ergriffen, sodass sie sich schwer damit tat, sich voll und ganz als werdende Mutter zu betrachten und ihr ganzes Denken und Handeln danach zu richten. Von nun an würde sie sich jeden Morgen mit dem Vorsatz, das Leben ihres Kindes zu schützen, auf den Weg machen. Nur so konnte es ihr gelingen, ihr Tempo etwas zurückzuschrauben. Als sie das Ärztehaus verließ, war es gerade kurz nach acht. Sie spürte den unbändigen Drang, gerade jetzt mit ihrem Vorsatz zu beginnen. Also setzte sie sich in ihr Auto und fuhr zu Kullmann. Als sie an der Tür klingelte, überkamen sie Zweifel, ob der Rentner überhaupt schon aufgestanden war. Aber diese Zweifel zerschlugen sich schnell wieder, weil er unmittelbar danach die Tür öffnete. Er wirkte so frisch und ausgeruht, dass Anke sich sicher sein konnte, er war nicht durch ihren Besuch geweckt worden.

»Anke, was führt dich zu dieser Stunde zu mir?« staunte er und ließ die junge Frau eintreten.

Sofort roch Anke frisch aufgebrühten Kaffee. Zu ihrer Überraschung stellte sie fest, dass sie sich nicht mehr vor dem Geruch ekelte. Im Gegenteil. Sie bekam Lust auf eine Tasse.

Martha stand in der Küche und deckte gerade den Frühstückstisch. Als sie Anke hereinkommen sah, lachte sie so herzlich, dass Anke sich sofort willkommen fühlte.

»Also decke ich den Tisch für drei!« rief sie und stellte sogleich einen Teller und eine Tasse dazu.

Anke setzte sich an den Tisch. Sie fühlte sich, wie in einer richtigen Familie – ein Gefühl, von dem sie gar nicht genug bekommen konnte. Sie begannen gemeinsam zu frühstücken. Dabei sprachen Norbert und Martha über die kleinen Dinge des Lebens, die ihnen große Freude machten. Martha berichtete von ihrer Arbeit in dem kleinen

Garten. Sie bemühte sich, einen kindersicheren Bereich daraus zu schaffen, damit Lisa sich austoben konnte. Ankes Herz schlug höher bei dieser verlockenden Vorstellung. Kullmann plante, das Gartentor zu erneuern, das zu dem Pfad führte, der Verbindungsweg zu Ankes zukünftiger Wohnung. Das alles war für Anke die schönste Zukunftsmusik. Sie freute sich riesig. Doch gleichzeitig überfiel sie die schreckliche Erkenntnis, wie unverantwortlich sie doch mit ihrem Kind – ihrer Zukunft – bisher umgegangen war. Auf ihr Schweigen hin, fragte Kullmann leise: »Warum bist du gekommen? Doch bestimmt nicht, um dir unsere Zukunftspläne anzuhören!«

Anke zögerte eine Weile, bevor sie es fertig brachte, von ihrem Erlebnis des letzten Abends zu berichten. Jetzt im Nachhinein spürte sie immer mehr, wie dumm es von ihr war, Eriks Angebot, sie zu begleiten einfach abzulehnen und einen Alleingang zu machen. Ihre Ermittlungen machten zwar keine Fortschritte, riefen aber in aller Deutlichkeit Reaktionen hervor, die immer gefährlicher wurden. Da saß sie nun ihrem Freund und ehemaligen Mentor gegenüber und hatte Hemmungen, offen zu sprechen. Er schaute sie an, drängte aber nicht. Martha verließ die Küche, um die beiden allein zu lassen. Immer noch spürte Anke einen Kloß im Hals. Aber sie musste zur Arbeit. Sie hatte nur wenig Zeit, weil sie den Arztbesuch vor ihren Dienstantritt geschoben hatte, was bedeutete, dass sie es nicht ewig hinauszögern konnte. Sie nahm allen Mut zusammen und berichtete von dem Ergebnis der Ermittlungen und de Ereignissen in Susis Haus.

Stille kehrte ein. Kullmann rieb sich nachdenklich über das Kinn, bevor er zu sprechen begann: »Gegen die allgemeine Hilflosigkeit in diesem Fall, kann ich nichts machen! Ich müsste Einsicht in die Akten bekommen, um helfen zu können.«

Anke schüttelte verzweifelt den Kopf: »Das wäre ein Verstoß gegen die Dienstvorschriften.«

»Ich verlange nicht, dass du die Akten aus dem LKA entfernst – was denkst du denn von mir?!« stellte er klar. »Ich kann auf die Dienststelle kommen und mir dort alles ansehen. Wer weiß, vielleicht steckt jemand dahinter, den ich von einem alten Fall her kenne.«

Das machte Anke sofort misstrauisch: »Spielst du auf den alten Fall von Kurt Lohmann an?«

»Ich habe nicht vergessen, dass Kurt Lohmann tot ist! So verkalkt bin ich nicht.«

»So war das nicht gemeint. Aber wie kann ein alter Fall mit unserem in Verbindung stehen?«

»Ich glaube, Parallelen zu sehen, kann aber nichts Definitives sagen, solange ich es nicht schwarz auf weiß vor mir sehe.«

Das machte Anke nun doch hellhörig. Sollte Kullmann wirklich auf des Rätsels Lösung kommen, wonach der gesamte Polizeiapparat verzweifelt suchte? Sie merkte, dass der Kriminalist noch nicht fertig war. Also wartete sie, bis er anfügte: »Ich habe dir nicht vorzuschreiben, wie du deine nächste Zukunft gestalten solltest. Aber Sorgen mache ich mir trotzdem, was die Wahl deiner Hebamme betrifft!«

Anke nickte.

»Martha hat mir einmal von einer jungen Frau erzählt, die ebenfalls Hebamme ist. Sie arbeitet in einer Hebammenvereinigung. Das ist ein neugegründeter Verein für Hebammen, die keiner Frauenarztpraxis angeschlossen sind. Bisher gibt es von diesem Verein nur gute Erfahrungen. Ich habe mich mal ein bisschen darüber informiert«, erklärte er weiter.

Anke lachte: »Man könnte meinen, dass du das Kind bekommst, nicht ich!«

»Ich wollte dir nicht zu nahe treten«, entschuldigte Kullmann sich sofort, womit er Anke in Verlegenheit brachte. Schnell entgegnete sie: »Ich freue mich, dass du so fürsorglich bist. Deinen Rat werde ich befolgen, weil ich mir selbst schon Gedanken über Susi Holzer gemacht habe. Wenn Martha mir den Namen dieser Hebamme nennen kann, vereinbare ich mit ihr einen Termin.«

Bevor sie sein Haus verließ versprach sie: »Ich werde Forseti deinen Besuch ankündigen!«

14

Im Büro herrschte große Aufregung, als Anke eintrat. Theo Barthels von der Spurensicherung war deutlich zu hören. Er sprach mit Forseti, während die Kollegen gespannt dem Gespräch der beiden lauschten. Als Anke Erik sah, überkam sie sofort ein schlechtes Gewissen. Sie hatte ihn am Vortag unfair behandelt; dafür wollte sie sich bei ihm entschuldigen. Dass ihr dieser Schritt nicht leicht fallen würde, spürte sie, als ihre Blicke sich trafen. Sein Gesicht wirkte blass, seine Miene ausdruckslos. ›Das hat etwas zu bedeuten‹, dachte Anke. Die Tatsache, dass Theo mit dem Chef diskutierte, hieß, dass die Abteilung über den gestrigen Zwischenfall in Susis Haus informiert war. Das erklärte wohl Eriks Reaktion.

»Ist etwas bei der Spurensuche in Susis Haus herausgekommen?« fragte Anke ihren Kollegen Jürgen, der ihr am nächsten stand.

»Nein. Aber die DNA-Analyse der Blutspur, die beim Kellertreppenfall in Emil Taubers Haus gefunden wurde, stimmt mit dem Blut, das bei dem Einbruch in Rita Rechs Haus gefunden wurde, überein.« Das erklärte also die aufgewühlte Stimmung unter den Kollegen. Es gab endlich einen ersten Hinweis, der ihre Theorie stützte.

»Gibt es ein Ergebnis der zweiten Blutanalyse in Emil Taubers Haus?« fragte Anke weiter.

»Nein! Bisher noch nicht. Ich glaube, dass sie diese

Blutprobe ins BKA schicken müssen, weil sie hier nicht die dafür notwendigen Geräte zur Verfügung haben.«

Theo übergab einige Berichte und verließ das Büro. Anke wollte auch gehen, als Jürgen sie zurückhielt, indem er sagte: »Forseti wollte noch etwas besprechen. Du wartest besser!«

»Haben Sie mit Sven Koch über sein Alibi für die Zeit, als bei Rita Rech eingebrochen wurde, sprechen können?« wandte Forseti sich zuerst an Erik und Jürgen.

Jürgen räusperte sich und antwortete: »Ja! Wir haben ihn in seinem Haus angetroffen. Er war nicht flüchtig, wie wir angenommen hatten; er war stark verkatert. Sein Alibi steht allerdings auf wackeligen Beinen. Er behauptet, dass er sich ganz allein zu Hause besoffen hätte. Genügend Flaschen standen in seinem Wohnzimmer herum.«

»Damit können wir ihn zumindest in die engere Wahl ziehen. Laden Sie ihn vor, damit hier seine Aussage schriftlich festhalten wird!«

»Das haben wir schon gemacht. Er wird morgen kommen«, erklärte Erik.

»Und Thorsten Fellinger?«

»Er war zu Hause, was seine Eltern bestätigt haben!«

»Dann ist sein Alibi genauso viel wert wie das von Sven Koch«, zweifelte Forseti. »Damit haben wir zwei Verdächtige!«

»Annette Fellinger ist aus der Schweiz zurückgekehrt«, gab Erik Tenes bekannt. »Das Gesundheitsamt in Saarbrücken hat mich benachrichtigt. Sie hat heute Morgen ihren Dienst wieder angetreten.«

»Das ist gut«, stellte Forseti fest. »Esther Weis und Claudia Fanroth, Sie beide fahren zur Befragung zu Annette Fellinger!«

Die Besprechung war beendet.

Schnell verschwand Anke in ihrem Büro, weil sie sich unbedingt setzten musste. Ihre Kreuzschmerzen wurden immer stärker. Kaum hatte sie sich niedergelassen, trat ihr Chef ein.

»Gestern Abend haben Sie sich und ihr ungeborenes Kind wieder einmal in große Gefahr gebracht!«

Anke stöhnte innerlich. Diesen Vorwurf kannte sie inzwischen.

»Ich habe Ihnen lediglich aufgetragen, mit Susi Holzer zu telefonieren – von einem Hausbesuch war keine Rede!«

»Ja, ich weiß. Aber ich habe Susi Holzer einfach nicht erreichen können. Ich konnte doch nicht ahnen, dass es einen Zwischenfall geben würde.«

»Eine gute Polizistin wie Sie sollte das aber schon voraussehen können. Seit wir die Ermittlungen forciert haben, vermehren sich die Tätlichkeiten auf unsere Verdächtigen. Deshalb wiederhole ich meine Anweisung noch einmal für Begriffsstutzige: Sie machen keinen Außendienst mehr, bis Ihr Kind gesund auf der Welt ist. Wenn ich Ihnen auftrage, ein Telefonat zu führen, dann heißt das, nur dieses Telefonat zu führen. »

Anke nickte gehorsam. »Ich habe auch noch etwas auf dem Herzen. Unser ehemaliger Vorgesetzter und Ihr Vorgänger, Hauptkommissar Kullmann, möchte sich gern die Akten ansehen, weil er Parallelen zu alten Fällen vermutet. Seine langjährige Dienstzeit könnte hilfreich sein!«

Forseti schaute Anke zunächst an, als hätte sie ihm etwas von Außerirdischen und Ufos erzählt. Es dauerte eine Weile, bis er sich endlich entspannte und sagte: »Stimmt! Er kennt die vergangenen Fälle besser als ich, weil er einige Jahrzehnte hier gearbeitet hat. Sagen Sie ihm, dass ich seine Hilfe gerne annehme!«

Claudia schaute Erik erwartungsvoll an, als er ihr Büro betrat. Enttäuscht erkannte sie, dass sein Besuch nur dienstliche Gründe hatte.

»Ich wollte mit dir über Annette Fellinger sprechen«, begann er.

»Toll! Etwas anderes hatte ich gar nicht erwartet«, entgegnete sie.

Erik biss die Zähne zusammen. Eine Weile schaute er Claudia nur an, bis er ihr von seinem Verdacht, dass die drei Frauen nicht offen zueinander waren, berichtete. Claudia erkannte, dass er nicht bereit war, ihr persönliches Gespräch, das sie vor den Befragungen in Walpershofen begonnen hatten, weiterzuführen. Erik wollte ihr nichts über seine Gefühle preisgeben; dagegen hatte sie keine Chance. Sie fand sich damit ab und schlug wieder ihren dienstlichen Tonfall an, indem sie fragte: »Du glaubst also, dass Annette Fellinger ohne das Wissen ihrer Freundinnen in den Besitz des Geldes gekommen ist und deshalb in der Schweiz war!«

Erik nickte.

»Und wie sollen wir ihr das entlocken?«

»Das wird wohl nicht gelingen. Deshalb müsst ihr Rita Rech zu dem Gespräch hinzuziehen, damit sie Zweifel an der Loyalität ihrer Freundin bekommt. Nur so können wir in diese Freundschaft eindringen«, schlug Erik vor.

»Das wird uns gelingen«, grinste Claudia.

»Daran habe ich keinen Zweifel«, gab Erik zurück. Schnell verschwand er aus dem Zimmer, bevor Claudia etwas entgegnen konnte.

Das Gesundheitsamt liegt im Stadtteil Malstatt, direkt an der Autobahn, ein zehnstöckiger, blauer Bau. Der kleine Parkplatz hinter dem Gebäude war so zugeparkt, dass die beiden Beamtinnen keine Möglichkeit fanden, ihr Dienstfahrzeug dort abzustellen. Also parkten sie an der Hohenzollernstraße. Der Wind blies eiskalt. Die letzten Blätter der Bäume, die das Haus säumten, wirbelten durch die Luft. Schnell liefen sie zur Eingangshalle, wo ein Pförtner in einem Glaskasten saß und die Polizeiausweise genau studierte, bevor er ihnen erklärte, wo sich Annette Fellingers Arbeitsplatz befand. Sie mussten in den dritten Stock. Vier Aufzüge, zwei davon auf der Nordseite und zwei auf der Südseite, gab es dort. Wegen Bauarbeiten war die Südseite abgesperrt. So blieben nur noch zwei übrig, die beide besetzt waren. Also benutzten sie die Treppe. Das Treppenhaus war groß, grau und trostlos. Im dritten Stock angekommen trafen sie auf Rita Rech, die sich in der Wartezone im Flur aufhielt. Zum Erstaunen der beiden Polizeibeamtinnen stand Susi Holzer neben ihr. Sie plauderten ganz aufgeregt miteinander. Als sie die beiden Beamtinnen kommen sahen, verstummten sie. Mürrisch fragte Rita: »Schickt Erik Tenes schon seine Gorillas voraus?«

»Ich kann Sie wegen Beamtenbeleidigung belangen«, stellte Claudia sofort klar, woraufhin Rita Rech schwieg.

»Mit Ihnen haben wir hier nicht gerechnet«, richtete Esther sich an Susi Holzer.

»Ich habe heute meinen freien Tag und besuche meine Freundinnen. Ist das verdächtig?«

»Nicht so voreilig mit den scharfen Geschützen«, besänftigte Esther. »Der Schuss könnte nach hinten losgehen.«

»Wir wollen zu Annette Fellinger«, erklärte Claudia. »Sie können unserem Gespräch gern beiwohnen, da Sie ja so gut befreundet sind und keine Geheimnisse voreinander haben!«

Susi schüttelte den Kopf: »Ich habe keine Lust, ständig mit der Polizei zu tun zu haben. Da höre ich mir keine Gespräche an, die ich nicht hören muss.« Mit diesen Worten verabschiedete sie sich und verschwand. Rita ließ es sich nicht nehmen, bei dem Gespräch dabei zu sein. Bereitwillig führte sie die beiden Beamtinnen zu Annette, die unwirsch fragte: »Was wollen Sie denn hier?«

»Fragen, Fragen, Fragen«, meinte Claudia ironisch.

»Hier? Jetzt?«

»Hier und jetzt«, bestimmte Esther ebenso scharfzüngig.

»Hat das nicht Zeit bis heute Abend?«

»Nein«, kam es wie aus einem Mund.

Annette gab sich geschlagen.

»Sie sind gerade aus der Schweiz zurückgekehrt?«

Annette nickte.

»Dürfen wir erfahren, was Sie dort gemacht haben?«

»Urlaub!«

»Wo genau?«

»Bei einem Bekannten«, wich Annette nun aus.

»Wir benötigen Namen und Adresse dieses Bekannten«, bestimmte Claudia.

»Mein Privatleben geht Sie nichts an«, wurde Annette schnippisch. Plötzlich brach es aus ihr heraus: »Nur weil du dich vor Jahren einfach nach Wiesbaden aus dem Staub gemacht hast und jetzt als Bulle zurückgekommen bist, kannst du mit uns nicht umgehen, als seien wir Menschen zweiter Klasse!«

»Wir sind nicht mehr auf ›Du‹, damit das klar ist. Ich

bin hier nicht als die Claudia von früher, sondern als Polizeibeamtin, die im Fall Sybille Lohmann ermittelt«, entgegnete Claudia nicht minder schnippisch. »Weil hier ein Tötungsdelikt vorliegt, geht mich das Privatleben aller Verdächtigen etwas an.«

»Ich bin verdächtig?« wurde Annette plötzlich blass.

Nun wurde Rita hellhörig, was Esther zum Anlass nahm, ihr zu sagen: »Wir wissen, dass Annette Fellinger in der Schweiz ein Nummernkonto eröffnet hat. Was wir nicht wissen, ist, ob sie das Geld für sich allein oder für Sie drei, gesichert hat. Deshalb sind Sie alle verdächtig!«

Esther hatte hoch gepokert und erreicht, was sie wollte. Sofort wandte Rita sich an Annette und fragte: »Welches Geld hast du dort deponiert?«

»Ich habe kein Nummernkonto eröffnet! Die stellen nur Behauptungen auf«, wehrte Annette sich.

»Das glaube ich nicht! Die Polizistinnen wissen, wovon sie reden«, beharrte Rita.

»Hoffentlich weißt du, wovon du redest«, wurde Annette ungehalten. »Wenn ich so viel Geld hätte, wüsste ich davon!«

Gespannt lauschten Claudia und Esther dem Dialog der beiden Freundinnen.

»Vermutlich weißt du es auch, nur Susi und ich nicht!«

»Ich habe es nicht nötig, mich jetzt vor dir und vor der Polizei zu rechtfertigen, wo es nichts zu rechtfertigen gibt«, wehrte Annette ab, als wollte sie eine lästige Fliege vertreiben.

»Nun interessiert es mich brennend, welchen Grund du hattest, so plötzlich in die Schweiz zu fahren?« bohrte Rita weiter.

»Musst du mich jetzt vor den beiden Polizeibeamtinnen damit nerven? Wir reden später darüber!« Dabei rollte sie die Augen, sodass niemand mehr an ihrer Ungeduld zweifeln konnte.

Rita verstummte. Aber damit war das Thema für sie noch lange nicht beendet, das konnten die beiden Polizeibeamtinnen ihr deutlich ansehen.

»Wir benötigen immer noch Namen und Adresse des Bekannten, den Sie in der Schweiz besucht haben.« Mürrisch zog Annette einen Zettel hervor und schrieb die Angaben darauf. Mit der Bemerkung: »Warum kommt Erik nicht mehr selbst zu uns?« übereichte sie Claudia die Notiz.

»Unser Chef teilt die Aufgaben ein, nicht Erik. Ich muss Sie enttäuschen, dass er nicht mehr persönlich mit Ihnen sprechen darf. Dafür haben Sie ab sofort mit uns das Vergnügen«, erklärte Claudia grinsend.

»Ob dafür wirklich nur der Vorgesetzte verantwortlich ist, wage ich zu bezweifeln«, stellte Annette frech fest.

»Das überlasse ich Ihnen«, konterte Claudia beherrscht und fügte hinzu:

»Ab sofort halten Sie sich bitte zur Verfügung. Keine Auslandsreisen mehr, bis der Fall abgeschlossen ist!«

»Aber warum denn?« gab Annette sich nicht so einfach geschlagen. »Wir haben nichts getan. Warum sind wir verdächtig?«

»Die Ereignisse der letzten Zeit sprechen gegen Sie. Hinzu kommt Ihre überraschende Transaktion in der Schweiz«, erklärte Claudia mit besonderer Betonung. Dabei beobachtete sie Rita, deren Miene unruhig wirkte.

»Werden Sie uns wenigstens unterrichten, wenn der Fall abgeschlossen ist und Sie festgestellt haben, dass Sie uns fälschlicherweise verdächtigt haben?« hakte Annette nach.

»Das werden wir tun«, versprach Claudia.

Gemeinsam verließen die beiden Polizeibeamtinnen das Gesundheitsamt.

15

Anke fühlte sich zur Schreibkraft degradiert. Sie befürchtete schon, dass Forseti sie zusammen mit Molly Meyer, der Chefsekretärin, in ein Büro setzen und sie nur noch mit Schreibarbeiten beschäftigen könnte. Erik hatte sie an diesem Morgen immer noch besucht, was ein deutliches Zeichen war. Sie kam um eine Entschuldigung nicht herum. Schwerfällig stand sie auf und ging auf Eriks Büro zu. Die Tür war zu. Anke lauschte, hörte aber keinerlei Geräusche, was bedeutete, dass er allein war. Unentschlossen stand sie vor der Tür und zögerte. Sie hob die Hand, um anzuklopfen, ließ sie aber unverrichteter Dinge fallen. Auf leisen Sohlen kehrte sie zu ihrem Platz zurück und sank auf ihren Stuhl. Kaum saß sie, fühlte sie sich wie ein Feigling. Dieses Gefühl ärgerte sie dermaßen, dass sie sich wieder erhob. Mit neuem Mut ging sie auf den Flur, wollte erneut Eriks Zimmer aufsuchen, als Claudia und Esther an ihr vorbeigingen, ohne sie zu bemerken. Sie traten bei Erik ein. Während sie immer noch im Flur stand, sah sie, wie Forseti ebenfalls Eriks Büro betrat. Neugierig geworden ging sie hinterher. Günstiger würde die Gelegenheit nicht mehr werden!

Claudia und Esther berichteten von ihrem Gespräch mit Rita Rech und Annette Fellinger. Erik hörte sich alles genau an. Seine Miene erhellte sich, als er den Schilderungen der beiden Kolleginnen lauschte, wie Rita ihre Zweifel an Annettes Transaktion in der Schweiz bekam.

Forseti verhielt sich eine Weile still. Erst als alle ihn erwartungsvoll ansahen, wie es nun weitergehen sollte, richtete er sein Wort an Erik: »Sie werden sich heute Abend mit Rita Rech über den Verlust ihres Bruders unterhalten. In dieser Angelegenheit wissen wir noch zu wenig.«

»Werden das bezahlte Überstunden?« fragte Claudia hitzig.

»Es werden keine Alleingänge gemacht, das wissen Sie so gut wie wir alle hier«, stellte der Vorgesetzte sofort klar. »Jürgen Schnur wird selbstverständlich dabei sein.«

»Aber um auf Versäumnisse zurückzukommen«, änderte er plötzlich seinen Tonfall und schaute Claudia fragend an, die daraufhin sofort verunsichert wirkte.

»Ich kann mich erinnern, Ihnen den Auftrag gegeben zu haben, mit der Witwe aus dem Fall der ›Beischlafdiebin‹ zu sprechen. Darüber liegt mir noch kein Bericht vor!«

Claudia atmete tief durch, dann antwortete sie: »Wir haben die Frau gestern nicht angetroffen. Das werden wir sofort nachholen und den Bericht schreiben.«

Eilig verließen Claudia und Esther das Zimmer. Forseti folgte ihnen. Nun endlich stand Anke Erik gegenüber. Das war der Zeitpunkt, das zu sagen, was sie sich vorgenommen hatte. Wenn sie es wieder verpatzte, würde sie sich über sich selbst noch mehr ärgern. Und das wäre genauso unerträglich, wie der Schritt, den sie jetzt tun musste.

Erik schaute sie mit ausdruckslosem Gesicht an. Seine Beule auf der Stirn hatte sich inzwischen grün verfärbt. Sein Haar war wieder zurückgekämmt, den Versuch, die Stirn abzudecken, hatte er aufgegeben.

»Ich habe mich gestern im Ton vergriffen, als du mir deine Hilfe anbieten wolltest. Das tut mir leid.«

Erik schwieg eisern. Also blieb ihr nichts anderes übrig, als unverrichteter Dinge das Zimmer zu verlassen.

Damit hatte sie nicht gerechnet. Sie wollte die Kluft zwischen ihnen beiden aufheben, hatte aber nichts erreicht. Diese Erfahrung machte ihr zu schaffen. Sie konnte gar nicht mehr abschalten, sich nicht mehr auf ihre Arbeit konzentrieren.

Plötzlich stand Sven Koch in ihrem Zimmer, was sie ihre Überlegungen auf einen Schlag vergessen ließ.

»Was wollen Sie hier?« fragte sie feindselig.

»Sie sind so abweisend«, stellte er kopfschüttelnd fest. Sein Tonfall war überheblich, wie sie es von ihm kannte. »Ich bin von Ihrem Kollegen Tenes bestellt worden, damit meine Aussage schriftlich aufgenommen werden kann. Bei dem Gedanken, dass Sie diese Aufgabe übernehmen, empfinde ich meine Vorladung äußerst angenehm!«

Was hatte das zu bedeuten? Sie wusste nichts von dieser Vorladung, also würde sie die Befragung nicht durchführen. So ließ sie sich nicht überrumpeln.

»Ich übernehme diese Aufgabe nicht. Warten Sie im Flur, bis der Kollege Tenes kommt. Derjenige, der Sie vorgeladen hat, übernimmt auch die Befragung«, erklärte Anke, wobei sie sich bemühte, kühl zu klingen.

»Warum so arbeitsscheu? Das gefällt mir gar nicht. Immerhin geht es um meine Mutter. Sie wurde von der Straße abgedrängt in den sicheren Tod. Da wünsche ich mir doch, dass die Polizei diesen Fall mit Arbeitseinsatz und Zielstrebigkeit bearbeitet.«

»Das tun wir«, bestätigte Anke.

»Haben Sie schon Ergebnisse?« fragte er.

»Das können Sie mit dem Kollegen Tenes besprechen,

weil ich Ihnen keine Auskünfte geben darf«, wich Anke seiner Frage aus.

Doch Sven Koch gab sich nicht so leicht geschlagen: »Liebe junge Frau. Da spreche ich aber wirklich lieber mit Ihnen. Sie sind mir sympathischer!«

Anke brach der Schweiß aus. Sven Koch wurde so anmaßend.

»Jetzt, da die Gelegenheit so günstig ist, frage ich Sie, wie es wohl dem armen Emil Tauber geht?«

»Er ist auf dem Weg der Besserung.«

»Gott sei Dank«, atmete Sven demonstrativ erleichtert auf. »Emil ist wirklich ein armes Schwein. Ich wünsche ihm, dass er sich wieder erholt; das hat er einfach verdient!«

»Ihre Herzensgüte in allen Ehren«, bemerkte Anke dazu nur. »Trotzdem bitte ich Sie, zu gehen! Ich rufe jetzt Erik Tenes an, damit er mit Ihnen spricht.«

»Aber, aber! Liebe Frau Deister. Sie können ihm unser Gespräch später zitieren. Ich sitze wirklich viel lieber mit Ihnen zusammen«, wurde sein Ton unerträglich einschmeichelnd. »Ich möchte mich gern über ihr Kind unterhalten!«

»Raus«, verlor Anke nun doch die Fassung. »Raus mit Ihnen!«

Abwehrend hob Sven Koch beide Hände, entschuldigte sich, indem er sagte: »Ich tue Ihnen doch gar nichts.«

Mehr konnte er nicht mehr sagen, weil ihm keine Gelegenheit mehr blieb. Auf Ankes Schrei hin wurde die Tür geöffnet und Forseti trat ein. Als er Sven Koch dort sah, komplimentierte er den jungen Mann ganz geschickt hinaus. Bevor er die Tür hinter sich schloss, warf er noch einen Blick auf Anke. Sie gab ihm zu verstehen, dass mit ihr alles in Ordnung war, was ihn sichtlich beruhigte.

Zum Glück verlief der Rest dieses Vormittages ruhig, sodass es Anke gelang, sich von diesem Ereignis zu erholen. Kurz vor der Mittagpause stattete Forseti ihr einen Besuch ab.

»Diesen jungen Mann dürfen wir nicht unterschätzen«, erklärte er. »Er weiß Dinge, die nur jemand wissen kann, der mit dem Fall zu tun hat!«

Anke horchte erstaunt auf: »Zum Beispiel?«

»Er ist zu geschickt, um sich selbst zu verraten. Aber aus dem, was er gesagt hat, entnehme ich, dass er ebenfalls die drei Frauen und Emil Tauber am Unfallort gesehen hat. Wäre es möglich, dass er seiner Mutter gefolgt ist?«

Diese Frage brachte ein neues Licht in den Fall.

Als am späten Nachmittag plötzlich ihr ehemaliger Chef in ihrem Büro auftauchte, war sie froh für die willkommene Ablenkung. Während sie nur am Grübeln war, hatte sie nicht bemerkt, dass das Kind sich nicht mehr in ihrem Bauch bewegte. Erst als Kullmann vor ihr stand, fiel ihr das fehlende Leben im Unterleib auf. Prüfend hielt sie ihre Hand auf den Bauch. Nichts.

Kullmann sah, wie sie ganz blass wurde.

»Anke, was ist mit dir?«

»Ich spüre mein Kind nicht mehr«, sprach sie, wobei Kullmann schon einen leisen Anflug von Panik mithörte.

»Wie lange schon?« fragte er verunsichert.

»Schon den ganzen Nachmittag!«

»Wir fahren sofort zu deinem Gynäkologen«, bestimmte Kullmann, half Anke auf die Beine und brachte sie zu seinem Wagen.

Erik und Jürgen machten sich auf den Weg zu Rita Rech

nach Walpershofen. Sie fuhren die Strecke, auf der sich der Unfall ereignet hatte, der diese ganze Lawine ins Rollen gebracht hatte. Als sie die Unfallstelle passierten, warfen beide einen Blick darauf. Nichts war mehr von dem schrecklichen Ereignis zu sehen. Das Laub hatte alle Spuren zugedeckt. Walpershofen wirkte zu dieser Abendstunde wie ausgestorben. Die Leuchtschilder der kleinen Geschäfte schimmerten trostlos im bleiernen Tageslicht. Die Straßenlaternen waren eingeschaltet, womit sie nur ein Zwielicht erzeugten. Erik fuhr zu Rita Rechs Haus und klingelte. Lange standen sie da. Nichts regte sich. Erik klingelte noch mal, alles blieb still.

»So ein Mist, sie ist nicht da«, murrte Jürgen, der sich in seine Hände blies, als könnte er sich damit vor der Kälte schützen. »Meine Güte, was haben wir nur für Temperaturen. Ich fühle mich wie in Sibirien.«

Eine Weile warteten sie noch in der Hoffnung, dass Rita doch noch in der Tür erschien und sie in das warme Hausinnere bat, vergebens.

»Wir fahren zu Annette Fellinger«, beschloss Erik. »Vielleicht ist sie dort!«

»Gute Idee«, stimmte Jürgen zu.

Als sie vor der Doppelhaushälfte parkten, in der Annette wohnte, sahen sie Licht in der ersten Etage.

»Was für ein verheißungsvolles Licht«, frohlockte Jürgen. »Das verheißt uns nämlich, dass wir hier nicht vor der Tür erfrieren müssen.«

Sie klingelten. Unmittelbar danach ertönte der Türsummer, als hätte Annette Besuch erwartet. Die beiden Polizeibeamten stiegen die Treppenstufen hinauf. Am oberen Ende stand Annette mit einem Gesichtsausdruck, der alles verriet, nur keine Freude.

»Mit uns haben Sie nicht gerechnet, so wie Sie dreinschauen«, bemerkte Erik.

»Nein! Ich habe gehofft, es wäre Rita«, gab Annette zu.

Verdutzt schauten Jürgen und Erik sich an.

»Rita wollten wir eigentlich besuchen. Aber in ihrem Haus haben wir sie nicht angetroffen, deshalb nahmen wir an, sie wäre bei Ihnen«, erklärte Erik sofort seinen Besuch.

»Da muss ich Sie enttäuschen«, ging Annette in ihre Wohnung, die immer noch so steril und kalt wirkte wie bei Eriks erstem Besuch. »Sie ist zum Lauftraining in den Wald!«

»Um diese Zeit?« staunte Erik. »Es ist dunkel, außerdem ist es eiskalt!«

»Das ist ja das Komische: sie müsste längst zurück sein«, erklärte Annette.

»Warum sind Sie nicht mit ihr zusammen zum Lauftraining gegangen, wie Sie das sonst immer gemacht haben?«

»Wir haben uns gestritten! Das ist das Werk der Polizei«, fixierte Annette Erik mit einem bösen Blick. »Warum haben Sie uns die beiden Frauen auf den Hals gehetzt. Die beiden haben nur Misstrauen verbreitet. Deshalb haben wir uns gestritten, wie noch nie in unserem Leben. Rita ist wutschnaubend allein in den Wald!«

»Wenn Sie sich so leicht beeinflussen lassen, hat das einen anderen Grund als die Befragung unserer Kolleginnen«, stellte Erik sofort klar. Aber er war beunruhigt. »Wir müssen Rita suchen«, überlegte er.

»Wie willst du das anstellen?« zweifelte Jürgen. »Mit der Taschenlampe durch den Wald laufen?«

»Zuerst werden wir Kollegen vor Ritas Haus beordern. Sie sollen dort abwarten für den Fall, dass sie zurückkehrt!«

Kaum hatte Erik diesen Plan ausgesprochen, rief er über sein Handy auf der Dienststelle an. Zwei Polizisten übernahmen diese Aufgabe. Unter ihnen war Bernhard Diez. Erik kannte ihn inzwischen von seinen Einsätzen bei der Tatortbereitschaft. Die Zusammenarbeit mit ihm verlief immer reibungslos. »Bevor wir die Suchmannschaft rufen, werden wir zunächst den Weg abgehen, den Rita immer wählt. Vielleicht mache ich hier unnötig die Pferde scheu«, bestimmte Erik weiter.

Schnell zogen sie sich ihre dicken Winterjacken über. In Begleitung von Annette, die ihnen den Weg am besten zeigen konnte, brachen sie auf. Sie fuhren durch Walpershofen bis zum angrenzenden Köllerbacher Ortsteil Herchenbach. Am Ende der Häuser gelangten sie auf ein freies Feld, das in einem kleinen Waldstück endete. Dort bogen sie links ab. Der Waldweg zog sich lang hin, bis sie endlich an einen kleinen Parkplatz gelangten. Das war der Sammelpunkt des Vereins für die Lauftreff-Freunde Köllertal. Auf diesem freien Platz stand nur ein einziges Auto, Ritas Mercedes Cabrio.

»So ein Mist«, fluchte Annette. »Sie ist noch im Wald. Was hat das zu bedeuten?«

Mit großen Taschenlampen ausgerüstet machten sie sich auf den Weg. In der Dunkelheit war es schwieriger sich zu orientieren, als Erik gedacht hatte. Die Taschenlampen erzeugten nur begrenzte Lichtkegel, in denen sie kaum etwas erkennen konnten. Die Bäume standen nahe am Weg. Das Dickicht war trotz der Dürre dicht und unübersichtlich. Sie riefen laut Ritas Namen. Als sie zum Sammelpunkt der Lauftreff-Freunde zurückkehrten, stand Ritas Auto immer noch da.

»Wir können nicht umhin«, stellte Erik fest. »Wir müssen Hilfe anfordern!«

Sie setzten sich in das Dienstfahrzeug und schalteten die Heizung auf Hochtouren. Erik rief den Leiter der Bereitschaftspolizei an und bat ihn, eine Suchmannschaft zusammenzustellen.

Nun blieb ihnen nichts anderes übrig, als zu warten. Unheimliche Stille trat ein. Niemand sprach ein Wort. Die Nacht war pechschwarz, keine Sterne, kein Mond. Das Thermometer des Wagens zeigte eine Außentemperatur von weit unter Null Grad an – und es sank immer tiefer.

Es kam Erik wie eine Ewigkeit vor, bis er endlich Scheinwerfer eines Autos näher kommen sah.

Als die Männer nach und nach eintrafen, schloss er sich einer Gruppe an. Die vielen Lichtschweife der Taschenlampen verteilten sich zwischen den Bäumen und dem Dickicht. Es sah gespenstisch aus. Die dick eingekleideten Männer bewegten sich behutsam, so dass sie wie Außerirdische aussahen. Die Lichtstrahlen erinnerten Erik an die Laserschwerter aus dem Film ›Krieg der Sterne‹. Sie verließen die Wege und streiften durch das unwegsame Gelände zwischen den kahlen Bäumen und Sträuchern. Das trockene Laub raschelte laut unter ihren Füßen. Ihre Bewegungen waren langsam, akribisch genau suchten sie jeden Millimeter ab. Die Zusammenarbeit funktionierte reibungslos und lückenlos. Aber trotz der guten Organisation fanden sie nichts.

Plötzlich tauchte eine hoch aufragende Baumwurzel im Lichtschein der Taschenlampen auf. Alle dachten in diesem Moment das Gleiche. Voller Euphorie und Hoffnung rannten sie auf die Erhebung zu, die ein gutes Versteck für jemanden darstellte, der sich auf der Flucht befand. Sie leuchten auf die Unterseite, aber das Einzige, was sie dort sahen, war Sand. Erik wollte es einfach nicht glauben. Zu viel versprechend hatte diese Stelle ausgesehen. In seiner Verzweiflung kniete er sich nieder und wühlte mit den Händen im Sand, in der Hoffnung, dass Rita sich zur Tarnung damit bedeckt haben könnte. Aber nichts! Rita war nicht dort.

Enttäuscht suchten sie weiter. Sie kraxelten kreuz und quer zwischen den Bäumen durch. Die Scheinwerfer flackerten unruhig auf der mit Blättern bedeckten Erde. Am Rand seines Gesichtsfeldes nahm Erik eine weitere aufragende Baumwurzel wahr. Er drehte seinen Kopf, um sich zu vergewissern, dass er keine Fata Morgana gesehen hatte. Aber nein, in einiger Entfernung lag noch ein umgestürzter Baum, dessen Wurzel in die Höhe ragte. Die Kollegen bemerkten, in welche Richtung er starrte. Wieder spürten sie Hoffnung. Erik rannte sofort los, wobei er ständig über quer liegende Äste stolperte und Mühe hatte, nicht der Länge nach hinzufallen. An der Wurzel angekommen erkannte er, dass sich dahinter ein tiefes Loch befand. Aber auch dort war nur Sand. Sorgfältig leuchtete er jeden Zentimeter ab, bis er es sah: Haut schimmerte durch. Auf den Knien rutschte er zu diesem Hautfleck und begann vorsichtig, den Sand beiseite zu scharren. Es war nur eine ganz dünne Schicht aus Laub und Erde, mit der Rita getarnt war. Nach und nach gelang es Erik, sie von dem Dreck zu befreien. Besorgt legte er seine Finger an ihre Halsschlagader. Sie pulsierte noch.

»Mein Gott«, stöhnte er. »Sie lebt!«

»Schleunigst einen Krankenwagen herbestellen«, wies Jürgen den Leiter der Suchmannschaft an.

Annette kniete neben Erik nieder. Als sie ihre Freundin so regungslos auf der kalten Erde liegen sah, erschrak sie. Regungslos schaute sie zu, wie Erik und Jürgen alle ihre Kräfte einsetzten, um Ritas Körper von der kalten Erde hochzuheben und sie auf eine Isoliermatte zu legen, die ein Sanitäter bereitgelegt hatte. Behutsam wickelten sie sie ein. Ein weiterer Sanitäter hielt eine Infusionsflasche bereit, die er Rita Rech anlegte. Auf Eriks fragenden Blick erklärte er: »Zur Kreislaufunterstützung. Sonst hat sie keine Chance mehr!« In dieser Position warteten sie, bis der Notarzt und die anderen Sanitäter mit einem Leinensack herbeigeeilt kamen. In diesem unwegsamen Gelände war es ihnen nicht möglich, Rita mit einer Trage zu transportieren, weshalb sie sich für diese Methode entschieden. Sie platzierten die junge Frau in dem stabilen Tuch, deckten sie mit weiteren Isoliermatten zu und eilten so schnell sie konnten zum Krankenwagen zurück.

Erik wollte hinterher fahren, damit er sofort über Ritas Zustand informiert werden konnte. Jürgen Schnur blieb bei der Suchmannschaft im Wald zurück. Annette beschloss, Erik zu begleiten. Ihre Sorge wirkte so ehrlich, dass Erik keinen Zweifel daran hatte, ob es richtig gewesen war, sie mitzunehmen. Sein anfänglicher Zorn darüber, dass Annette ihre Freundin allein gelassen hatte, verwandelte sich nun in großen Ärger über sich selbst. Es war seine Idee gewesen, einen Keil in die Freundschaft der Frauen zu treiben. Das war nun das Ergebnis: Rita hatte sich tatsächlich mit Annette gestritten. Dabei hatte er gehofft, dass sie zu ihm käme und ihm alles ausplaudern würde, was er wissen wollte. Wie dumm dieser Plan war, erkannte er jetzt. Es war unmöglich, Reaktionen von Menschen vorauszusagen. Einerseits hatte er recht behalten, dass die Freundschaft der Frauen nicht so unzertrennlich war, wie sie es gerne nach außen darstellten. Andererseits wusste er damit nicht mehr als vorher. Er hatte es nur fertig gebracht, dass Rita unüberlegt gehandelt und sich in größte Gefahr gebracht hatte.

Aufgrund der schweren Unterkühlung, die Rita im Wald erlitten hatte, wurde sie nicht in das nächst gelegene Krankenhaus in Püttlingen gebracht, sondern nach Saarbrücken auf den Winterberg. Die Sanitäter informierten Erik über ihre Anweisung des Notarztes, schalteten das Blaulicht an und los ging die Fahrt.

Erik machte sich nicht die Mühe, im gleichen Tempo Schritt zu halten. Er kannte den Weg dorthin.

16

Der Gynäkologe schmunzelte, als er Anke versicherte, dass mit ihrem Kind alles in bester Ordnung war. Das Herz pochte deutlich sichtbar und ganz leicht bewegten sich die kleinen Extremitäten. Als sie nun zu dritt im Sprechzimmer saßen, erzählte Anke, warum sie so große Sorgen hatte. Der Arzt fragte sie daraufhin: »Bekommen Sie ihr erstes Kind?«

»Ja!«

»Da ist Ihre Sorge ganz verständlich. Aber unbegründet.«

»Darüber bin ich unendlich froh. Trotzdem verstehe ich das nicht. Plötzlich hatte ich das Gefühl, dass da kein Leben mehr ist«, schüttelte Anke immer noch ratlos den Kopf.

»Das ist ganz einfach: Sie sind die einzige Verbindung Ihres Kindes zum Leben und zu der Welt. Nur durch Ihre Empfindungen, Gefühle und Bewegungen bekommt das Kind einen Eindruck davon. Wenn Sie morgens früh aufstehen, spürt das Kind das und steht – im übertragenen Sinne – ebenfalls früh auf. Wenn Sie sich freuen, spürt es das Kind und wenn Sie sich ärgern ebenfalls. Ihr Beruf ist daher nicht nur eine Belastung für Sie, sondern auch für das Kind. Den Stress, den Sie erleben, erfährt die Kleine auch.«

Anke erschrak.

»Sie sind gestern Abend in eine gefährliche Situation geraten. Darüber machen Sie sich nun große Vorwürfe und ziehen sich innerlich zurück!«

Anke nickte, weil diese Beschreibung genau ihren Gefühlen entsprach.

»Genau das Gleiche tut nun das Kind: es zieht sich zurück!«

Eine Weile verharrten alle drei in Schweigen.

»Heißt das, dass ich eine verantwortungslose Mutter bin?« fragte Anke mit zitternder Stimme.

»Nein! Das sind Sie nun wirklich nicht! Das heißt einfach nur, dass das Kind sich Ihren Stimmungen anpasst, weil das ein natürliches Verhalten ist.«

Kullmann klopfte ihr auf die Schulter und sagte: »Es war also alles nur blinder Alarm, worüber ich genauso froh bin wie du!«

Glücklich bedankte Anke sich. Als sie sein Sprechzimmer verließen, begegnete ihnen Susi. Sie sah ganz blass aus. Besorgt fragte Anke: »Was ist passiert?«

»Rita ist verschwunden«, erklärte sie mit heiserer Stimme. »Sie suchen im Wald nach ihr!«

Erstaunt schauten sie sich an. Schnell begaben sie sich zum Wagen und fuhren zum Landeskriminalamt zurück, um dort Näheres zu erfahren.

Ihre Geduld wurde lange strapaziert, bis es endlich an der Tür klopfte.

Staatsanwalt Emil Foster trat ein.

»Wusste ich doch, dass ich dich hier finden würde«, lachte er, als er Kullmann antraf. »Der Kater lässt das Mausen nicht!«

»Du wirst es nicht glauben, Forseti hat mich offiziell zu dem Fall hinzugezogen.«

»Ich bin darüber informiert!«

»Und was verschlägt dich zu so später Stunde hierher?« fragte Kullmann.

»Habt ihr noch nicht davon gehört? Rita Rech ist verschwunden!«

»Deshalb sind wir hier. Wir wollen das Ergebnis der Suche abwarten.«

»Wenn es euch recht ist, leiste ich euch dabei Gesellschaft!«

»Natürlich! Du hast das Kommando«, grinste Kullmann.

»Für dich nicht mehr! Dein Ruhestand muss langweilig sein, sonst würdest du um diese Zeit nicht hier in den Büroräumen sitzen!«

Nach einer Weile hörten sie jemanden kommen. Es war Jürgen Schnur. Er wirkte unterkühlt, sein Gesicht war gerötet, die Lippen bläulich verfärbt. Als er seinen früheren Chef erblickte, erhellte sich sein Gesicht vor Freude.

»Ich fühle mich wie ein Eisklotz, deshalb kann ich mich nur schwerfällig bewegen«, erklärte er, während er seinem ehemaligen Vorgesetzten die Hand schüttelte. »Schön, dich hier zu sehen.«

»Anke kann Kaffee aufstellen, damit du von innen auftaust«, schlug Kullmann vor. »Außerdem wüssten wir gern, was mit Rita Rech passiert ist.«

Jürgen gesellte sich zu der kleinen Versammlung in Ankes Büro, trank den heißen Kaffee und erzählte ihnen in allen Einzelheiten, was sich in den letzten Stunden zugetragen hatte. Abschließend sagte er: »Erik ist mit ihr ins

Krankenhaus gefahren. Sobald es Neuigkeiten gibt, wird er uns unterrichten!«

»Heißt das, dass unser Unbekannter schon wieder zugeschlagen hat?« fragte Anke.

»Zumindest hat er es versucht. Rita sah nicht so aus, als sei ihr Gewalt angetan worden. Sie hatte sich lediglich hinter der Baumwurzel versteckt. Leider hat ihr die Kälte einen bösen Streich gespielt«, nickte Jürgen.

»Hoffentlich überlebt sie!«

»Ja, dann kann sie uns ihren Verfolger beschreiben«, überlegte Foster.

Jürgen nickte und fügte an: »Emil Tauber ist immer noch nicht in der Lage, den Täter zu beschreiben. Bisher war er der einzige Hoffnungsschimmer. Er ist zwar zu Bewusstsein gekommen, kann sich aber noch nicht an Einzelheiten erinnern. Die Ärzte sagen, dass es bei einem Schädelhirntrauma, wie Emil Tauber es erlitten hat, nicht sicher ist, ob er sich überhaupt jemals daran erinnern kann, was sich in seinem Haus ereignet hat. Hoffentlich haben wir bei Rita mehr Glück.«

17

Erik und Annette saßen in einem Warteraum, der für Angehörige von OP-Patienten hergerichtet war. Sie waren ganz allein. Ein Kaffeeautomat stand in der Ecke. Da sie nichts anderes tun konnten, als abwarten, zog Erik sich heißen Kaffee aus dem Automat. Einen bot er Annette an, die dankend annahm. Sie froren beide immer noch, weil die Kälte bei der langen und ermüdenden Suchaktion durch ihre Kleider gedrungen war. Die heiße Brühe war eine richtige Wohltat.

Erik lehnte seinen Stuhl gegen die Wand, legte seinen Kopf zurück, um es sich so gemütlich wie möglich zu machen. Er schloss die Augen. Seine ganze Anspannung fiel von ihm ab, er fühlte sich wohl und entspannt. Eine angenehme Wärme durchströmte seinen Körper. Es war ein prickelndes Gefühl, das ihn durchfuhr. Langsam wanderte dieses Prickeln von seiner Brust hinunter zum Bauch, bis zum Bauchnabel. Hitze stieg in ihm hoch. Er spürte eine anregende Berührung an seinem Hosenbund, sein Blut schoss in seine Lenden, sein Körper war ganz unter Strom. Plötzlich fühlte er sich erregt, seine Sinne gerieten außer Kontrolle. Die Heftigkeit seiner Gefühle, die Hitze, die durch seinen Körper schoss, die seinen Körper glühen ließ, brachte ihn so stark in Ekstase, dass er plötzlich auffuhr, die Augen öffnete und das Gleichgewicht verlor. Mit einem harten Aufprall landete er auf dem Boden. Erschrocken schaute er auf Annette, die mit einem diabolischen Lächeln auf ihn herabschaute. Dann ließ er seinen Blick an sich herunterwandern. Sein Hemd stand offen und entblößte seine Brust. Seine Hose war ebenfalls offen und ein wenig heruntergezogen, so dass sein Glied herauslugte. Er sah gerade noch, wie seine Erregung verschwand, sein Penis immer kleiner wurde, bis er schlaff zur Seite hing. Beschämt zog er seine Hose hoch, wobei er ständig Annettes Blicke spürte. Als er in ihre grünen Augen sah, erkannte er darin nicht nur Belustigung über seinen blamablen Zustand sondern auch einen Triumph. Durch diese Geste fühlte er sich besonders gedemütigt. Anstatt sofort aufzustehen, blieb er mit nach hinten abgestützten Unterarmen auf dem Boden liegen. Mühsam hielt er Annettes Blick stand.

»Was bist du doch für ein Dreckskerl«, sprach sie leise. »Du willst einen Keil in meine Freundschaft zu Rita treiben. Du glaubst wohl zu wissen, was wirkliche Freundschaft ist. Wenn das deine einzige Ermittlungsstrategie ist, dann bist du nicht nur als Mensch ein Versager, sondern auch als Polizist!«

Erik erwiderte: »Ihr lügt euch doch gegenseitig die Taschen voll! So etwas nennst du Freundschaft?«

»Dass ich nicht lache«, kam Annette ihm bedrohlich nahe. »Keine Freundschaft ist perfekt. Rita und ich können uns aufeinander verlassen, wir haben gemeinsame Interessen und wir mögen uns. Was weißt du schon davon?«

Erik erwiderte nichts. Plötzlich wurde ihm seine eigene Situation mit voller Klarheit bewusst. Annette hatte ja so recht – ohne dass sie es ahnte. Er wusste nichts von Freundschaft. Er wusste nur, dass er keine Freunde hatte, noch nie gehabt hatte, und – wie die Dinge aussahen – so schnell keine haben würde. Noch nicht einmal eine Freundschaft wie Rita und Annette. Seine Versuche, sich mit Anke anzufreunden, ihr nicht einfach nur ein Kollege, sondern ein Vertrauter zu sein, waren kläglich gescheitert. Er hatte es falsch angepackt, hatte sie eingeengt, so dass sie die Flucht ergriffen hatte. Nun war er allein und stürzte sich deshalb mit übertriebenem Eifer in die Arbeit.

Es war wirklich der beste Augenblick, in dem sie durch den Arzt gestört werden konnten, als er den Warteraum betrat. Etwas stutzig reagierte er auf die ungewöhnliche Haltung, die die beiden Wartenden angenommen hatten. Erik lag immer noch halb unter Annette. Zum Glück hatte er seine Kleider gerichtet, so dass kein falscher Verdacht aufkommen konnte.

»Rita Rech ist über dem Berg«, verkündete er. »Wir haben sie mit Erwärmungsbädern auf normale Körpertemperatur gebracht. Nun kann die Patientin auf die Station verlegt werden«, erklärte der Arzt weiter. »Sie ist noch erschöpft, deshalb bitte ich Sie, mit Ihren Verhören bis morgen zu warten.«

Mit ihren Augen, die plötzlich ein giftiges Grün angenommen hatten, fixierte Annette Erik und sagte: »Ich werde mit Rita auf die Station gehen! Allein!«

Erik hob beide Hände, als hätte Annette ihn mit einer Waffe bedroht: »Geht klar! Ich halte mich an die Anweisung des Arztes und komme morgen früh, um meine Fragen zu stellen. Ich werde mich nur noch darum kümmern, dass ein Wachposten vor ihrem Zimmer abgestellt wird!«

Wie er Annette versprochen hatte, sprach Erik mit den Kollegen der Schutzpolizei. Innerhalb einer halben Stunde traf ein junger Mann in Uniform ein, der die erste Schicht der Nachtwache übernahm.

Müde, erschöpft, enttäuscht und von den letzten Eindrücken dieses ereignisreichen Tages noch betroffen machte Erik sich auf den Weg ins Landeskriminalamt. Dort konnte er einen Bericht schreiben, eine Beschäftigung, die ihn ablenkte. Als er dort vorfuhr, staunte er, als er noch Licht im ersten Stock sah. Neugierig eilte er hinauf und traf tatsächlich noch seinen Kollegen Jürgen Schnur an, der dort auf ihn gewartet hatte.

»Rita ist wohlauf!«

Zufrieden nickte Jürgen, bevor er sprach: »Es macht auf mich den Eindruck, als wäre dieser Unbekannte bestens über die Gewohnheiten der drei Frauen informiert. Außerdem kennt er sich hier in der Gegend gut aus. Wer von uns wäre in der Lage, im Wald zwischen Köllerbach und Sprengen eine Verfolgung aufzunehmen? Wir würden die richtige Stelle erst gar nicht finden, geschweige denn hinterher laufen können!«

Erik erkannte, wie recht Jürgen mit dieser Vermutung hatte.

»Stimmt! Ohne Annette wäre es uns niemals gelungen, Rita zu finden.«

»Womit wir wieder bei Sven Koch und Thorsten Fellinger wären«, überlegte Jürgen weiter. »Morgen werden wir uns mit den beiden befassen müssen!«

»Gute Idee! Aber zuerst möchte ich zu Rita Rech ins Krankenhaus fahren. Wenn wir Glück haben, kann sie uns mehr erzählen als Emil Tauber«, bestimmte Erik.

»Wie geht es ihm überhaupt?« fragte Jürgen.

Erik musste zugeben, dass er sich nicht nach Emil Tauber erkundigt hatte, obwohl er im gleichen Krankenhaus lag. In der verwirrenden Situation, in die Annette Fellinger ihn gebracht hatte, waren ihm solche wichtigen Ermittlungen entfallen.

»Macht nichts«, lachte Jürgen, als er Eriks zerknirschtes Gesicht sah. »Das können wir ja morgen früh nachholen. Jetzt hole ich mir erst einmal eine Mütze Schlaf, was du übrigens auch tun solltest. Du siehst müde aus!«

Erik nickte, blieb aber auf seinem Platz sitzen. Er sah Jürgen nach, wie er das Büro verließ. Der Kollege würde nun nach Hause zu seiner Familie fahren. Er war zu beneiden.

»Was tust du denn hier?« hörte Erik plötzlich eine Stimme ganz laut an seinem Ohr. Erschrocken fuhr er auf. Er brauchte eine Weile, bis er sich orientieren konnte. Verwirrt schaute er sich um und stellte fest, dass er an seinem Schreibtisch eingeschlafen war. Schwaches Tageslicht drang durch das Fenster, der Bildschirm zeigte flatternde Fenster, die hin- und herzogen, der Rechner summte. Sein Hemd war verknittert, sein Haar zerzaust.

»Ich bin wohl eingeschlafen«, stellte er fest.

Jürgen grinste ihn an: »Am besten fährst du nach Hause und machst dich frisch für die Arbeit. In diesem Zustand nehme ich dich nämlich nicht gern mit ins Krankenhaus. Wir wollen die Patienten doch nicht erschrecken!«

Erik machte sich geschwind auf den Weg. Als er auf die Straße trat, kam ihm ein kleines Skelett entgegen. Erik erschrak, bevor er erkannte, dass sich hinter dieser Gruselgestalt ein Kind verbarg. Heute war Halloween, fiel ihm ein. Allerlei verkleidete Gestalten gesellten sich dazu. Die Kinder freuten sich über Eriks Reaktion, weil das ein großer Erfolg ihrer Maskerade war.

Bei diesem Anblick kam ihm mit aller Heftigkeit die Erinnerung an seine Tochter. Sie war auch ein fröhliches Kind gewesen, das viel gelacht hatte. Wie gern hätte Kathrin sich einen solchen Spaß erlaubt und die Erwachsenen das Fürchten gelehrt, überlegte Erik. Die Kinder verschwanden um die nächste Ecke und mit ihnen die Heiterkeit, die sie versprüht hatten.

Als er rasiert und umgezogen im Büro eintraf, begegnete ihm Anke im Flur. Ihr Gesichtsausdruck verriet nichts, als ihre Blicke sich trafen. Erik grüßte sie nur und eilte in sein Zimmer, wo Jürgen auf ihn wartete. Seine Miene hatte sich in der Zeit, als er fort war, allerdings verändert. Vom gut gelaunten Jürgen war nichts mehr zu erkennen. Mit Grabesmiene schaute er Erik an, als er sagte: »Gerade eben hat das Krankenhaus angerufen!«

Erik riss entsetzt die Augen auf und fragte: »Doch nicht Rita?«

»Nein! Emil Tauber! Er ist in den Morgenstunden überraschend verstorben!«

»Das verstehe ich nicht«, stutzte Erik. »Ich dachte, sein Zustand wäre stabil.«

»Das dachten die Ärzte auch«, bestätigte Jürgen. »Deshalb werden wir seine Leiche in die Gerichtsmedizin bringen lassen. Sein Tod könnte für den Einbrecher von großem Nutzen sein!«

18

Anke fühlte sich an diesem Morgen unausgeschlafen aber glücklich. Lisa hatte die ganze Nacht munter in ihrem Bauch gestrampelt. Anke konnte jede dieser Bewegungen in vollen Zügen genießen. Schlafen konnte sie dabei nicht. Zufrieden darüber, dass ihr Leben zur Normalität zurückgefunden hatte, betrat sie ihren Arbeitsplatz. Sie stellte Kaffee auf, wobei sie an Kullmann dachte. Er hatte ihr ganz selbstverständlich beigestanden, als sie sich verloren gefühlt hatte. Diese Geste rührte sie immer noch zutiefst. Welch ein Glück so einen Freund zu haben. Beschwingt eilte sie mit der Kaffeetasse in der Hand zu Jürgen Schnur. Als sie seinen Gesichtsausdruck sah, erschrak sie.

»Was ist passiert?«

»Emil Tauber ist in den Morgenstunden ganz überraschend gestorben«, erklärte Jürgen. »Sein Zustand hatte sich stabilisiert. Niemand hatte mehr damit gerechnet. Deshalb habe ich eine Autopsie angeordnet. Hoffentlich ist Forseti damit einverstanden.«

»Ganz bestimmt«, meinte Anke.

»Erik und ich fahren zum Tatort!« Jürgen stürzte den heißen Kaffee schnell herunter.

»Ich fahre mit«, beschloss Anke.

Vor dem Haupteingang des Krankenhauses standen mehrere Polizeifahrzeuge mit blinkendem Blaulicht. Außerdem hatte sich eine neugierige Menschenmenge gebildet, die die Polizisten mit Fragen bedrängten. Anke erkannte Bernhard Diez unter den Schutzpolizisten. Als er sie erblickte, kam er auf sie zu und sagte: »Ich habe das Gefühl, dass die Schaulustigen besser informiert sind, als gut für sie ist.«

»Was willst du damit sagen?« staunte Anke.

»Ich kann sie nicht beruhigen. Sie unterstellen dem Krankenhaus, für einen Todesfall verantwortlich zu sein. Was soll ich den Leuten sagen?«

»Du sagst ihnen gar nichts!« bestimmte Anke daraufhin sofort. »Egal welche Vermutungen sie vor dir aussprechen, lass sie reden. Aus der Zeitung werden sie noch früh genug erfahren, was hier wirklich los ist!«

Sie ließ ihren Blick über die Menschenmenge wandern, die immer größer wurde. Plötzlich glaubte sie, ein Gesicht zu sehen, das ihr den Atem verschlug. Dort stand ein Mann, der die anderen um Kopfeslänge überragte. Er sah auffallend gut aus. Sein Haar war blond, seine Augen blau. Sein Anblick verwirrte Anke, weil sie unwillkürlich an den Vater ihres Kindes denken musste.

Er wirkte erregt, wie die anderen auch. An den Bewegungen seiner Mundwinkel erkannte Anke, dass er ebenfalls schimpfte. Plötzlich trafen sich ihre Blicke.

Fassungslos schaute sie auf Bernhard, der sie etwas gefragt hatte, was sie nicht verstanden hatte, und dann in die Richtung des großen Mannes in der Menge. Er war verschwunden! Anke rieb sich die Augen und schaute wieder in die Menschenmenge, aber er war nicht mehr da. Hatte sie sich das nur eingebildet?

»Anke, was ist mit dir?« fragte Bernhard.

»Hast du eben in der Menge einen großen Mann mit blauen Augen gesehen?« fragte Anke.

Aber Bernhards Blick wirkte so verständnislos, dass sie selbst merkte, wie dämlich diese Frage klingen musste.

»Schon gut«, wehrte sie gleich ab. »Ich glaube, ich habe einfach nur zu wenig geschlafen.«

Erik und Jürgen standen in der Eingangstür zum Krankenhaus. Sie wirkten ungeduldig, weil Anke sie warten ließ. Schnell verabschiedete sie sich von Bernhard und eilte hinter den beiden Kollegen her. Das große Foyer war menschenleer. Nur wenige Polizeibeamte standen an der Eingangstür und überprüften jeden, der das Gebäude betrat. Anke wunderte sich über den großen Aufwand, der betrieben wurde. Also gingen die Kollegen von einem Tötungsdelikt aus. Sie benutzten die Treppe zum vierten Stock. Im Flur standen einige neugierige Patienten und schauten ihnen nach, wie sie Emil Taubers ehemaliges Krankenzimmer ansteuerten, das von mehreren Polizeibeamten bewacht wurde. Anke, Erik und Jürgen betraten das Zimmer. Am Bett hingen noch alle Infusionsflaschen. Außerdem gab es einige Medikamente, die in kleinen Schachteln sortiert auf dem Nachttisch lagen. Anke erschauerte bei der Trostlosigkeit, die dieses Zimmer ausstrahlte. Sie konnte nichts Persönliches entdecken.

»Hatte er nie Besuch bekommen?« fragte Anke eine der Krankenschwestern, die sie begleitet hatte.

»Ich habe niemanden gesehen!«

»Wie gut hatte er sich von seinen Verletzungen erholt?«

»Er war bei Bewusstsein, aber noch nicht in der Lage, sich selbst zu versorgen. Sein Gehirn hatte große Schäden erlitten, seine Motorik war stark gestört!«

»Konnte er normal denken?«

»Oh ja! Er war dabei, sich an alles zu erinnern. Bei

solchen Verletzungen dauert es immer etwas Zeit, bis die Erinnerung zurückkehrt. In dieser Hinsicht hatte er keine Besorgnis erregenden Schäden erlitten. Deshalb ist sein plötzliches Dahinscheiden, nachdem er die kritische Phase überstanden hatte, für uns alle ein Rätsel.«

»Sie gehen also davon aus, dass jemand nachgeholfen hat?«

»Unser Chef hatte diesen Verdacht. Er hat die Polizei verständigt!«

»Wer ist Ihr Chef?«

»Dr. Weingard.«

Nun musste Anke schmunzeln. Diesen Arzt kannte sie inzwischen. Zwar fanden ihre Begegnungen immer nur unter erschwerten Bedingungen statt, trotzdem erinnerte sie sich gern an ihn. Das letzte Mal, dass sie sich begegneten, war, als sie um ein Haar einem Brandanschlag zum Opfer gefallen wäre. Er hatte ihr das Leben gerettet. Außerdem war es Dr. Weingard, der ihre Schwangerschaft festgestellt hatte. Das lag nun fünf Monate zurück.

Die Kollegen der Spurensuche trafen ein. Zügig begannen sie mit ihrer Arbeit. Eine Weile später folgte ihnen Theo Barthels, der Teamchef. Er gesellte sich zu Anke: »Wenn es hier etwas Verdächtiges gibt, dann ist es vermutlich in den Medikamenten zu finden. Wir werden die Inhalte der Infusionsflaschen untersuchen müssen. Eine toxikologische Untersuchung der Leiche habe ich schon angeordnet.«

Anke nickte: »Das ist gut. So kommen wir schneller voran!«

Eine Weile schwiegen beide, bis Theo fragte: »Wer hätte einen Grund, so einen armen Menschen wie Emil Tauber zu töten?«

»Derjenige, der ihn überfallen und die Kellertreppe herunter gestoßen hatte«, spekulierte Anke. »Dieser Jemand hatte Angst, dass Emil Tauber ihn verraten könnte.«

»Hätte er?« zweifelte Theo.

»Wir müssen zuerst mit dem Arzt sprechen. Er kann uns das sicherlich beantworten.«

Kaum hatte Anke diesen Satz ausgesprochen, betrat Dr. Weingard das Krankenzimmer. Er sah gut aus – wie immer. Seine dunklen, lockigen Haare wirkten zerzaust, sein Gesicht jugendlich, verwegen. Seine schlanke Figur war trotz Arztkittel nicht zu übersehen.

»Wie schön, Sie wieder zu sehen«, kam er mit einem strahlenden Lächeln auf Anke zu. Seine dunklen Augen blitzten vor Freude, als er Anke sah. »Und das noch unter ›fast‹ normalen Bedingungen!«

Anke lachte. Auf die erstaunten Gesichter der Kollegen erklärte sie: »Dr. Weingard und ich sehen uns immer nur, wenn ich – oder einmal sogar Hauptkommissar Kullmann – nur knapp einem Anschlag entkommen sind. Er flickt dann die Reste zusammen!«

»Dann freue ich mich natürlich, deinen Lebensretter kennenzulernen«, bemerkte Erik und stellte sich dem jungen Arzt vor.

Anke staunte über diese nette Geste von Erik. Sollte er ihre Entschuldigung von gestern angenommen haben? Sofort kam Dr. Weingard zum eigentlichen Grund dieses Aufwandes, der im und um das Krankenhaus herum schon seit einigen Stunden betrieben wurde: »Mein Verdacht, dass Emil Tauber nicht auf natürliche Weise verstorben ist, kommt daher, dass sein Zustand wieder so stabil war, was mir seinen plötzlicher Rückfall undenkbar macht. Sein Kreislauf war stabil, seine Puls- und Herzfrequenzen normal, seine Gehirnaktivität hatte sich mit jedem Tag gebessert. Lediglich seine Motorik hatte Schaden erlitten, was aber daher kommt, dass die dafür zuständige Partie des Gehirns durch den Sturz am stärksten verletzt worden war. Aber an dieser Störung stirbt man nicht.«

»Wurde das Zimmer nicht bewacht?« fragte Erik.

»Das ist nicht Aufgabe des Krankenhauspersonals«, gab Dr. Weingard mit Nachdruck zu verstehen.

»Ich dachte an Polizeischutz«, murrte Anke.

Die Krankenschwester schaltete sich ein: »Ja, es war immer ein Polizist anwesend.«

»Wie konnte dann jemand unbemerkt in das Zimmer kommen?« grübelte Anke.

Das Team der Spurensicherung meldete, dass es mit seiner Arbeit fertig war und verabschiedete sich.

Anke entschied, Rita Rech noch einen Besuch abzustatten.

»Wird Ritas Zimmer bewacht?« fragte sie.

»Ja, das habe ich heute Nacht noch veranlasst«, antwortete Erik.

Schweigend setzten sie ihren Weg fort, bis sie an Rita Rechs Zimmer ankamen. Ein Polizeibeamter saß gelangweilt vor der Tür. Als er die drei kommen sah, stand er auf und berichtete: »Außer dem Krankenhauspersonal hat niemand das Zimmer betreten.«

»Wenn sich jemand einfach einen weißen Kittel angezogen hat, könnte er das Zimmer betreten«, schloss Erik messerscharf.

Anke bekam vor Schreck eine Gänsehaut.

»Dann müssen wir Rita Rech verlegen. Unter diesen Umständen ist sie hier nicht mehr sicher genug! Jeder weiß, wo sie liegt. Die Zeitungen stehen ja voll davon!«

Gemeinsam betraten sie das Krankenzimmer.

Blass lag sie in den weißen Laken. Ihre schwarzen Haare umrandeten ihr Gesicht, das an diesem Morgen schmal und krank wirkte. Eine Infusionsflasche hing an einem Ständer, in regelmäßigen Abständen tropfte etwas von der Flüssigkeit durch einen langen Schlauch über eine Kanüle in ihre Vene.

Ihr Gesichtsausdruck veränderte sich nicht, als Jürgen, Erik und Anke auf ihr Bett zutraten.

»Wie geht es Ihnen?« fragte Jürgen.

»Besser.«

»Können Sie sich daran erinnern, was gestern Abend passiert ist?« fragte Jürgen weiter.

»Ich weiß, dass ich zum Lauftreff gefahren bin, um dort meinen Zehnkilometerlauf zu absolvieren. Es war ziemlich früh dunkel. Auf dem Rückweg bemerkte ich, dass jemand hinter mir war. Er gehörte nicht zu den Vereinsmitgliedern des Vereins Lauftrefffreunde-Köllertal. Das erkannte ich sofort.«

»Woran haben Sie das erkannt?«

»Wir grüßen uns immer, wenn wir uns im Wald begegnen. In der Dunkelheit rufen wir uns etwas zu oder schließen uns zusammen. Dieser Mann lief ziemlich schnell, was also kein Dauerlauf war. Er kam zielstrebig auf mich zu.«

Anke erschauerte bei der Vorstellung, in der Dunkelheit im Wald von einem Mann verfolgt zu werden.

»Was haben Sie dann getan?« fragte sie.

»Ich bin schneller gelaufen. Mein Verfolger hatte vermutlich meine Kondition unterschätzt.«

Rita verschnaufte eine Weile. Die Erinnerung daran erregte sie, sie begann zu zittern.

»Aber ich hatte keine Chance bis zu meinem Auto zu gelangen. Also rannte ich ins Dickicht, womit ich ihn abhängen konnte. Dort wurde es so holperig und unwegsam, dass er nur noch stolperte. Ich kenne mich dort gut aus, deshalb konnte ich den Abstand vergrößern. Doch leider nicht genug. Kurzerhand habe ich mich dazu entschlossen, mich in der Vertiefung der Baumwurzel einzugraben, damit er mich nicht mehr findet.«

»Das war einerseits geschickt, andererseits hätte das fast Ihren Tod bedeutet«, erklärte Anke.

»Das Dumme war, dass der Fremde lange dort nach mir gesucht hat. Länger als ich mir vorgestellt habe. Irgendwann habe ich das Bewusstsein verloren und bin heute Morgen hier im Krankenzimmer aufgewacht.«

»Können Sie uns Ihren Verfolger beschreiben«, sprach Jürgen nun das an, was alle am meisten interessierte.

»Leider nicht. Es war dunkel und ich war in Panik vor ihm davongerannt. Da hatte ich keine Zeit, mich umzudrehen und ihn mir genauer zu betrachten«, bemerkte Rita bissig.

»Jede Kleinigkeit wäre hilfreich. Helfen Sie uns, so gut Sie können«, drängte Jürgen weiter. »Ihre Gefahr ist noch nicht vorüber. Solange wir diesen Mann nicht haben, so lange schweben Sie in Gefahr!«

Diese Worte zeigten Wirkung. Rita Rech wurde noch blasser, obwohl das schon fast nicht mehr möglich war.

»Ich habe ihn groß in Erinnerung«, meinte sie nach einer Weile. »So groß wie du, Erik!«

Bei dieser Bemerkung schaute Erik zu Jürgen und Anke und sagte leise: »Ständig ist von einem großen Mann die Rede. Der Einbrecher in Ritas Haus war ebenfalls groß, daran kann ich mich erinnern.«

Eine Krankenschwester betrat das Zimmer, eilte auf Rita zu und maß ihr den Puls, als seien die drei Besucher nicht anwesend. Das Ergebnis trug sie in eine Liste ein. Dann sprach sie mit Rita in einem Tonfall, der der jungen Patientin deutlich missfiel: »Sie müssen sich ausruhen, nach dem, was Sie durchgemacht haben. Bleiben Sie also schön ruhig im Bett liegen!«

Dann verließ sie das Zimmer.

»Ich werde mich hier nicht mehr lange ausruhen«, fauchte Rita sofort. »Die behandeln mich, als sei ich ein Fall für die Eingliederungshilfe!«

»Vergessen Sie nicht, dass Sie in Gefahr sind«, erinnerte Jürgen.

»Deshalb will ich ja das Haus hier verlassen. Ich weiß zufällig, was mit Emil passiert ist. Zu Hause fühle ich mich sicherer. Der Verfolger weiß nicht, dass ich aus dem Krankenhaus entlassen bin«, stellte Rita klar.

Erik nickte Jürgen und Anke zu: »Stimmt! So gesehen hat sie recht.« Dann wandte er sich zu Rita: »Wir werden deinen Heimtransport ganz unauffällig durchführen.«

»Und wenn Sie sich an weitere Details erinnern, was den Verfolger betrifft, rufen Sie uns an«, fügte Jürgen an.

Rita Rech nickte. Sie verließen das Krankenzimmer. Mit dem Polizeibeamten vor der Tür besprachen sie die Einzelheiten, Rita Rech nach Hause zu fahren. Er versprach, sich sofort darum zu kümmern.

Dann verließen sie das Krankenhaus.

Bernhard Diez kämpfte immer noch gegen die aufgebrachte Menschenmenge an, die beharrlich vor dem Eingang stand und versuchte, Informationen zu bekommen. Als Anke ihn so sah – wie Don Quixotte, der verzweifelt gegen Windmühlen kämpfte – tat er ihr leid. Ihre Blicke trafen sich, woraufhin er auf sie zu eilte und fragte: »Was ist da oben wirklich passiert?«

»Vermutlich ist jemand an seiner Genesung gehindert worden«, antwortete Anke.

»Ich hoffe, dass ich bald mit meiner Arbeit im Kriminaldienst beginnen kann. Situationen wie diese machen mich einfach fertig. Langsam sehe ich keinen Sinn mehr darin, weil die Menschen immer schwieriger werden«, erklärte er verzweifelt.

»Ich werde ein gutes Wort für dich einlegen.«

Im Büro angekommen, eilte Forseti mit unfreundlichem Gesichtsausdruck auf Anke zu und verschwand mir ihr in ihrem Dienstzimmer.

»Dürfte ich erfahren, welcher Teufel Sie geritten hat, dort hinauszufahren?« begann er sofort, ohne ein Wort des Grußes.

Anke war über diese Geste so wütend, dass sie entgegnete: »Oh! Ich wünsche Ihnen auch einen guten Tag!«

»Hören Sie mit den Albernheiten auf. Gestern erst sind Sie schreckensbleich zum Gynäkologen gefahren, weil Sie schon das Schlimmste mit Ihrem Kind befürchteten und heute machen Sie genauso weiter, wie Sie aufgehört haben. Nichts haben Sie daraus gelernt, gar nichts.«

»Ich habe eine Menge daraus gelernt! Aber heute Morgen bin ich weiß Gott kein Risiko eingegangen, schließlich befanden wir uns in einem Krankenhaus. Was kann daran falsch gewesen sein?« gab Anke nicht nach.

»Sie sind um keine Ausrede verlegen. Ich habe Sie gebeten, die restliche Zeit Ihrer Schwangerschaft im Büro zu verbringen! Ist das zu viel verlangt?«

»Nein, ist es nicht«, antwortete sie nun. »Ich war euphorisch, weil mit meinem Kind alles in bester Ordnung war. Deshalb habe ich mich spontan den Kollegen Tenes und Schnur angeschlossen. War wohl ein Fehler!«

Ihr Chef nickte zufrieden. Er öffnete die Tür und bat Erik Tenes und Jürgen Schnur zu kommen. »Dr. Wolpert von der Rechtsmedizin hat mich vor einer halben Stunde angerufen«, informierte er, als alle anwesend waren.

»Oh, das ging aber schnell!« staunte Anke.

»Das stimmt. Sie haben einen Vorabbericht gegeben. Emil Tauber starb zwischen Mitternacht und zwei Uhr morgens – vermutlich an einer Luftembolie. Das bedeutet, jemand hat ihm Luft in die Vene gespritzt.«

Nach einer kleinen Verzögerung fügte er an: »Der Täter muss sich gut ausgekannt haben!«

Jürgen räusperte sich, bevor er dazu bemerkte: »Sybille Lohmann war gelernte Arzthelferin. Es wäre durchaus möglich, dass sie ihrem Sohn gewisse Handgriffe beigebracht hat!«

»Wenn Sven Koch von Emil Taubers Tod profitiert, ist diese Tatsache wichtig für uns«, stellte Forseti fest.

»Das überzeugt mich, dass er tief drin steckt«, bemerkte Anke dazu.

Auf die fragenden Blicke von Erik und Jürgen berichtete sie, dass sie Sven Koch am Vortag mitgeteilt hatte, Emil Tauber sei auf dem Weg der Besserung.

»Wie kam er in das Zimmer, das bewacht wurde?« fragte Forseti.

»Wir vermuten, dass er sich als Krankenhauspersonal verkleidet hatte. Die Polizisten, die sein Zimmer bewacht haben, bekamen Anweisung, dieses Personal ins Zimmer zu lassen. Wenn jemand davon nicht echt war, konnten die Kollegen das nicht erkennen«, antwortete Anke.

»Stimmt! Um das zu erkennen, hätte jemand vom Krankenhauspersonal selbst die Überwachung vornehmen müssen«, grübelte Forseti.

Er ging einige Male auf und ab, bis er sagte: »Es ist wirklich ein böser Rückschlag für uns, dass Emil Tauber getötet wurde. Wir kommen mit unseren Ermittlungsergebnissen einfach nicht schnell genug voran. Nun schwebt Rita Rech in Gefahr. Wie können wir sie wirksam schützen?«

»Sie hat darauf bestanden, nach Hause zu fahren. Der Täter weiß also nicht wo sie sich aufhält«, beruhigte Anke ihren Chef.

»Geht es ihr so gut, dass wir diesen Schritt verantworten können?«

»Ja! Sie wirkt zwar erschöpft, aber körperlich gesund«, nickte Anke zuversichtlich.

Erleichtert darüber, wieder allein zu sein, stellte Anke sich Kaffee auf. Während sie darauf wartete, dass er durch die Maschine lief, betrat Erik ihr Zimmer. Eine Weile trat er auf der Stelle und druckste herum, bis er endlich zu sprechen begann: »Ich hatte die beste Gelegenheit nachzudenken. Jetzt bin ich mir sicher, dass nicht du diejenige bist, die sich entschuldigen muss, sondern ich. Ich habe mich falsch verhalten, habe mich benommen, als ginge dein Leben mich etwas an und habe mich dir dabei aufgedrängt. Jetzt bitte ich dich mir zu verzeihen! Sollte ich denselben Fehler begehen, bitte ich dich, mich darauf aufmerksam zu machen. Ich möchte nämlich, dass wir Freunde sind. Leider habe ich nicht viel Erfahrungen mit Freundschaften, weiß also nicht damit umzugehen. Deshalb täte es mir weh, wenn ich alles zerstört hätte.«

Ankes Herz wurde butterweich. Sie selbst hatte sich innerlich zermartert, warum er auf ihre Entschuldigung vom Vortag überhaupt nicht reagiert hatte. Deshalb erstaunte es sie, dass er einen Tag später mit diesen Erkenntnissen zu ihr kam, als hätte er eine Anleitung zur Pflege von Freundschaften gelesen. Lachend forderte sie ihn auf, sich zu setzen: »Ich habe gerade Kaffee aufgestellt. Du siehst aus, als könntest du einen vertragen. Außerdem redet es sich dabei viel besser!«

Eriks Miene verriet große Erleichterung. Er setzte sich auf den Besucherstuhl und berichtete Anke in allen Einzelheiten von der Suche nach Rita im dunklen Wald. Gespannt lauschte Anke seinen Worten. Es hörte sich wie immer spannend an. Erik hatte eine große Begabung, zu erzählen. »Ich bekomme übrigens eine neue Hebamme aus einer Gemeinschaftspraxis in Saarbrücken. Kullmanns Frau macht für mich einen Termin mit ihr aus«, berichtete nun Anke.

»Das ist gut. Damit hast du den ersten Schritt gemacht, Abstand zu diesem Fall zu gewinnen.«

Sie schwiegen eine Weile, bis Erik fragte: »Was hältst du davon, mit mir nach Köllerbach zum Sammelpunkt der Lauftrefffreunde zu fahren? Anschließend lade ich dich zu einem Essen ein!«

Der Rest des Vormittages verging schnell. Anke freute sich auf die Mittagspause, deshalb ging ihr die Schreibtischarbeit gut von der Hand. Pünktlich um zwölf stand Erik in der Tür. Schnell zog Anke sich ihre warme Daunenjacke und ihren Schal an. Gemeinsam gingen sie auf den Dienstwagen zu, der vor dem Haus abgestellt war. Eine ganze Gruppe von Schulkindern kam ihnen entgegen. Sie waren alle verkleidet, als Gespenster, Kürbisköpfe und sonstige

Gruselgestalten. Ihnen schien die Kälte nichts auszumachen. Fröhlich ›geisterten‹ sie vor sich hin, versuchten alle Passanten zu erschrecken und verfielen immer wieder in schallendes Gelächter. Mit Belustigung beobachtete Anke die ausgelassenen Kinder, die an dem neuen Kult großen Gefallen gefunden hatten.

Als sie sich angeschnallt hatten, erzählte Erik von seiner Begegnung mit einem Skelett in den frühen Morgenstunden. »Die verkleideten Kinder haben mich an etwas erinnert«, begann Erik, während er den Wagen startete und losfuhr.

Anke schmunzelte.

»Nachdem ich die Akten über unseren Fall noch einmal eingehend studiert habe, ist mir eingefallen, dass mir der Name Kurt Lohmann hier nicht zum ersten Mal begegnet«, erklärte er.

»Sondern?«

»Ich habe heute Nacht die Zeit sinnvoll nutzen wollen, indem ich alles noch einmal gründlich durchlese. Bin aber nicht sofort darauf gekommen, woran mich der Name erinnerte. Heute Morgen, als mir das verkleidete Kind begegnet ist, fiel es mir ein.«

Anke wurde hellhörig.

»In Köln gibt es die fünfte Jahreszeit: den Karneval! Wir waren gerade mit der Verfolgung eines Verdächtigen beschäftigt, der schon mehrere Raubmorde begangen hatte. Aber zu dieser Zeit ist es äußerst schwer, jemanden zu verfolgen. Wir bekamen einen Hinweis, dass unser Verdächtiger sich als schwarze Fledermaus verkleidet hatte. Daraufhin beobachteten wir den Rosenmontagsumzug. Es war fast unmöglich, in dieser Menschenmenge eine Person ausfindig zu machen. Aber das Unmögliche traf plötzlich ein. Ich erblickte einen Mann, der genauso verkleidet war, wie man es uns beschrieben hatte. Als ich auf ihn zuging, machte er sofort kehrt, rannte ein Stück gegen den Strom der Menschenmenge, ich hinter ihm her. Allerdings hatte ich es genauso schwer wie er, gegen die Menschenmassen anzukommen. Deshalb gelang es mir nicht, ihm näher zu kommen. Erst als er sich aus der Menge entfernte und in eine leere Straße lief, konnte ich ihn einholen. Es war zwar eine lange Hetzjagd, weil der Typ richtig gut trainiert war. Aber ich konnte ihn einholen. Als ich sozusagen auf ihm lag und ihn endlich dingfest gemacht hatte, merkte ich, dass ich auch verfolgt wurde. Zu meiner großen Überraschung von den Kollegen vom Betrugsdezernat. Als sie bei mir und meinem Verdächtigen ankamen, zückte einer seinen Ausweis. Ich ebenfalls. Das gab alles andere als zufriedene Gesichter. Wir zogen dem Verdächtigen die Maske vom Gesicht und siehe da, ich hatte den Falschen erwischt. Vor mir stand Kurt Lohmann, der wegen Heiratsschwindel in mehreren Fällen gesucht worden war.«

Anke lachte: »Du hast wirklich ungeahnte Talente! Wieder einen Fall für die anderen aufgeklärt!«

»Stimmt genau! Aber mein Raubmörder war weiterhin auf freiem Fuß. Die Kollegen des Betrugsdezernats waren stinksauer auf mich, weil ich ihnen die Schau gestohlen hatte.«

»Wie kam es, dass zwei Verdächtige die gleiche Maske trugen?« fragte Anke.

»Das ist ja gerade der peinliche Teil der Geschichte: Wie später die Kollegen herausgefunden haben, war der Informant der Raubmörder, den wir suchten. Er hat mir persönlich diesen guten Tipp gegeben und sich damit einen Vorsprung verschafft. »

»Kannte Kurt Lohmann den Raubmörder?« staunte Anke.

»Ja! Die beiden sind sich wegen einer Frau ins Gehege gekommen. Deshalb der Verrat«, erklärte Erik.

»Wurde der Raubmörder gefasst?«

»Ja, wir erwischten ihn einige Zeit später in flagranti, als er wieder in ein Haus einsteigen wollte. Er wurde von Nachbarn gesehen, die uns sofort verständigt hatten. Das war großes Glück, denn in dem Haus lebte ein älteres Ehepaar. Bei dem Gedanken, was dort passiert wäre, hätten die Nachbarn nicht so schnell reagiert, wird mir heute noch schlecht!«

»Was geschah mit Kurt Lohmann, nachdem er festgenommen worden war?«

»Er wurde zu vier Jahren Haft verurteilt. Seinen weiteren Werdegang habe ich nicht beobachtet!«

Nachdem Erik seine Erzählung beendet hatte, erreichten sie ihr Ziel. Auf dem kleinen Parkplatz im Wald zwischen Köllerbach und Sprengen herrschte wenig Betrieb. Das Absperrband flatterte im Lüftchen, nur wenige Schaulustige hielten sich dort auf, verharrten aber nicht lange, weil die Kälte in ihre Glieder kroch. Gemeinsam machten Anke und Erik sich auf den Weg in das Waldstück, indem sie Rita Rech hinter einer Baumwurzel gefunden hatten. Das Team der Spurensicherung war gerade dabei, seine Werkzeuge einzupacken, weil sie mit ihrer Arbeit fertig waren. Erik zeigte Anke den Fundort. Bei diesem Anblick erschauerte sie, weil sie aus den Berichten entnommen hatte, in welcher Verfassung Rita Rech aufgefunden wurde – bei Finsternis und Eiseskälte.

Theo Barthels trat auf sie zu und erklärte: »Es gibt hier einige Schuhabdrücke, die nicht den Laufschuhen zugeordnet werden können. Wir haben davon Gipsabdrücke gemacht und versuchen sie im Labor auszuwerten. Mehr haben wir nicht gefunden. Die Gegend ist zum Spurensuchen denkbar ungünstig!«

Gemeinsam kehrten sie zurück zum Auto und fuhren nach Köllerbach. Gleich an der ersten Kreuzung fanden sie ein kleines Lokal, in das sie einkehrten. Die Kellnerin zeigte ihnen einen Fensterplatz, der den Blick auf eine kleine Burgruine freigab. Interessiert schauten sie zu den Resten der vier Türme, die ein Quadrat ergaben. Die Mauer zwischen den beiden hinteren Türmen war am besten erhalten geblieben.

»Das ist die Ruine der Wasserburg Bucherbach«, erklärte die Kellnerin auf die interessierten Blicke der beiden. »1235 erbaut und 1984 restauriert!«

Sie bestellten sich Lyonerpfanne mit Bratkartoffeln. Als die junge Frau den Tisch verließ, begann Erik zu sprechen: »Ich sehe ständig das Bild vor mir, wie Rita Rech dort in der Kälte unter vertrocknetem Laub und Erde hinter der Baumwurzel liegt, um sich vor ihrem Verfolger zu schützen. Was geht hier nur vor? Wer verfolgt diese Frauen mit dieser Beharrlichkeit und warum?«

»Wenn wir das wüssten, wäre der Fall aufgeklärt«, bemerkte Anke dazu.

»Wo ist der Zusammenhang?« fragte Erik weiter.

»Der Auslöser ist zweifellos Sybille Lohmanns Unfall mit Todesfolge! Dabei ging eine Menge Geld verloren«, erklärte Anke. »Ob nun das Motiv der Tat Rache für Sybilles Tod ist oder die Suche nach dem Geld, das wissen wir immer noch nicht!«

»Vielleicht ist es ja beides«, überlegte Erik.

»Möglich«, gab Anke zu.

»Dann sind wir wieder am Anfang: er hat den Unfallwagen gefahren und dabei gesehen, dass die drei Frauen für den Unfall verantwortlich waren. Nur warum geben die Frauen nicht zu, dass sie einen Wagen von der Straße abgedrängt haben? So können wir nur vermuten, was alles noch schwerer macht«, stöhnte Erik.

»Aber bisher hatte unser Unbekannter mit seinen Überfällen keinen großen Erfolg. Rita Rech konntest du inzwischen schon zweimal retten. Susi Holzer hatte sich selbst gerettet, indem sie durch das Fenster über die Regenrinne in den Garten geflüchtet ist. Diesen Fluchtweg kannte der Eindringling nicht!«

Das Essen wurde serviert.

»Es wäre doch möglich, dass unser Unbekannter die Frauen gut kennt und sie deshalb verschont«, fiel Erik plötzlich ein. »Das erklärt, warum ihnen bisher nichts zugestoßen ist.«

»Dann wüsste er aber von Susis Fluchtweg aus dem Fenster über die Regenrinne«, zweifelte Anke.

»Von diesem Weg weiß niemand«, funkte Erik in Ankes Behauptung.

»Als ich Susi gefragt habe, ob womöglich Thorsten Fellinger in ihre Wohnung eingebrochen war, behauptete sie, dass er von diesem Fluchtweg weiß und ihr hätte folgen können!«

»Mir hat Rita etwas anderes erzählt«, bemerkte Erik nun. »Sie hat gesagt, dass der Kletterweg aus dem Fenster schon seit Kinderzeiten das Geheimnis der drei Freundinnen war!«

»Warum hat Susi mich angelogen?« staunte Anke.

Die warme Mahlzeit tat ihnen gut, sie wärmte von innen, so dass sie gestärkt zu ihrem Arbeitsplatz zurückkehren konnten.

Als Anke ihr Zimmer betrat, wartete dort Kullmann schon auf sie. Erstaunt schaute sie ihn an, doch er sagte sofort: »Du hast keinen Termin vergessen. Ich habe dir etwas mitzuteilen und wollte damit einfach nicht warten!«

»Das beruhigt mich. Was gibt es denn so Wichtiges?«

»Martha hat einen Termin bei deiner neuen Hebamme bekommen. Am Montagmorgen um acht Uhr. Annika Matenski ist schon seit einigen Jahren in diesem Beruf tätig – mit besten Referenzen. Ich habe sie überprüft, weil ich kein Risiko eingehen will.«

Anke lachte über seine Fürsorge. Sie versprach, den Termin einzuhalten.

Anschließend gingen sie sofort zum geschäftlichen Teil über. Anke besorgte Kullmann alle Akten, die er durchsehen wollte, und ließ ihn in Ruhe arbeiten.

Der Tag verging schleppend.

Vom Krankenhaus erhielt Anke am Nachmittag die Mitteilung, dass Rita Rech wieder zu Hause sei. Die Rechtsmedizin faxte ihr fast gleichzeitig einen Bericht zu, in dem bestätigt wurde, dass als Todesursache im Fall Emil Tauber eine Luftansammlung in der rechten Herzkammer festgestellt wurde.

Jürgen Schnur nahm sich früher frei, weil er mit seiner Familie Halloween feiern wollte. Esther Weis verließ ebenfalls früh an diesem Nachmittag das Landeskriminalamt. Anke schaute ihr nach, wie sie vor dem Gebäude die Straße überquerte und dort einen jungen Mann mit einer innigen Umarmung begrüßte. Verträumt beobachtete Anke die beiden, die ganz verliebt Arm in Arm davon schlenderten, als spürten sie die Kälte nicht.

Seufzend setzte sie sich an ihren Schreibtisch.

Als Claudia Fanroth eintrat, staunte sie, Kullmann über den Akten des aktuellen Falls brüten zu sehen.

»Weiß Forseti darüber Bescheid?« fragte sie anstelle einer Begrüßung.

»Oh nein! Wir arbeiten hier illegal«, schoss Anke bissig zurück.

»Mit dir kann man überhaupt nicht reden!«

»Reden nennst du das?« wurde Anke ungehalten.

Schnell schaltete sich der Altkommissar ein, weil er spürte, dass diese Unterhaltung äußerst explosiv geladen war: »Ich bitte Sie, meine Damen! Warum immer diese Spannungen? Die Arbeit fällt Ihnen leichter, wenn Sie zusammen arbeiten – nicht gegeneinander.«

Claudia und Anke schwiegen daraufhin, tauschten jedoch böse Blicke aus.

Es dauerte eine Weile, bis Claudia den eigentlich Grund ihres Besuches nannte: »Dieser Bericht ist heute Morgen, als du im Krankenhaus warst, von der Rechtsmedizin gekommen. Es ist der Abschlussbericht über die Untersuchung der Leiche von Sybille Lohmann. Darin steht, dass Sybille Lohmann in jüngster Zeit ein Kind zur Welt gebracht haben muss.«

Kullmann sah erstaunt von seinen Akten auf. Anke verschlug es die Sprache.

»Ist das ganz sicher?« fragte sie.

»Wenn du die Arbeit von Rechtsmediziner Dr. Wolpert anzweifeln willst, bitte«, fiel Claudia in ihren gewohnten scharfzüngigen Ton zurück.

Sie legte Anke den Bericht auf den Tisch, machte aber nicht den Eindruck, als wollte sie wieder gehen.

Anke las den Bericht und gab ihn an Kullmann weiter.

»Was hat das zu bedeuten?« fragte Anke. »Wenn Sybille vor kurzem ein Kind bekommen hat, müsste Sven Koch davon wissen!«

Kullmann nickte.

»Hat der Chef diesen Bericht schon gelesen?« fragte Anke.

Claudia schüttelte den Kopf, womit sie Anke in Erstaunen versetzte.

»Forseti würde mich nicht die Befragung von Sven Koch durchführen lassen, weil sich die Bewohner von Walpershofen zu gut an mich erinnern. Ich würde ihn aber gern dazu befragen«, erklärte sie.

»Ich werde für dich aber nichts riskieren«, stellte Anke klar. »Wenn du dich über die Anweisungen des Chefs hinwegsetzen willst, dann tu das bitte ohne mich!«

»Wir werden bestimmt eine Lösung finden, ohne uns mit Vorwürfen das Leben schwer zu machen«, schaltete Kullmann sich ein, weil er erkannte, dass die beiden Frauen noch nicht bereit waren, aufeinander zuzugehen. »Ohne das Wissen Ihres Chefs, dürfen Sie diese Befragung nicht durchführen.«

Claudia schaute ihn misstrauisch an. Deutlich konnte man an ihrem Gesichtsausdruck erkennen, dass sie sich darüber wunderte, wie selbstverständlich sich der Hauptkommissar a. D. in die Ermittlungsarbeiten einmischte. Es gefiel ihr nicht, ausgerechnet ihn in dieser Situation zu wissen, weil sie genau wusste, welche Verbindung zwischen ihm und Anke bestand. Das könnte für sie bedeuten, ihre wichtige Stellung in der Abteilung zu verlieren.

»Sie legen Forseti den Bericht vor und machen gleichzeitig den Vorschlag, dass ein Kollege zur Befragung hinausfährt«, schlug Kullmann vor. »Diesem Kollegen schließen Sie sich an. Gegen den Vorschlag wird er nichts einzuwenden haben!«

Mit dieser Taktik konnte der ehemalige Chef sie nun doch überzeugen. Nach einer kurzen Bedenkzeit nickte sie zustimmend. Ihre Abwehrhaltung gegen den Altkommissar wich immer mehr, als sie erkannte, dass er im Grunde genommen gute Vorschläge machte. Er stellte sich nicht gegen sie, wie sie zuerst befürchtet hatte. Im Gegenteil, er gab sich allen gegenüber loyal, was die Spannung im Raum auflöste.

Anke spürte deutlich, wie sich durch seine Vorschläge die Atmosphäre unter ihnen verbesserte. Sie freute sich darüber, weil sie unter diesen Stimmungsschwankungen der letzten Zeit litt.

»Der Plan ist geschickt«, stimmte sie zu. »Aber bevor wir ihn umsetzen, müssen wir herausfinden, ob nicht möglicherweise eine Abtreibung vorliegt!«

Claudia reagierte zustimmend: »Warum fragst du nicht Dr. Wolpert. Nur er kann das wissen!«

Also rief Anke Dr. Wolpert an, um ihm diese Frage zu stellen. Nachdem sie das Gespräch beendet hatte, erklärte sie: »Er sagt, bei der Untersuchung wurde festgestellt, dass bei Sybille Lohmann ein unregelmäßig zusammengewachsener Dammriss vorliegt, dessen Heilung nicht abgeschlossen war.«

»Wie konnte er das feststellen, ich dachte, die Leiche sei verkohlt?« zweifelte Kullmann.

»Die Hauptverbrennungen hat sie am Oberkörper und vorne erlitten, weil ihr die Flammen aus dem Motorraum entgegengeschlagen sind. Der Gesäßbereich und die Rückseite der Beine waren nicht so stark beschädigt«, gab Anke wider, was der Rechtsmediziner ihr gesagt hatte.

»Das heißt, dass Sybille Lohmann nicht abgetrieben hat, sondern eine normale Geburt hinter sich gebracht hat«, stellte Claudia fest.

»Also tritt unser Plan in Kraft: jemand muss Sven Koch dazu befragen.«

»Erik ist der einzige Kollege außer uns, der noch im Dienst ist«, bemerkte Anke. »Ich werde ihm eine Kopie des Berichts vorlegen. Forseti bekommt das Original!«

Sie ging an Claudia vorbei und maß sie aus ihren Augenwinkeln. Perfekt saß der Anzug, perfekt war ihr Haar zurück gebunden und perfekt wirkte das Make-up. Sie hatte es wirklich drauf, sich zurechtzumachen, überlegte Anke. Sie dagegen neigte schon immer dazu, sich salopp zu kleiden. Bei dem Gedanken, sich am frühen Morgen mit solchen Feinheiten zu beschäftigen, sträubte sich alles in ihr. Mit diesen Gedanken betrat sie Eriks Zimmer. Er war gerade am Telefonieren. Wortlos legte Anke den Bericht auf seinen Tisch. Beim Hinausgehen hörte Anke, wie er sagte: »Ich mache mir große Sorgen um dich!«

Dieser Satz stimmte sie nachdenklich. Mit wem hatte er da gesprochen? Gab es eine Frau in seinem Leben, von der sie nichts wusste. Es ging sie nichts an, ermahnte sie sich. Schließlich waren sie nur gute Kollegen; genau das, was sie wollte. Deshalb sollte sie sein Privatleben nicht weiter interessieren. Trotzdem spürte sie eine quälende Neugier.

Kullmann wartete allein in ihrem Büro auf sie. Vor ihm lagen stapelweise alte Akten. Als sie eintrat schaute er zu ihr hoch und sagte: »Ich bin mir sicher, dass sich etwas in unserem Archiv befindet, was mir weiterhelfen könnte. Da mein Kollege und Freund Fred Feuerstein dort arbeitet, werde ich mich zu ihm gesellen und mit ihm einige alte Akten durchsehen. Ich habe nämlich das Gefühl, dass wir es mit einem Mann zu tun haben, der uns nicht unbekannt ist.«

Anke wurde hellhörig: »Wem nicht unbekannt? Hatte ich schon mit ihm zu tun?«

»Das weiß ich nicht so genau. Mein Gefühl sagt mir, dass der Fall lange zurückliegt, weil ich nur von einer Ahnung sprechen kann. Einzelheiten weiß ich nicht. Aber im Archiv werde ich dahinter kommen.«

Mit diesen zuversichtlichen Worten begab Kullmann sich in den Keller zu Fred Feuerstein.

Anke blieb nicht lange allein in ihrem Büro zurück, denn er kehrte gleich darauf wieder zurück.

»Das ging aber schnell«, lachte Anke.

»Fred Feuerstein hat schon Feierabend gemacht. Das Archiv ist abgesperrt. Heute ist Halloween«, erklärte er. Grinsend fügte er an: »Wir könnten auch ein wenig feiern – eine Generalprobe für kommende Halloweenfeste, an denen Lisa teilnehmen wird.«

Anke lachte und versprach zu kommen.

Mit dieser Perspektive ging ihr die Arbeit gleich viel leichter von der Hand. Sie freute sich schon auf den Abend, weil die Gesellschaft von Kullmann und Martha das Angenehmste war, was sie in letzter Zeit erlebt hatte.

Lange hielt ihre Ruhe nicht an, denn Erik betrat ihr Zimmer. Sein Gesichtsausdruck wirkte erbost.

»Was soll das, mir Claudia auf den Hals zu hetzen?« fragte er ohne Vorankündigung.

»Ich hetze dir niemanden auf den Hals«, wehrte Anke sich.

»Sie will mit mir zusammen zu Sven Koch hinausfahren«, erklärte er.

»Sonst ist niemand da, der dich begleiten könnte«, antwortete Anke.

»Ich könnte genauso gut – oder sogar noch besser – allein hinausfahren«, protestierte er.

»Sollte ich deinen Plan vereitelt haben, tut mir das leid«, schoss Anke scharf zurück. Augenblicklich erkannte sie, mit wem Erik gesprochen hatte, als er am Telefon gesagt hatte: *Ich mache mir große Sorgen um dich!* Er hatte mit Rita Rech gesprochen, was seinen Ärger erklärte, mit Claudia im Schlepptau nach Walpershofen fahren zu müssen. Sofort stieg große Wut in ihr hoch. Sein Leben ging sie nichts an, aber in diesem Fall verhielt es sich etwas anders. Rita Rech war immer noch eine Verdächtige in ihrem Fall. Wie konnte er nur so kopflos handeln? Er wusste, dass er sich damit in größte Schwierigkeiten brachte. Aber wenn Anke ehrlich zu sich war, ärgerte sie sich aus einem ganz anderen Grund über Eriks Verhalten. Sie hatte Rita Rech kennen gelernt, sie war eine aufregende Frau, die alle Attribute der Verführung besaß. Da spielten ganz andere Empfindungen mit als der bloße Ärger über seine Unvernunft.

Aber ganz egal, aus welchen Gründen sie Erik die Begleitung einer Kollegin aufgebrummt hatte, so konnte sie ihr Verhalten damit rechtfertigen, dass sie sich an die Dienstvorschriften gehalten hatte. Was sonst noch in ihrem Kopf vorging, ging niemanden etwas an.

»Ich halte mich an die Dienstvorschriften«, erklärte sie nun etwas beherrschter. »Außerdem ist Claudia immer noch in den Fall involviert. Da kannst du sie nicht einfach übergehen und Alleingänge machen!«

»Deine neu erworbene Loyalität Claudia gegenüber erstaunt mich«, gab er sarkastisch zurück.

Prüfend schaute Anke ihren Kollegen an. Sie wunderte sich über seine Veränderung. Was ging in ihm vor? Anke fühlte, dass ihre Versöhnung sich in Nichts auflöste, wusste aber nicht warum. Machte es ihn stark, wenn die Kolleginnen untereinander verfeindet waren? War das die Basis für ihn, als rettender Anker zu fungieren? Diese Theorie gefiel ihr gar nicht, aber sie konnte nicht umhin, ihr auf den Grund zu gehen. Also fragte sie: »Was stört dich an meinen Bemühungen, mich mit meinen Kolleginnen zu verstehen?«

»Daran stört mich gar nichts. Ich sollte sogar froh darüber sein. Aber da ich Claudia schon etwas länger kenne, halte ich Vorsicht für angebracht!«

»Danke für deine Warnung. Ich halte, was deine Aktivitäten betrifft, ebenfalls Vorsicht für angebracht. Deshalb ist es in deinem Sinne, dass Claudia dich begleitet, ob du das jetzt verstehen willst oder nicht«, gab Anke zurück.

Erik nickte nur. Er machte einen Schritt auf die Tür zu, als wollte er das Zimmer verlassen, doch dann drehte er sich um.

»Ich möchte mich nicht mit dir streiten«, sagte er in einem besänftigenden Tonfall.

»Und warum tust du es dann?«

Er trat nervös auf der Stelle, schaute zu Boden, als suchte er dort nach den richtigen Worten. Doch dann winkte er ab, eilte auf die Tür zu mit den Worten: »Weil du mir keine andere Wahl lässt! Du tust Dinge, die ich nicht verstehe. Ich würde dir gern helfen, aber du lässt mich ja nicht!«

»Genau das Gleiche könnte ich auch sagen«, gab Anke zurück. »Du tust auch Dinge, die ich nicht verstehe.«

»Zum Beispiel?«

Nun war Anke aus dem Konzept. Sie hatte nicht damit gerechnet, dass Erik sie so direkt fragen würde. Die Dinge, von denen sie gesprochen hatte, war einzig und allein Eriks Kontakt zu Rita Rech. Aber darüber wollte sie nicht mit ihm sprechen, weil sie Angst hatte, ihre wirklichen Motive zu diesen Vorwürfen zu verraten. Verlegen saß sie da, erwiderte standhaft seinen fragenden Blick, bis sie sich endlich überwand: »Nach deinen Erzählungen hast du dich schon mehrfach in schwierige Situationen gebracht, aber gelernt hast du daraus nichts. Du machst Alleingänge, die dir den Hals brechen können.«

Sie war über sich selbst ganz erstaunt, wie emotionslos sie ihm antworten konnte.

»Du hast selbst gesagt: *Du lebst dein Leben, ich meines!* Also halte dich daran!« Mit diesen Worten rannte er aus dem Zimmer.

19

Es war der letzte Tag im Oktober. Schweigend fuhren Erik und Claudia über den Stadtteil Rußhütte nach Riegelberg-Walpershofen.

Auch hier rannten einige Kinder als Monster verkleidet durch die Straßen, wirkten dabei allerdings mehr verfroren als vergnügt. Die Kälte spielte ihren neu erworbenen Späßen einen bösen Streich.

Langsam rollten sie mit dem Dienstwagen bis kurz vor den Eingang des alten Hauses. Im unteren Stockwerk brannte Licht, ein Zeichen, dass Sven Koch zu Hause war.

Sie eilten durch die Kälte zur Haustür. Kurz nach ihrem Klingeln öffnete Sven Koch und ließ die beiden eintreten. Schon im Flur erkannten sie die Veränderung. Bei der Hausdurchsuchung hatte es staubig und modrig gerochen, jetzt war die Luft frisch. Das Wohnzimmer, das noch vor wenigen Tagen eine Verwahrlosung aufwies, war sauber und ordentlich aufgeräumt. Die Sesselgarnitur und der Tisch standen in einer Ecke, keine alten Zeitschriften, die sich darauf stapelten, keine alten, vergammelten Pappteller von geliefertem Essen. Sogar die vergilbte Tapete war gegen eine helle, freundliche ausgetauscht worden. Das gesprungene Geschirr, das aus einem der Schränke herausgelugt hatte, war verschwunden. Die alte Stereoanlage ebenfalls. Sogar die Küche war aufgeräumt und sauber.

Der alte Gasofen war gründlich gesäubert worden. Erik war so erstaunt, dass er zunächst kein Wort sagen konnte. Sven Koch beobachtete die beiden Besucher genau. Es dauerte eine Weile, bis er sagte: »Sie staunen wohl über die Veränderung!«

Erik nickte, worauf Sven sich motiviert sah, weiter zu sprechen: »Ich glaube, ich konnte meine Trauer besser ertragen, indem ich arbeitete. Je mehr ich gemacht habe, umso weniger konnte ich über meinen Verlust nachdenken. Und wie Sie sehen, hat es sogar etwas gebracht!«

»Das hat es in der Tat«, bekannte Erik. »So wohnt es sich bestimmt viel angenehmer!«

»Ja! Meine Mutter war nicht die Ordentlichste. Sie hatte einfach keine Lust, sich mit solchen Nichtigkeiten, wie sie es nannte, abzugeben. Saubermachen war für sie eine sinnlose Arbeit, weil es anschließend ja doch wieder dreckig wurde. Da beschäftigte sie sich lieber mit konstruktiveren Dingen!«

»Mit Kinderkriegen zum Beispiel«, kam Claudia nun auf den Grund ihres Besuches.

Sven Koch schaute Claudia ganz verwundert an, sagte aber nichts dazu.

Eine Weile schwiegen alle drei, bis Erik das Wort übernahm: »Sie haben uns verschwiegen, dass Ihre Mutter erst vor kurzer Zeit noch einmal entbunden hat. Wo ist das Kind jetzt?«

»Meine Mutter?« stammelte der junge Mann ganz aus dem Konzept gebracht. »Ein Kind?«

»Ja! Sie wollen uns doch nicht weismachen, dass Sie nichts davon wissen?!«

Sven Koch wurde ganz blass. Er ging einige Schritte auf und ab, bevor er zugab: »Ich weiß davon wirklich nichts!«

Claudia lachte höhnisch: »Wie soll Ihre Mutter vor Ihnen eine Schwangerschaft geheim halten? Wenn der Bauch wächst, sieht man das doch!«

Sven Koch wischte sich den Schweiß von der Stirn. Nervös trippelte er hin und her, bis er sagte: »Sie war in der Tat ganz schön dick geworden. Ich hatte sie immer gehänselt, worauf sie gemeint hat, sie bekäme die Pfunde wieder runter.«

»Wann war das?« fragte Erik.

»Vor einem Jahr, glaube ich.«

»Hat sie die ›Pfunde‹ wieder runtergekriegt?« wählte Erik bewusst Sven Kochs Worte.

»Ja! Sie wurde wieder schlanker, wenn auch nicht mehr so, wie sie früher war!«

»Lag Sybille für eine kurze Zeit im Krankenhaus?« fragte Claudia weiter.

»Nein! Warum sollte sie?«

»Zur Entbindung.«

»Ich weiß nichts von einem Kind«, wurde Sven Koch unverhältnismäßig aggressiv. Claudia kam es wie ein plötzliches Verstehen seinerseits vor, das er aber unter keinen Umständen vor den Polizeibeamten zugeben wollte.

»Ich glaube, Sie gehen da einer falschen Spur nach!« fügte er noch böse an.

Claudia suchte Eriks Blick, weil sie ratlos war. Aber der Kollege starrte nur auf den jungen Mann, als wollte er ihn analysieren. Nach einer Weile fragte er: »Kann es sein, dass Ihre Mutter Ihnen nicht alles erzählt hat?«

Sven Koch antwortete nichts. Es war ihm deutlich anzusehen, dass ihn diese Fragen aus dem Konzept brachten. Aber Erik ließ sich davon nicht beirren und sprach weiter: »Es wurde eindeutig festgestellt, dass Ihre Mutter vor kurzer Zeit entbunden hat. Das lässt darauf schließen, dass es im Leben Ihrer Mutter einen neuen Mann gegeben haben muss. Wer hat sie besucht? Mit wem ging sie aus? Von wem sprach sie?«

Sven starrte Erik nur an, versuchte mit dem Mund einige Worte zu formulieren, brachte aber nichts heraus. »Wer ist es?« bohrte der Kriminalist. »Sie haben gerade ein Gesicht gemacht, als wären Sie erst jetzt richtig dahinter gekommen! Also gibt es jemanden, von dem Sie bisher nicht wussten, wie er genau zu Ihrer Mutter stand!«

Sven wurde ganz blass. Aber er sagte nichts mehr. »Emil Tauber vielleicht?« spekulierte Claudia laut vor sich hin, um Sven Koch in dieser Angelegenheit zu einer Reaktion zu bringen. Sven Koch lachte verächtlich. Schnaubend bemerkte er: »Dieses schleimige Ekelpaket! Da trauen Sie meiner Mutter aber einen schlechten Geschmack zu!«

»Wo waren Sie letzte Nacht zwischen Mitternacht und zwei Uhr morgens?« fragte Erik sofort auf diese bissige Bemerkung hin.

»Im Bett, wo sonst?«

»Kennen Sie sich mit medizinischen Handgriffen aus?« fragte Erik einfach weiter.

»Meine Mutter war Arzthelferin.« Sven Koch wollte gerade weiter sprechen, als er plötzlich innehielt und fragte: »Warum wollen Sie das wissen? Was hat das mit dem Tod meiner Mutter zu tun? Sie wurde nicht tot gespritzt, sondern von der Straße abgedrängt!«

»Wer redet von ›tot gespritzt‹?« hakte Claudia blitzschnell nach.

Sven schaute sie nur an. In seinem Gesicht stand großes Entsetzen. War es das Entsetzen darüber, sich selbst verraten zu haben?

»Ich wiederhole meine Frage: Kennen Sie sich mit medizinischen Handgriffen aus?«, hakte Erik nach.

Misstrauisch schaute Sven Koch von Erik Tenes auf Claudia Fanroth, bevor er beschloss, nichts mehr zu sagen. Stattdessen drehte er sich um, womit er den beiden zu verstehen gab, dass er nicht mehr mit ihnen sprechen wollte.

Erik und Claudia bedrängten ihn nicht weiter. Sie verabschiedeten sich von ihm, verließen das Haus und eilten durch die Kälte in ihren Wagen.

»Ich habe den Eindruck, dass er wirklich nichts von einem Kind weiß«, erklärte Erik.

Claudia nickte: »Auf mich hat er den Eindruck gemacht, als ahnte er, wer als Vater dieses Kindes in Frage kommt! Außerdem kann er eine Luftembolie spritzen. Sein Verhalten hat ihn verraten. Wir werden ihn vorladen müssen!«

Erik startete den Wagen und fuhr los. Inzwischen war es dunkel geworden. Im Radio lief Werbung, Werbung, Werbung, bis Erik es ganz abschaltete. Ein weiteres Zeichen der Vorweihnachtszeit waren die immer länger werdenden Intervalle von Kaufangeboten in Radio und Fernsehen, was ihn besonders nervte.

»Wo ist das Kind?« fragte Claudia in die Stille des Wagens.

»Wir werden in Krankenhäusern und Jugendämtern nachfragen müssen, ob ein Kind gleich nach der Entbindung zur Adoption freigegeben wurde«, überlegte Erik laut. »Es muss irgendwo eine Krankenhausakte geben!«

»Das muss warten bis Montag«, überlegte Claudia. »Vorher werden wir wohl keine Auskünfte bekommen, weil keine Gefahr im Verzug ist.«

20

Voller Vorfreude parkte Anke vor dem Haus. Sie hatte für die beiden Gastgeber einen großen Tonkürbis mit lachendem Gesicht gekauft. Als sie damit eintrat, lachte Kullmann frohgelaunt über dieses passende Geschenk. Martha platzierte ihn für alle gut sichtbar auf das Sideboard, stellte eine Kerze hinein, so dass sein lustiges Gesicht in den Raum strahlte.

Martha hatte köstlich gekocht, worauf Anke sich schon freute. Ihr Hunger war in letzter Zeit ungezügelt. Deshalb genoss sie es, von den beiden lieben Menschen verwöhnt zu werden. Nach dem Essen kamen sie auf den Fall zu sprechen. Martha räumte den Tisch ab und ließ die beiden allein, eine schon bekannte Geste für Anke.

»Ich habe festgestellt, dass sich das Arbeitsklima in meiner ehemaligen Abteilung verschlechtert hat«, begann der Kriminalist und kratzte sich nachdenklich am Hinterkopf.

»Kann es sein, dass Frauen es sich schwer machen zusammenzuarbeiten?«

Das brachte es auf den Punkt, dachte Anke. Seit die Kollegin Claudia Fanroth in der Abteilung war, gab es Neid und Eifersüchteleien. Dabei ging es im Grunde genommen immer um Erik. Zu Anfang hatte Esther ihr Glück bei ihm versucht, aber schnell erkannt, dass er nicht auf ihre Annäherungsversuche reagierte. Claudia kannte ihn bereits und niemand wusste wie gut, weil sie nicht darüber sprach. In den letzten Tagen spürte Anke bei sich selbst merkwürdige Empfindungen, die ihre Urteilsfähigkeit beeinträchtigten. Mit einem Kollegen wollte sie kein Verhältnis mehr beginnen, weil sie in dieser Hinsicht schlechte Erfahrungen gemacht hatte. Aber gegen Gefühle konnte man sich nur schwerlich wehren. Es störte sie an ihr selbst, dass sie sich so schlecht unter Kontrolle hatte.

Kullmann schaute sie nur an, ohne zu drängen. Trotzdem fühlte Anke sich genötigt, etwas zu antworten. Ganz spontan beschloss sie, offen und ehrlich zu sein: »So ist es! Uns fehlt leider der Teamgeist! Jeder kocht sein eigenes Süppchen!«

»Das ist schade, weil die Arbeit darunter leidet. Aber diese Spannungen haben mich auf eine Idee gebracht!«

»Nämlich?«

»Ich sehe in den Uneinigkeiten unter deinen Arbeitskolleginnen große Parallelen zu den drei Frauen Annette Fellinger, Rita Rech und Susi Holzer. Da gibt es eine Kluft – und zwar zwischen Annette Fellinger und den beiden anderen. Susi Holzer und Rita Rech sind beide überfallen worden, wobei sie in große Gefahr geraten sind. Annette Fellinger ist verschont geblieben. Was sagt uns das?«

Skeptisch fragte Anke: »Annette kommt noch an die Reihe?«

»Das weiß ich wiederum nicht! Mein Gedanke geht in eine andere Richtung: Ich vermute, sie ist der Dreh- und Angelpunkt dieser Geschichte!«

»Jetzt verstehe ich gar nichts mehr«, gestand Anke.

Kullmann überlegte eine Weile, bis er erklärte: »Annette Fellinger spielt nicht mit offenen Karten. Derjenige, der für die Überfälle und Drohanrufe verantwortlich ist, steht in einer Verbindung zu Annette Fellinger. Deshalb lässt er sie in Ruhe!«

»Also ist nach wie vor dieser Unbekannte der Dreh- und Angelpunkt der Geschichte – nicht Annette Fellinger!«

»Über diese Frau können wir ihn finden. Versuche, mehr über sie in Erfahrung zu bringen. Mit wem sie Kontakt hat oder hatte, welche Männer sie in ihrem Leben schon beglückt hat. Nimm Kontakt zu dem Freund in der Schweiz auf, wer weiß, wer sich wirklich dahinter verbirgt. Aber jetzt wollen wir feiern.«

Damit beendeten sie ihre dienstliche Diskussion und endlich wurde der Abend so gemütlich, wie Anke es sich gewünscht hatte. Der Kürbiskopf lachte leuchtend von der Schrankwand in den Raum. Wind rüttelte heftig an den Rollläden des Wohnzimmerfensters. Gelegentlich hörten sie ein leises Pfeifen an der Hausecke, als wollte ein Gespenst durch die Mauern dringen. Die Geisterstimmung für Halloween war perfekt. Dicht zusammengerückt saßen sie an dem kleinen Tisch. Die Erwartung der kleinen Lisa machte sie alle wieder jung. Jeder erinnerte sich wieder an eigene Kindheitserlebnisse und erzählte davon, was herzliches Gelächter auslöste. Spät in der Nacht beschlossen die Gastgeber, dass Anke nicht mehr in ihre Wohnung nach St. Arnual fahren musste. Schnell richtete Martha ihr das Gästezimmer. Dankend nahm Anke dieses Angebot an.

Die erste Tat am Montagmorgen in der eisigen Kälte war der Besuch bei der neuen Hebamme, die Martha Anke empfohlen hatte. Der dunkle und traurige Monat November war angebrochen und zeigte sich von seiner typischen

Seite. Anke war noch müde, obwohl sie gut geschlafen hatte. Ihr fehlte die Sonne. Die Praxis der Hebammenvereinigung lag in der Berliner Promenade, nur einige Häuser von Susi Holzers Praxis entfernt. Der Wind pfiff kalt über den Weg, der auf einer Seite von Häusern gesäumt wurde. Zur anderen Seite hatte sie freie Sicht bis zur stark befahrenen Stadtautobahn. Dazwischen lag die Saar. Viele abgebrochene Äste und Gegenstände trieben in der Strömung mit, die von dem starken Wind ins Wasser geweht worden waren. Grau und schmutzig schimmerte das Wasser aus dem Nebel hervor. Zitternd vor Kälte betrat Anke das Haus, in dem die Praxis lag und fuhr mit dem Fahrstuhl in den dritten Stock. Kein flüchtender junger Mann, der sie überrannte, als sie den Fahrstuhl verließ. Das war schon das erste gute Zeichen, dachte Anke schmunzelnd. Die Praxis war geräumig und mit Teppichboden ausgelegt, was eine gedämpfte Atmosphäre vermittelte. Annika Matenski war eine kleine, rundliche Frau mit einem warmherzigen Gesichtsausdruck. Sie hatte große, dunkle Kulleraugen, gerötete Pausbacken und kurzes, dunkles Haar, das leicht gewellt ihr rundes Gesicht einrahmte. Anke spürte sofort, wie sich ein gutes Gefühl in ihr ausbreitete. Diese Frau vermittelte ihr ein Gefühl von Mütterlichkeit. Sie strahlte Zuverlässigkeit und Kompetenz aus. Das erste Gespräch verlief so positiv, dass kein Zweifel daran bestand, diese Frau als Hebamme auszuwählen. Mit diesem guten Gefühl marschierte Anke den ganzen Weg zurück zum Landeskriminalamt.

Schnell stellte sie sich Kaffee auf, weil sie hoffte, sich damit von innen wärmen zu können. Die feuchte Kälte war durch ihre Kleider gekrochen, Anke fror entsetzlich. Als sie sich an ihren Schreibtisch setzte und auf die Getränk wartete, betrat Claudia zu ihrer Überraschung ihr Zimmer.

»Wie war dein Besuch bei der neuen Hebamme?« fragte sie.

Anke traute ihren Ohren nicht. Doch bevor sie sich in eine Abwehrhaltung versteifte, wollte sie zuerst herausbekommen, ob die Frage ernst gemeint war oder nur ein Vorwand für weitere Seitenhiebe.

»Ich habe mich für diese Frau entschieden«, antwortete Anke. »Das freut mich«, gab Claudia zurück.

Eine Weile druckste Claudia herum, bis sie endlich den eigentlichen Grund ihres Besuches nannte: »Wir haben am Donnerstag Sven Koch zu dem Kind befragt. Er weiß nichts davon. Erik und ich hatten den Eindruck, dass er ehrlich war.«

»Das ist ja ein echter Hammer!« staunte Anke.

»Der Chef will, dass du in Entbindungsstationen nachfragst, wo Sybille Lohmann entbunden hat bzw. beim Jugendamt, ob ein Kind in letzter Zeit gleich nach der Geburt zur Adoption freigegeben wurde«, rückte sie endlich mit der Sprache heraus.

»Wo ist Forseti? Sonst kommt er immer persönlich mit seinen Anweisungen!«

»Er ist zur Staatsanwaltschaft gegangen, um Foster den aktuellen Stand der Ermittlungen mitzuteilen«, antwortete Claudia.

Anke nickte: »Okay, dann werde ich mich mal mit den Entbindungsstationen kurzschließen. Ist zurzeit genau die richtige Aufgabe für mich!«

Claudia bedankte sich erleichtert. Plötzlich wirkte sie viel befreiter. In allen Einzelheiten schilderte sie Anke, wie Sven Koch auf die Frage nach seinen medizinischen

Fertigkeiten reagiert hatte. Anke war froh darüber, Erfolge in ihrem Fall zu sehen – und auch darüber, dass ihr Kriegszustand innerhalb der Abteilung zu einem Ende kam. Seit Kullmann sich eingemischt hatte, löste sich die Spannung zwischen ihnen. So arbeitete es sich viel angenehmer.

Sofort machte sie sich an die Arbeit, um etwas über die Identität dieses Kindes herauszubekommen. Nur leider wusste niemand etwas von Sybille Lohmanns Entbindung. Plötzlich stand Kullmann in der Tür. In seinen Händen hielt er mehrere Akten, die er auf dem kleinen Tisch ausbreitete.

»Ich bin sofort zu Fred Feuerstein gegangen, um mit ihm nach alten Fällen zu suchen. Nun muss ich mir die Akten genauer anschauen, ob sich da ein Hinweis ergibt«, erklärte er auf Ankes fragenden Blick.

»Du kommst günstig«, erklärte Anke. »Der Kaffee ist gerade fertig und allein trinke ich ihn nicht so gern!«

Damit konnte sie seine Stimmung erheblich verbessern. Gemeinsam tranken sie aus dampfenden Tassen und verrichteten schweigend ihre Arbeit.

Es war für Anke ungewohnt, mit jemandem zusammen im gleichen Zimmer zu arbeiten. Gelegentlich betrat ein Kollege das Zimmer um Informationen loszuwerden, mehr geschah nicht mehr. Kurz vor Feierabend kam Erik.

»Rita Rech will morgen wieder zur Arbeit gehen.«

»Warum hat sie es so eilig?« staunte Anke.

»Dienstags abends ist im amtsärztlichen Dienst des Gesundheitsamtes immer der so genannte Dienstleistungsabend. Das heißt, die Sprechstunden werden für Berufstätige bis spätabends gehalten. Rita Rech und Annette Fellinger haben in dieser Woche Dienst«, erklärte Erik.

»Dort wird ihr bestimmt nichts passieren«, bemerkte Anke, weil sie vermutete, dass Erik getrieben von seiner Sorge mit dieser Information zu ihr kam. Der Gedanke quälte sie zwar, aber vor allen Dingen nervte sie, dass sie nicht wusste, ob er an Halloween noch einmal zu ihr nach Hause gefahren war.

»Ich werde trotzdem ein Auge darauf haben«, gab er zu verstehen.

Kaum waren sie allein, meinte ihr väterlicher Freund: »Lass ihn! Du kannst ihn nicht aufhalten!«

Anke nickte.

Im Flur hörten sie, wie die Kollegen sich nacheinander verabschiedeten und das Haus verließen. Es wurde immer stiller. Der Tag war schon lange zu Ende, die Dunkelheit legte sich langsam auf Ankes Gemüt. Sie kam mit ihren Nachforschungen über den Verbleib des Kindes einfach nicht weiter. Mit ihren Telefonaten hatte sie schon lange aufgehört, stützte nur noch ihren immer schwerer werden Kopf in die Hände und schloss die Augen.

Bevor Kullmann sich verabschiedete, sagte er zu Anke, die lange in dieser verzweifelten Stellung verharrte: »Ich hatte die Eingebung, dass sich ein ähnlicher Fall in den Akten befindet, nämlich dass jemand seine Tat durch Verbrennen der Leiche vertuschen wollte.«

»Du vermutest also, dass Sybille Lohmann schon tot war, als der Unfall passierte? Aber der Rechtsmediziner schreibt in seinem Bericht, dass die Tote eindeutig Kohlenmonoxid im Blut hatte, was die Todesursache ist«, widersprach Anke.

»Das ist aber nicht alles, was er schreibt. Er schreibt außerdem, dass er Schürfwunden an beiden Knien gefunden hat, die eindeutig postmortal eingetreten sind. Diese

Wunden zeigen keinerlei Eiweißreaktion und sind hart und gelb – so der Bericht. Was sagt uns das?«

Anke überlegte, konnte aber keine Antwort darauf geben.

»Es ist nicht sicher, dass das Opfer bei dem Unfall gestorben ist. Es wäre durchaus möglich, dass der Täter seine Spuren durch den Brand verwischen wollte«, gab er selbst die Antwort auf seine Frage.

Nachdenklich rieb er sich die Stirn: »Ich habe den Eindruck, dass wir einen solchen Fall schon einmal hatten. Aber bisher habe ich keine Akte darüber gefunden. Es tut mir wirklich leid, dass ich nicht besser helfen kann!«

»Heißt das, dass du die Suche aufgeben willst?« fragte Anke spitzfindig, worauf Kullmann prompt so reagierte, wie sie gehofft hatte: »Nein, so schnell gebe ich nicht auf. Morgen versuche ich weiter mein Glück.«

Unzufrieden über den Verlauf ihrer Nachforschungen, fuhr sie am Abend nach Hause.

21

Als Anke am nächsten Morgen ihre Wohnung verließ, war es neblig und eisig kalt. Vorsichtig trat sie auf den Weg. Der Boden war ganz leicht gefroren. Ängstlich wollte sie sich auf ihr Auto zu bewegen, als sie Erik aus einem Dienstwagen aussteigen sah. Überrascht schaute sie ihn an und sah, dass er zielstrebig auf sie zukam. Wortlos hielt er ihr seinen Arm entgegen, damit sie sich daran festhalten konnte. Anke war sprachlos. Hatte sie sich so in ihm getäuscht? Dankbar hängte sie sich bei ihm ein, überquerte mit diesem sicheren Halt die Straße und stieg in den Geländewagen ein.

»Ein Allrad«, erklärte Erik. »Bei diesen Straßenverhältnissen das sicherste Auto!«

»Danke für deine Vorsicht«, bemerkte Anke leise.

»Ich werde dich heute Abend nach Hause fahren«, meinte Erik daraufhin nur. »Auch wenn unsere Zusammenarbeit zurzeit nicht gerade von Herzlichkeit überschüttet ist, so will ich nicht riskieren, dass dir und deinem Kind etwas passiert!«

Anke nickte, sagen wollte sie nichts mehr dazu.

Im Büro angekommen, vermisste sie die Akten, die Kullmann am Vortag durchgesehen hatte. Der Tisch war leer geräumt.

Allein saß Anke an ihrem Schreibtisch. Nur schwerlich konnte sie sich dazu überwinden, weiter ihre Nachforschungen über die Existenz von Sybille Lohmanns Kind durchzuführen. In der Abteilung war es an diesem Morgen ruhig – keine Stimmen, keine Schritte im Flur, nichts.

Am Nachmittag rief ihr ehemaliger Vorgesetzter an. Anke war erleichtert, endlich ein Lebenszeichen von ihm zu bekommen.

»Es tut mir leid«, begann er. »Aber die Straßenverhältnisse sind so gefährlich, dass ich lieber warte, bis es sicherer ist, mit dem Auto zu fahren.«

Erstaunt schaute Anke aus dem Fenster. Dort sah sie nur grau in grau. Nieselregen hatte eingesetzt. Der Gedanke daran, wie sie nach Hause kommen sollte, machte sie schlagartig nervös.

»Meine Güte! Ich muss zusehen, dass ich diese Strapaze schnellstmöglich hinter mich bringe«, erwiderte sie erschrocken.

»Und wie willst du das anstellen? Es war ohnehin leichtsinnig von dir, bei diesem Wetter zur Arbeit zu fahren!«

»Erik hat mich abgeholt«, erklärte Anke. »Ohne Absprache – einfach so! Er hat mir versprochen, mich wieder nach Hause zu fahren. Ich werde ihn gleich darum bitten. Denn so, wie es aussieht, wird es immer gefährlicher!«

Damit konnte sie Kullmann ein wenig beruhigen. Sie beendete das Gespräch und eilte in Eriks Büro. »Hast du gesehen, wie es auf den Straßen aussieht?« fragte sie.

»Was glaubst du, was ich hier tue?« entgegnete er mit seiner Jacke über dem Arm. »Ich mache mich gerade startklar, um dich nach Hause zu fahren. Es ist zu gefährlich abzuwarten, weil es immer glatter wird.«

Nur langsam kam Erik mit dem Geländewagen voran. Aber er konnte immer noch besser fahren, als andere Fahrzeuge, die keinen Allradantrieb hatten. Überall standen Autos quer, manche hingen am Straßenrand fest, andere waren gegen einen Laternenpfahl oder ein Straßenschild gerutscht. Krankenwagen kamen auch nur schwerlich voran, rutschten mehr, als sie fuhren. An Ankes Wohnung angekommen, stieg Erik mit ihr aus und half ihr, sicher hineinzukommen. Zitternd von dieser gefährlichen Anstrengung ließ Anke sich auf das Sofa sinken, um sich erst einmal zu beruhigen. Es dauerte eine lange Zeit, bis es ihr wieder besser ging. Erst dann spürte sie wieder Lisas Bewegungen. Beruhigt darüber legte sie ihre Hände über den Bauch und genoss das Gefühl, nicht allein zu sein.

Der Tag ging früh zu Ende. Schon am Nachmittag wurde es dunkel. Auf den Straßen hörte Anke kein einziges Geräusch mehr. In den Nachrichten wurde ständig davor gewarnt, mit dem Auto zu fahren oder das Haus zu verlassen, weil selbst der Streudienst nicht in der Lage war zu fahren.

Anke hörte diese Schreckensmeldungen. Umso tiefer kuschelte sie sich in ihre Wolldecke auf dem Sofa und schaltete den Fernseher ein. Für diesen Tag nahm sie sich vor, einfach nur zu entspannen.

Am Nachmittag hatten alle werdenden Mütter ihre Termine bei Susi abgesagt, weil sie sich bei diesen Straßenverhältnissen nicht hinauswagten. Also beschloss sie ihre Praxis zu schließen und ihren Freundinnen Annette und Rita auf dem Gesundheitsamt bis zum Feierabend Gesellschaft zu leisten. Da sie die Einzige war, die ein sicheres Auto mit Allradantrieb fuhr, hatte sie Rita und Annette morgens zur Arbeit gefahren und musste sie auch wieder abholen. Da konnte sie ja mit ihnen zusammen die Zeit totschlagen, denn vermutlich würde auf dem Gesundheitsamt keine Kundschaft eintreffen.

Sie verließ das Gebäude durch die Tiefgarage, wo ihr Auto geparkt war. Sie war nicht die Einzige, wie sie feststellte. Ganz in ihrer Nähe stand ein weiteres Auto, ebenfalls ein Geländewagen mit Allradantrieb, mit eingeschalteten Scheinwerfern. Kaum hatte sie das Parkhaus betreten, wurde der Motor angelassen. Das machte Susi nervös. Mit zitternden Händen suchte sie den Fahrzeugschlüssel an ihrem Schlüsselbund heraus, eilte hastig auf ihr Auto zu. So schnell sie konnte, sperrte sie die Tür auf und sprang ins Wageninnere. Das andere Auto stand immer noch an seinem Platz – bei laufendem Motor. Susi startete ihren Wagen und fuhr an. Im Rückspiegel erkannte sie, dass das andere Fahrzeug ihr folgte. In das Innere des Wagens konnte sie nicht hineinschauen, die Scheiben waren zu dunkel. Als sie auf die Straße fuhr, die parallel zur Saar unterhalb der Berliner Promenade entlang führte, erkannte sie mit Schrecken, dass sie die Einzige war, die mit dem Auto unterwegs war. Außer dem Geländewagen, der kurz hinter ihr aus dem Parkhaus kam, war kein Auto in Sicht. Inzwischen war es dunkel geworden, obwohl erst Nachmittag war. Diese Einsamkeit lastete schwer auf ihr. Ängstlich blickte sie sich um, konnte aber keine Menschenseele ausmachen. Der geisterhafte schwarze Wagen war hinter ihr. Nichts an diesem Fahrzeug ließ sie erkennen, dass ein Mensch hinter dem Steuer saß. Langsam fuhr sie über die glatt gefrorene Straße. Dabei fiel ihr ein, wie belebt diese Straße doch war, als sie im Sommer zusammen mit ihren Freundinnen auf dem Saarspektakel war. Überall standen Menschen und schauten dem Treiben auf der Saar zu, auf der Drachenbootrennen stattfanden. Heute trieben stattdessen nur große Eisschollen mit der Strömung. Sie musste einen leichten Anstieg hinauffahren, wo sich an einem Kreisverkehr die Kongresshalle, die Ärztekammer und das Kongresshotel befinden. Von dort bog sie rechts ab auf die Luisenbrücke, die über die Saar und die Stadtautobahn führte. Die Autobahn war leer. Außer ihrem Fahrzeug konnte sie nur ein Einziges erkennen, nämlich ihren Verfolger. Der Parkplatz des Gesundheitsamtes war so verlassen, wie Susi es erwartet hatte. Als sie ihr Auto abstellte, schaute sie sich um, konnte ihren Verfolger aber nicht mehr sehen. Sie war sich nicht mehr sicher, ob er sie verfolgte oder nur zufällig den gleichen Weg hatte. Mit unsicheren Schritten rutschte sie auf den Eingang zu. Niemand war dort. Ungehindert konnte sie zum Fahrstuhl gehen, der zur Nordseite des Gebäudes gehörte. Die Bauarbeiten auf der anderen Seite waren immer noch nicht abgeschlossen. Als sie auf den Knopf drückte, tat sich nichts. Sie ahnte schon, dass der Fahrstuhl wie so oft nicht in Betrieb war. Also wartete sie nicht lange, sondern betrat das Treppenhaus und eilte die Stufen hinauf. Annette und Rita freuten sich, als Susi eintraf.

»Endlich kommt jemand«, lachte Rita ihr schelmisches Lachen, das so ansteckend wirkte. »Wir sind nämlich die Einzigen hier, weil wir nicht weggekommen sind. Unser Chef hat schon längst die Segel gestrichen. Eigentlich hätten wir schon Feierabend machen können!«

»Es ging nicht schneller«, entschuldigte Susi sich. »Zum einen ist es spiegelglatt, da konnte ich nicht schneller fahren. Außerdem wurde ich verfolgt. Das war unheimlich!«

Erschrocken horchten Rita und Annette auf.

»Verfolgt?!« fragten sie wie aus einem Mund. »Von wem?«

»Wenn ich das wüsste«, gab Susi zu verstehen. »Ich kenne das Auto nicht und konnte den Fahrer nicht erkennen. Die Scheiben waren getönt!«

Kaum hatte sie das Wort ausgesprochen, ging das Licht aus. Alles war mit einem Mal stockdunkel.

22

Anke wurde durch das Klingeln ihres Telefons geweckt. Es dauerte eine Weile, bis sie sich orientieren konnte. Sie war zu Hause, weil das Wetter so schlecht war, erinnerte sie sich. Erik hatte sie nach Hause gefahren, hatte ihren Streit beigelegt und die Sicherheit ihres Kindes als oberste Priorität eingestuft. Die Erinnerung daran, wie er unaufgefordert am Morgen vor ihrer Haustür gestanden hatte, ließ sie schmunzeln. Sie hob den Hörer ab – es war Kullmann: »Es tut gut, dich zu Hause zu wissen!«

»Darum rufst du mich an und weckst mich aus dem Tiefschlaf?« murrte Anke.

»Nicht nur! Ich habe mir gestern einige Akten mit nach Hause genommen. Gerade habe ich sie durchgesehen. Da bin ich auf etwas gestoßen, was mich misstrauisch macht!«

»Und zwar?« staunte Anke.

»Auf die Akte von Tanja Koch! Sie war mehrfach straffällig wegen unerlaubtem Drogenbesitz und Prostitution. Hier ist ein Gesundheitsbericht über sie. Diese Frau war von den Drogen so zerstört, dass sie infolge einer aggressiven Leberzirrhose gestorben ist – ein halbes Jahr nach der Geburt des Kindes. Da habe ich ernste Zweifel, dass sie ein gesundes Kind zur Welt bringen konnte!«

»Was willst du damit sagen?«

»Ich möchte wissen, ob Tanja Kochs Leiche obduziert wurde und mit welchem Ergebnis.«

»Ich verstehe immer noch nicht, worauf du hinaus willst«, hakte Anke ungeduldig nach.

»Ganz einfach: bei der Untersuchung der Leiche kann festgestellt werden, ob eine Entbindung vorgelegen hat oder nicht. Das Ergebnis dieser Untersuchung möchte ich gern wissen. Erst dann kann ich in dieser Richtung weiter recherchieren!«

Sofort versprach Anke, Dr. Wolpert in der Rechtsmedizin in Homburg anzurufen.

Annette öffnete das Fenster und lehnte sich hinaus. »So ein Mist!« rief sie aus, zog den Kopf ein und verschloss das Fenster. »Das ganze Haus ist dunkel.«

»Wie ist das möglich?« fragte Rita erschrocken. »Wie kann man in diesem großen Gebäude den gesamten Strom ausschalten?«

»Keine Ahnung. Vielleicht ist er wegen den Witterungsverhältnissen ausgefallen«, murrte Annette.

Plötzlich krachte es ganz laut. Die Frauen erschraken zu Tode. Still verharrten sie und versuchten zu erkennen, von wo das Geräusch kam.

»Wir müssen hier raus«, rief Susi und schlich vorsichtig auf die Tür zu.

Ein leises Poltern folgte.

»Ich rufe die Polizei an«, beschloss Annette. Inzwischen hatten sich ihre Augen an die Dunkelheit gewöhnt. Schnell hob sie den Hörer vom Telefon. Entsetzt ließ sie den Hörer in die Gabel fallen.

»Was ist los?« fragte Rita.

»Die Leitung ist tot!«

Rita und Susi stöhnten laut auf. Eine Weile blieben sie ganz still, bis Rita sagte: »Vor Schreck hätte ich fast vergessen, dass ich ja mein Handy dabei habe!«

Unsicher tastete Rita sich zum Schreibtisch und zog mehrere Schubladen auf, bis sie das kleine Gerät endlich gefunden hatte. Ein lautes Krachen ertönte.

»Das kommt vom Treppenhaus«, stellte Susi fest, die an der Tür stand und lauschte.

»Mist, jetzt ist mir vor Schreck mein Handy auf den Boden gefallen«, jammerte Rita. Zitternd kniete sie sich vor dem Schreibtisch nieder und suchte danach. Als sie es ertastete, wählte sie hastig Eriks Nummer. Zum Glück hob er gleich ab. Mit wenigen Worten erklärte sie, in welcher Situation sie sich befanden. Erik zögerte nicht lange und versprach zu kommen. Kaum hatte Rita aufgelegt, begann das Handy zu piepsen.

»Wer ruft dich jetzt an?« fragte Susi erstaunt.

»Niemand«, stellte Rita entsetzt fest. »Das Piepsen heißt, dass mein Akku leer ist.«

»So ein Mist! Dann haben wir keine Verbindung mehr zur Außenwelt«, stellte Annette frustriert fest. »Ich habe mein Handy immer im Auto liegen. Da ich heute nicht mit meinem Auto zur Arbeit gekommen bin, habe ich es natürlich vergessen!«

Wieder hörten sie Geräusche.

Deutlich erkannten sie, dass sie immer näher kamen.

Susis Blick fiel in die düsteren Gänge ihrer Etage im Gesundheitsamt. Nichts war zu erkennen in der Finsternis. Plötzlich hörte sie ganz nah ein leises Rascheln. Entsetzt schloss sie die Tür.

»Meine Güte, wer ist das?« stöhnte sie.

23

Anke hatte Glück. Dr. Wolpert war noch in der Rechtsmedizin, er freute sich über ihren Anruf. Wie immer wollte er mit ihr ein Schwätzchen halten, bevor sie zum eigentlichen Grund ihres Gespräches kamen, aber leider war Anke nicht in der richtigen Stimmung zu einem Flirt am Telefon. Ihr Rücken schmerzte, ihr Bauch spannte, weil Lisa unentwegt strampelte. Außerdem hatte Kullmann eine Theorie im Kopf, die ihre bisherigen Ermittlungsarbeiten mächtig auf den Kopf stellten. Also kam sie zügig zum eigentlichen Grund ihres Telefonates: »Ist bei Tanja Koch eine Autopsie durchgeführt worden?«

Dr. Wolpert notierte sich die Daten von Tanja Koch und begann sofort nach den Unterlagen zu suchen. Es dauerte eine Weile, bis er sich wieder am Telefon meldete: »Ja! Hier habe ich das Ergebnis. Es lag kein Fremdverschulden vor. Warum dein Interesse daran?«

»Konnte festgestellt werden, ob Tanja Koch ein Kind zur Welt gebracht hat?« fragte Anke weiter.

»Daraufhin haben wir die Leiche nicht untersucht. Tut mir leid«, erklärte Dr. Wolpert mit einem Bedauern in der Stimme.

Sie bedankte sich, legte auf und wählte schnell Kullmanns Nummer. Nachdem sie ihm das Ergebnis ihres Gesprächs berichtet hatte, fragte er: »Gibt es noch Laborwerte über das Kind von Tanja Koch?«

»Du hättest gleich mit der Sprache rausrücken können, dann hätte ich das Dr. Wolpert schon gefragt«, murrte Anke, die seine Fragen immer noch nicht verstand.

»Leider muss ich dich bitten, noch einmal mit Dr. Wolpert zu telefonieren. Ich muss zuerst Klarheit haben, bevor ich einen falschen Verdacht ausspreche. Da ich nicht offiziell an dem Fall arbeite, ist Vorsicht angesagt. Ich hoffe, du verstehst das!«

»Deine Vorsicht in allen Ehren! Aber ich verstehe nicht, von welchem Verdacht zu redest«, bekannte Anke.

»Kann es nicht sein, dass Gina Koch das Kind ist, das du suchst?«

»Der Hausmeister wohnt ganz oben – im 10. Stock?« überlegte Annette.

»Was hast du vor?« fragten Rita und Susi gleichzeitig.

»Ich werde nach oben gehen und ihn um Hilfe bitten. Er muss doch inzwischen bemerkt haben, dass der Strom ausgefallen ist«, erklärte Annette.

»Bitte tu das nicht«, versuchte Susi, Annette von ihrem Vorhaben abzubringen. »Es ist viel zu gefährlich, allein durchs Haus zu gehen. Wir müssen zusammen bleiben!«

»Wir müssen etwas tun«, bestimmte Annette. »Wenn wir hier warten, bis Hilfe kommt, kann es zu spät sein!«

»Vielleicht ist der Hausmeister gar nicht da«, zweifelte Susi weiter. »Sonst hätte er doch schon etwas unternommen!«

»Ach was, der doch nicht«, wehrte Annette ab. »Wenn er nicht gerade besoffen ist, schläft er. Ich muss ihn schon darauf aufmerksam machen, sonst unternimmt er gar nichts.«

Ritas und Susis Bemühungen zum Trotz, sie von diesem Alleingang abzuhalten, ließ Annette sich nicht beirren. Sie öffnete die Tür und spähte hinaus in die Dunkelheit. Nichts war zu erkennen, nichts zu hören. Ganz leise huschte sie hinaus und verschwand so lautlos wie möglich im Treppenhaus.

Nun waren Rita und Susi allein im Zimmer. Zitternd vor Angst lauschten sie den Geräuschen, die sie im Flur vernahmen, bis Rita ungeduldig wurde und beschloss: »Wir werden jetzt einfach nach unten gehen und das Haus verlassen!«

»Willst du dem Verrückten in die Arme laufen?« hielt Susi sofort dagegen. »Zurzeit ist nur das Nord-Treppenhaus geöffnet, also müssen wir ihm zwangsläufig begegnen.«

»Hm!« überlegte Rita. »Dann fahre ich mit dem Fahrstuhl!«

»Wenn er unten auf uns wartet, sieht er sofort, dass der Fahrstuhl in Betrieb ist«, erklärte Susi.

Sofort leuchteten Ritas Augen auf: »Das ist es!«

»Was?«

»Wir setzen den Fahrstuhl in Gang, benutzen aber stattdessen die Treppe. Damit können wir ihn überlisten!«

Susi grübelte über diese Taktik nach. Doch ihr Gesichtsausdruck wirkte sogleich enttäuscht: »Geht der Fahrstuhl bei Stromausfall?«

»Mist! Daran habe ich nicht gedacht«, bekannte Rita.

Langsam öffnete sie die Tür zum Korridor. Alles lag im Dunklen. Auf leisen Sohlen steuerte sie die Tür zum Treppenhaus an. Plötzlich spürte sie eine Hand auf ihrer Schulter. Erschrocken drehte sie sich um, als sie Susis

Stimme hörte: »Du kannst doch Annette nicht allein zurücklassen!«

Doch Rita hörte nicht auf sie. Schnell öffnete sie die Tür. Mit einem Satz wollte sie auf die Stufen und so schnell sie konnte hinunterlaufen, als eine riesengroße Gestalt vor ihr auftauchte, sie mit einem schmerzhaften Griff an beiden Armen packte und zurück in den Flur stieß. Rita wollte aufschreien, als der große Schatten ihr seine Hand auf den Mund legte, so dass sie keinen Laut von sich geben konnte. Rita zitterte am ganzen Körper. Susi, die alles beobachtet hatte, ergriff spontan einen Stuhl und ging mit einem lauten Schrei auf die dunkle Gestalt los. Erschrocken ließ er von Rita ab und rief: »Seid ihr wahnsinnig geworden?«

Susi hielt mitten in ihrer Attacke inne und ließ den Stuhl auf den Boden sinken. Rita schaute nur verdutzt zu der Gestalt hinauf.

Vor ihnen stand Erik Tenes.

»Ihr habt mich doch um Hilfe gerufen«, beschwerte er sich weiter. »Und jetzt wollt ihr mir den Garaus machen!«

»Wir dachten, du seiest unser Verfolger«, gestand Susi.

»Das habt ihr gut hingekriegt. Ich bin unauffällig ins Haus gekommen. Aber jetzt weiß er bestimmt, dass ich da bin. Ihr habt mich ja lautstark angekündigt!«

Sie kehrten zurück in Ritas Büro, in dem sie die ganze Zeit schon waren. Erst dort bemerkte Erik, dass Annette fehlte.

Auf seine Frage hin erklärte Rita, wo Annette sich befand. Das gefiel Erik gar nicht.

»Außer uns ist niemand im Haus«, erklärte er. »Auf dem Parkplatz stehen nur zwei Autos: Susis Suzuki und mein Dienstwagen. Soweit ich weiß, fährt der Hausmeister auch ein Auto und hat es immer auf seinem reservierten Parkplatz stehen. Der Platz war leer!«

»So ein Mist«, stöhnte Susi. »Was macht Annette so lange da oben?«

24

Anke glaubte, aus allen Wolken fallen zu müssen: »Du stellst Theorien auf, die alles anders aussehen lassen!«

»Dafür brauchen wir natürlich die Laboranalysen.«

»Also bleibt mir nichts anderes übrig, als nochmals zu telefonieren!« stöhnte Anke. Sachte ließ sie sich auf ihrem Sofa nieder und fragte: »Du glaubst also, dass nicht Tanja Koch die Mutter des Kindes ist, sondern Sybille Lohmann?«

»Es wäre doch möglich, dass Sybille Lohmann einfach nur ihre Schwester vorgeschoben hat.«

»Warum sollte sie das tun?«

»Wer weiß«, grübelte der Kriminalist über seine eigene Theorie nach. »Wenn Thorsten Fellinger wirklich der Vater ist, wollte sie es unter allen Umständen geheim halten. Der junge Mann ist der Freund ihres Sohnes. Vielleicht hatte sie Angst vor dem Gerede im Dorf!«

»Ich kann dir nicht ganz folgen.«

Kullmann zögerte, bevor er weiter sprach: »Sollte Sybille Lohmann noch gelebt haben, als das Auto in Brand geriet – was ja immer noch nicht ausgeschlossen werden konnte – ist es durchaus möglich, dass sie mit Thorsten Fellinger und dem Geld verschwinden wollte. Vermutlich konnten sie überall ungestört zusammen leben, nur nicht im Dorf, weil das Gerede und das Elternhaus des jungen Mannes alles zerstört hätten.«

»Das passt ja wirklich verdammt gut zusammen! Dann ist Thorsten Fellinger der Mann, den wir suchen?«

»Ich kenne den jungen Mann nicht, kann deshalb nicht definitiv über ihn sagen, ob ich ihn zu solchen Maßnahmen für fähig halte!«

»Aber das würde deine Feststellung bestätigen, dass Annette Fellinger als Einzige bisher verschont geblieben ist. Sie ist seine Schwester«, bohrte Anke weiter.

»Stimmt! Trotzdem wirst du zuerst die Informationen von Homburg einholen, die Vergleichstests abwarten, bevor du etwas Unüberlegtes tust. Ich habe hier nur eine Vermutung ausgesprochen, die auf den wenigen Akten beruht, die ich bisher einsehen konnte. Mehr nicht!«

»Von Thorsten Fellinger haben wir aber keine Probe für einen Vaterschaftstest«, überlegte Anke weiter.

»Diese Probe kann nachgeholt werden. Aber heute kannst du nur mit Homburg telefonieren, damit sie die Proben vergleichen, die sie vorliegen haben«, bestimmte Kullmann.

Inzwischen war es stockdunkel, stellte Anke fest, obwohl es erst Nachmittag war. Sie ging ans Fenster, das zur Straße hin zeigte. Kein einziges Auto war unterwegs. Draußen herrschte eine Stille, wie sie es noch nie erlebt hatte. Eine Weile verharrte sie am Fenster, ließ die ungewohnten Eindrücke auf sich einwirken, dachte über die neuen Aspekte nach. Das brachte endlich Licht ins Dunkel. Mit dieser Perspektive fühlte sie sich motiviert. Entschlossen eilte sie zu ihrem Telefon zurück und wählte die Nummer der Rechtsmedizin in Homburg.

»Ihr beide bleibt am besten hier im Zimmer, während ich nachsehe«, beschloss Erik.

»Nein, dann sind wir wieder soweit, wie wir waren. Wir wollen hier nicht allein zurückbleiben«, jammerte Susi ängstlich. Mit beiden Händen klammerte sie sich an Eriks Arm fest, damit er nicht einfach fort ging.

Dieses Mal hörten sie ein Rumpeln, das sich so nah anhörte, als käme es aus der dritten Etage.

»Er ist hier oben«, flüsterte Erik erschrocken.

Nun klammerte Rita sich von der anderen Seite an ihm fest. Ungeduldig befreite er sich aus den Klammergriffen der beiden Frauen, damit er zur Tür schleichen konnte. Vorsichtig wagte er einen Blick hinaus. Alles war dunkel. Seine Augen hatten sich aber inzwischen an die Dunkelheit gewöhnt. Auf ihrer Seite war niemand. Rasch winkte er Susi und Rita herbei, die sofort folgten.

»Wir verschwinden jetzt im Treppenhaus und gehen nach unten. Er ist hier auf der Etage, nur jetzt können wir ihm entkommen!«

Mit einem Satz waren sie im Treppenhaus, doch fast im gleichen Augenblick hörten sie eine Tür unter sich zuschlagen. Er war schneller gewesen und wartete nun im zweiten Stock auf sie.

»Mist, wir müssen nach oben, sonst laufen wir ihm in die Falle!«

Hastig rannten sie eine Etage höher, wobei Erik so dicht an der Wand entlangging, dass er sich an einem Gegenstand anstieß.

»Autsch«, stöhnte er. »Was war das?«

Neugierig zog er seine Taschenlampe aus der Jackentasche und leuchtete auf eine kleine Tür in Höhe seines Kopfes. Er hatte sich an dem Griff gestoßen. Sie befand sich genau in der Zwischenetage zwischen dem dritten und vierten Stockwerk.

»Das ist die Tür zum Versorgungsschacht«, erklärte Rita, wollte aber so schnell wie möglich weiter flüchten.

»Halt! Wo führt dieser Schacht hin?« wollte Erik wissen. Neugierig drehte er an dem Griff. Er war unverschlossen.

»In den Keller! Warum?«

Der Kriminalbeamte öffnete den Schacht und leuchtete hinein. Es war ein schmaler Gang, durch den mehrere Rohre verliefen. Sofort hatte er einen Plan im Kopf!

»Dort klettert ihr hinein und seilt euch ab bis in den Keller. Ich werde nach oben gehen, Annette abholen, während ihr unten auf uns wartet!«

Susi war mit dieser Idee einverstanden. Sofort kletterte sie in den engen Schacht, ließ sich mühelos ein Stück hinab gleiten.

»Ich werde dort nicht hinein gehen! Das kannst du vergessen«, schimpfte Rita. »Ich gehe mit dir nach oben, um Annette abzuholen!«

»Das soll mir recht sein«, stellte Susi klar und bat Erik, die Tür zu schließen.

»Vergesst mich aber bitte nicht«, flüsterte sie noch, bevor sie begann, in die Tiefe zu klettern.

»Du hättest mit ihr gehen sollen«, schimpfte Erik.

Hastig rannten sie die restlichen Stufen hinauf in den vierten Stock. Dort verließen sie das Treppenhaus und versteckten sich in einem der Büros.

25

Dr. Wolpert lachte, als er nach so kurzer Zeit wieder Ankes Stimme zu hören bekam: »Heute kommst du ohne mich gar nicht aus!«

»Stimmt! Du hast nämlich Informationen, an die ich unbedingt herankommen muss«, erwiderte Anke.

»Was bekomme ich dafür?«

Anke überlegte, bevor sie antwortete: »Eine Litanei über das Leiden einer Hochschwangeren, die trotzdem ihre Arbeit machen muss!«

»Ich weiß nicht, ob ich das wirklich will«, gestand Dr. Wolpert.

»Leider habe ich im Moment nichts anderes zu bieten!«

»Na gut, dann will ich großzügig sein. Welche Information brauchst du denn?« gab Dr. Wolpert sich geschlagen.

»Gibt es noch Untersuchungsmaterial von dem Kind Gina Koch?«

»Natürlich!«

»Ich brauche die Gewissheit, dass Gina Koch das Kind von Sybille Lohmann ist«, erklärte Anke nun Kullmanns Bitte.

»Das sind ja ganz neue Ideen«, stellte der junge Arzt fest. »Aber das sollte kein Problem sein. Ich werde alle Proben vergleichen lassen.«

»Ein Vaterschaftstest ist wohl nicht möglich«, überlegte Anke laut.

»Der ist nicht mehr nötig«, erklärte Dr. Wolpert zu Ankes Entzücken.

»Warum das?«

»Der ist schon gemacht worden! Der Vater ist eindeutig Thorsten Fellinger!«

Damit hatte er in der kurzen Zeit schon mehr gesagt, als Anke erwartet hatte. Nun musste sie nur noch auf das Ergebnis des Vergleichstests warten. Ungeduldig legte sie den Hörer auf. Zum Glück musste sie nicht lange warten, bis das Telefon läutete. Es war Dr. Wolpert: »Der Vergleich hat ergeben, dass Sybille Lohmann tatsächlich die Mutter des Kindes Gina Koch ist. Warum seid ihr da nicht schon früher drauf gekommen?«

»Frag mich mal was Leichteres«, gab Anke zurück.

»Wann gehen wir essen?« kam die prompte Reaktion.

»Wenn das Kind da ist, und ich mich von der Entbindung erholt habe«, lachte Anke.

»Na, das ist doch schon mal besser als ein klares Nein!« lachte Dr. Wolpert und verabschiedete sich von ihr.

Es dauerte lange, bis wieder Ruhe herrschte. Ungeduldig verließen sie das fremde Büro, eilten ins Treppenhaus, um ihren Weg nach oben fortzusetzen. Rita hielt sich ständig an Eriks Hüfte fest, wodurch er sich nicht richtig bewegen konnte. Für sein Empfinden kamen sie viel zu langsam vom Fleck.

Wieder hörten sie ein Geräusch – dieses Mal von oben.

»Verdammt, wie ist er so schnell hinauf gekommen?« fluchte Erik.

Immer mehrere Stufen auf einmal nehmend sprang er hinauf. Rita konnte in diesem Tempo nicht mithalten. Keuchend rannte sie hinter ihm her.

Im obersten Stockwerk angekommen, verließ Erik ganz vorsichtig das Treppenhaus. Er befand sich in einem langen, schmalen Raum, in dem einige Tische herumstanden. Durch die großen Fensterscheiben konnte er nur Dunkelheit erkennen. Keine Lichter der Stadt, nichts! Kalte Luft zog durch den Raum. Als er dem Luftzug folgte, stieß er auf eine geöffnete Tür. Mit seiner Taschenlampe leuchtete er hinaus und erkannte, dass sich um diese Etage herum ein etwa zwei Meter breiter Streifen des überstehenden Flachdaches befand, auf dem die Schienen der Fensterputzkabine verliefen. Sie befanden sich auf der Seite, die in Richtung Saarbrücken, Heuduckstraße, zeigte. Vorsichtig trat er hinaus. Rita hatte ihn eingeholt und folgte ihm. Kaum waren sie draußen, bemerkten sie, dass leichter Nieselregen fiel, der auf dem Boden sofort zu Glatteis fror. Erik rutschte aus und fiel mit seinem Knie hart auf eine der Schienen. Stechender Schmerz durchfuhr seinen Körper. Als Rita das sah, beschloss sie, lieber im Haus zu bleiben.

Plötzlich hörten sie einen lang gezogenen Schrei.

Dieser Schrei ging durch Mark und Bein.

»Ich rufe die Kollegen an«, beschloss Erik. Sofort nahm er sein Handy aus der Hosentasche. Als die Kollegen sich meldeten, schilderte er seine Situation, aber dort konnte ihm niemand versprechen, schnell zu kommen.

»Es ist so glatt, dass wir nicht fahren können. Sogar der Streudienst kommt nicht durch. Wenn wir im Graben hängen, nützen wir dir nichts«, bedauerte der Kollege.

»Stimmt. Sobald die Lage auf den Straßen sich entspannt, müsst ihr kommen«, hakte Erik noch nach. Frustriert beendete er das Gespräch.

»Wir sind hier ganz auf uns allein gestellt«, sagte er zu Rita.

Mit vorsichtigen Schritten bewegte er sich auf dem Glatteis. Dabei zog er seine Dienstwaffe aus dem Holster, und hielt sie mit beiden Händen fest, jederzeit zum Einsatz bereit. Leider half ihm diese Haltung nicht, das Gleichgewicht auf dem glatten Boden zu halten. Seine Schritte wurden immer langsamer. Fast kriechend bewegte er sich auf die kurze Seite des Gesundheitsamtes zu, die in Richtung Burbach und Stadtautobahn zeigte. Er konnte nichts erkennen. Dunkelheit und Nebel umgaben ihn. Weiter setzte er seinen Weg fort, wobei er in geduckter Haltung ging. Er konnte die Hand vor Augen nicht mehr erkennen. Die Finsternis hüllte ihn ein. Alles war still, totenstill. Er hielt die Waffe nur noch in einer Hand, während er mit der anderen die Taschenlampe hervorzog, um den Boden auszuleuchten. Er bog um die nächste Ecke und sah, dass sich dort ebenfalls eine Tür zum 10. Stockwerk befand, die geöffnet war. Sonst sah er nichts.

Was hatte dieser Schrei zu bedeuten?

Zitternd vor Entsetzen leuchtete er zum Abgrund. Unmöglich konnte er sich dieser Stelle nähern. Außerdem würde er mit seiner Taschenlampe nicht bis auf den Boden leuchten können . Es war zu neblig und das Gebäude viel zu hoch. Hoffentlich sollten sich seine Befürchtungen nicht bewahrheiten, dachte er gerade, als er einen heftigen Schlag ins Genick spürte.

»Sybille Lohmann ist die Mutter von Gina Koch«, meldete Anke sich am Telefon, als Kullmann abhob. »Und der Vater ist Thorsten Fellinger!«

Er war überrascht darüber, wie schnell sie alle Ergebnisse zusammenhatte.

»Das heißt, dass tatsächlich Thorsten Fellinger hinter diesen Anschlägen steckt«, überlegte er.

»Was tun wir jetzt mit unserem Wissen?« fragte Anke ungeduldig.

»Schau mal hinaus!« bremste er sofort Ankes Eifer. »Es ist spiegelglatt, außerdem regnet es und die Temperaturen sinken weiter. Das heißt, dass wir gar nichts machen können. Sogar Polizeieinsätze werden auf das Nötigste reduziert, weil kein Auto bei diesen Straßenverhältnissen vorankommt.«

»Du hast recht«, gab Anke nach. »Es hat so lange gedauert, bis wir Klarheit hatten. Dann wird es wohl auf einen Tag nicht mehr ankommen!«

»Richtig! Selbst Verfolger haben ihre Not bei dem Glatteis«, lachte Kullmann. »Wenn es morgen auf den Straßen besser ist, bringe ich die Akten zurück ins Landeskriminalamt.«

»Trotzdem werde ich jetzt Erik anrufen und ihm den neusten Stand unserer Ermittlungen mitteilen«, beschloss Anke.

Mit dieser Idee war auch Norbert Kullmann einverstanden.

Kaum hatten sie aufgelegt, wählte Anke Eriks Telefonnummer seiner Dienststelle. Dort meldete sich niemand. Nach langem Läuten wählte sie seine Handynummer, bekam aber nur das Freizeichen zu hören. Lange ließ sie es klingeln, bis sie aufgab. Ihre letzte Hoffnung war seine Nummer zu Hause. Also wählte sie dort. Vielleicht saß er ja vor dem Fernseher und genoss die Ruhe. Das würde Anke am besten von allen Möglichkeiten gefallen. Aber dort meldete er sich auch nicht. Das machte Anke nervös. Erik war immer erreichbar. Es sei denn …

26

Der Schmerz lähmte ihn für wenige Sekunden, die der Angreifer nutzte, um ihn zum Rand des Hauses zu ziehen. Erst als der Schock gewichen war, konnte Erik sich wehren. Er griff nach seiner Dienstwaffe, die neben ihm auf den Boden gefallen war, um seinen Gegner in Schach halten zu können. Doch der Angreifer hatte seine Bewegung gesehen und versetzte ihm einen Tritt mit dem Fuß, so dass die Waffe aus der Hand schleuderte. Es wurde ein erbitterter Kampf, bei dem sie dem Abgrund immer näher kamen. Der Rivale war genauso groß wie Erik und besaß enorme Kräfte. Erik hatte Mühe, sich aus seinen Griffen zu befreien. Außerdem war der Boden so glatt, dass er ständig wegrutschte und schmerzhaft auf den Knien landete. Seinem Gegner machten diese Bedingungen auch zu schaffen. Während des Kampfes begann Eriks Handy zu klingeln. Das Klingeln lenkte ihn für eine Sekunde ab, die der Angreifer nutzte, um ihn mit einem Überraschungsangriff aus der Fassung zu bringen. Der Kriminalist rutschte aus, fiel seitlich an der Fassade hinab. In letzter Sekunde gelang es ihm, sich an der oberen Kante festzuhalten. Der Angreifer verschwand blitzschnell – ließ ihn einfach in dieser hilflosen Situation zurück. Lange würde er das nicht durchhalten. Seine Hände waren eiskalt, so dass seine Kraft viel zu schnell nachließ. Der Wind pfiff ihm um die Ohren, die Eiseskälte lähmte seine Glieder. Seine Hände wollten ihn nicht mehr halten. Unter ihm befanden sich über vierzig Meter Tiefe. Dann der Asphalt des Parkplatzes. Er fühlte sich ohnmächtig. Es gab keine Chance, sich bei diesen Temperaturen ohne Handschuhe an einem kleinen Vorsprung festzuhalten. Ein Sturz aus dieser Höhe wäre sein sicheres Ende. Er spürte, wie er begann sich aufzugeben.

Da sah er, wie Rita auf allen vieren um die Ecke gekrochen kam. Sonst sah er nichts mehr.

Sie band ihm etwas um seine Handgelenke, er konnte nicht erkennen was. Da hörte er ihre Stimme: »So, jetzt musst du dich hochziehen, anders geht es nicht.«

Erstaunt schaute er auf. Seine Augen fühlten sich so schwer an. Eiskristalle hatten sich an seinen Wimpern gebildet und verschleierten seine Sicht. Er fühlte, dass sich etwas an seinen Handgelenken befand.

»Ich habe in der Hausmeisterwohnung ein kräftiges Seil gefunden. Damit musst du dich hochziehen«, erklärte sie, als sie merkte, dass Erik nicht reagierte. Doch nun war er aus seiner Lethargie gerissen. Mit letzter Kraft zog er sich an dem Seil hoch, dessen anderes Ende Rita an den Schienen befestigt hatte. Es gelang ihm, sich der Länge nach zwischen die Schienen zu legen. Obwohl sein ganzer Körper eiskalt war, fühlte er sich erleichtert wie noch nie. Langsam erhob er sich, als sein Blick auf seine Dienstwaffe fiel. Der Angreifer hatte sie liegen lassen. Er steckte sie in den Holster zurück. Als er nach seiner Taschenlampe Ausschau halten wollte, bemerkte er den Lichtkegel vor Rita. Sie hatte sie an sich genommen und leuchtete ihnen beiden den Rückweg aus. Mit steif gefrorenen Gelenken krochen sie in die Hausmeisterwohnung zurück. Dort war es zum Glück warm. Erik ruhte sich neben dem Heizkörper aus, bis er endlich Ritas Drängen nachgab und die Augen öffnete.

»Wo ist Annette?«

»Ich weiß es nicht!«

Sein Mund war immer noch steif, so dass seine Worte undeutlich klangen.

»Was heißt: du weißt es nicht«, wurde Rita nun ungehalten. »Wo ist sie?«

»Ich habe sie nirgends gesehen«, stammelte Erik weiter.

»Du willst doch nicht sagen, dass sie nicht mehr auf dem Dach war?« Ritas Stimme wurde hysterisch.

»Sie war nicht mehr auf dem Dach«, sprach Erik nun aus, wovor Rita sich gefürchtet hatte.

Außer sich schlug sie auf Erik ein, gab ihm die Schuld für alles, was ihr gerade einfiel. Mit unbändiger Wut schlug sie ihn, so dass er alle Mühe hatte, sich gegen diesen überraschenden Angriff zu wehren. Erst als das Handy läutete, kam Rita zur Vernunft.

Es war Anke.

Mit nuschelnder Stimme meldete er sich, als könnte er seinen eigenen Namen nicht aussprechen, was Anke argwöhnisch stimmte: »Was ist los mit dir? Wie hörst du dich an?«

Aber bevor Erik etwas sagen konnte, plapperte sie ganz aufgeregt weiter: »Meine Güte, wo steckst du? Ich mache mir Sorgen um dich – versuche dich schon die ganze Zeit zu erreichen!«

Erik rappelte sich auf, bevor er dazu kam zu antworten: »Anke, wie gut, dass du anrufst. Wir sind auf dem Gesundheitsamt und brauchen Hilfe!«

Er erklärte ihr, in welcher Situation sie sich befanden. Anke erschrak mit jedem Wort mehr, das er von sich gab. Sie versprach, sofort Hilfe zu rufen. Dann legte sie auf.

Erleichtert wollte Erik sich zurücksinken lassen, doch Rita ließ ihm keine Ruhe. Als sie weiter auf ihn einschlagen wollte, packte er sie so grob an beiden Unterarmen, dass sie vor Schmerz aufschrie.

»Es reicht«, schimpfte er. »Ich habe Annette nicht aufs Dach geschickt. Jetzt müssen wir uns um Susi kümmern. Sie muss nicht auch noch spurlos verschwinden!«

Das genügte um Rita wieder zur Besinnung zu bringen. Langsam schlichen sie durch die Wohnung des Hausmeisters, bis sie im Treppenhaus ankamen. Kaum fiel die Tür hinter ihnen zu, hörten sie von ganz unten ein lautes Poltern.

»Meine Güte, er hat Susi gefunden«, wimmerte Rita los.

Hastig sprangen sie die Stufen hinunter.

In der Ferne hörten sie ein Martinshorn.

Im Erdgeschoss angekommen, hielt Erik an. Er bat Rita, nach draußen zu gehen, um dort auf die Kollegen der Polizei zu warten. Nur widerwillig gehorchte sie ihm. Sie verließ das Treppenhaus und ließ Erik allein dort zurück.

Mit seiner Taschenlampe ausgerüstet stieg er weiter hinab in den Keller. Die Tür stand offen. Er sah sich genau um, bevor er den Raum betrat, in dem schwere Rohre und Walzen einer alten Heizungsanlage von der Decke herabhingen. Einige Stufen führten hinab. Da sah er vor sich ein Geländer und eine Stahltreppe, die noch weiter in die Tiefe führte. Gleichzeitig von oben und von unten hörte er einen lauten Schrei. Nun war er in einer bösen Zwickmühle. In welche Richtung sollte er zur Hilfe eilen, doch diese Frage beschäftigte ihn nicht lange, da sah er im Schein seiner Taschenlampe einen Mann durch die unterste Etage laufen. Schnell sprintete er hinab und folgte ihm. Plötzlich befand er sich zwischen Holzverschlägen, die wie Tierkäfige aussahen. Eine Holzlatte senkte sich gerade auf ihn hinab, aber er konnte ausweichen. Der Mann fiel über ihn her. Im Schein der Taschenlampe konnte Erik ganz deutlich sein Gesicht erkennen: Es war Thorsten Fellinger. Mit hassverzerrtem Gesicht stürzte er sich auf Erik, doch Erik war ihm in dieser Situation haushoch überlegen. Innerhalb weniger Sekunden hatte er den jungen Mann überwältigt. Er legte ihm Handschellen an. Endlich konnte er ruhig und tief durchatmen.

Da hörte er Schritte von oben. Als Erik sich aufrichtete und seine Taschenlampe in diese Richtung hielt, bemerkte er eine Bewegung von der Seite. Hinter den Holzlatten einer dieser Tierkäfige kam eine Gestalt hervor. Erschreckt leuchtete er zur Seite und erkannte Susi. Mit schmutzigem Gesicht stand sie vor ihm und zitterte am ganzen Leib. Sie hatte sich hinter alten Regalen und abgestellten Möbeln verschanzt, was ihr das Leben gerettet hatte. Beim Anblick dieses jungen Mannes, der vor ihr auf dem Boden lag, überkam sie große Wut. Aber zum Nachdenken blieb ihr keine Zeit, weil die Schritte von oben immer näher kamen. Hastig stieß Erik sie in den Holzverschlag zurück. Als er nach oben leuchtete, sah er dort Rita stehen.

»Meine Güte, Rita! Du hast uns aber ganz schön erschreckt!«

»Ich bin draußen fast umgerannt worden«, erklärte sie mit zitternder Stimme.

»Draußen?« fragten Susi und Erik wie aus einem Mund.

»Unser Angreifer liegt hier auf dem Boden«, fügte Erik noch erklärend an.

Entsetzt kam sie die Stahltreppe hinunter und schaute auf den daliegenden jungen Mann. Als sie Thorsten erkannte, war sie ganz fassungslos.

»Was hat das zu bedeuten?« fragte sie. »Ist das wirklich Thorsten, Annettes Bruder?«

»Ja«, bedauerte Erik.

Thorsten lag immer noch auf dem Boden. Erik machte sich nicht die Mühe, ihm auf die Beine zu helfen. Viel zu erschöpft war er. Solange der junge Mann auf dem Boden lag, konnte er ihm nicht gefährlich werden.

»Warum? Thorsten, warum?« fragte Rita immer noch ganz entsetzt. »Was hast du mit deiner eigenen Schwester da oben auf dem Dach gemacht?«

Thorsten drehte sich langsam um, damit er aufstehen konnte.

»Und wer war der Mann, der mich vor der Tür fast umgerannt hat?« fragte Rita nun, nachdem sie endlich zur Ruhe kamen.

»Vielleicht ein zufälliger Passant«, überlegte Susi.

»Auf mich wirkte er, als hätte er es eilig«, widersprach Rita.

Innerhalb kurzer Zeit wimmelte es von Polizisten in dem Gebäude, das noch vor wenigen Minuten fast menschenleer war. Die Stromversorgung wurde eingeschaltet, gleißendes Licht erhellte die Kellerräume. Erik, Rita und Susi fühlten sich stark geblendet, ihre Augen hatten sich an die Dunkelheit gewöhnt. Als sie sich ansahen, erkannten sie, wie verschmutzt sie waren. Eriks Hände waren zudem angeschwollen, die Haut an den Fingern aufgerissen, was er bei der Kälte auf dem Dach nicht bemerkt hatte. Erst jetzt spürte er den Schmerz. Zwei Polizeibeamtinnen baten Rita Rech und Susi Holzer, sie zu begleiten. Erstaunt schaute Erik auf, woraufhin eine der Polizistinnen ihm erklärte: »Wir haben den Auftrag, die jungen Damen nach Hause zu fahren!«

Als Erik etwas einwenden wollte, zog ihn ein anderer Kollege zur Seite und erklärte: »Wir haben auf dem Parkplatz die Leiche einer jungen Frau gefunden. Wir vermuten eine Freundin der beiden. Die beiden Frauen dürfen sie nicht in diesem Zustand sehen.«

Annette Fellinger war also tot – vom Dach gestürzt. Dieser Gedanke erschütterte Erik. Nun glaubte er zu wissen, warum der Passant, der Rita fast umgerannt hätte, es so eilig hatte. Bei dem Anblick einer Leiche konnte ein Mensch schon mal die Fassung verlieren.

Er sah, wie Rita Rech und Susi Holzer in ein Polizeifahrzeug einstiegen. Ihre Gesichter wirkten nicht nur erschöpft von den Strapazen der letzten Stunden sondern auch verweint. Bevor der Wagen abfuhr, eilte er zu ihnen. Rita schaute ihn fragend an, woraufhin Erik nur sagen konnte: »Ich werde Thorsten Fellinger morgen fragen, warum er seiner eigenen Schwester das angetan hat. Mehr kann ich nicht tun!«

Daraufhin nickte Rita nur. Sie versprach Erik, ebenfalls am nächsten Morgen zum Landeskriminalamt zu kommen, um dort ihre Aussage zu machen. Susi Holzer verhielt sich ganz still, als hoffte sie, nicht bemerkt zu werden.

Als Anke am nächsten Morgen erwachte, hörte sie Verkehrslärm. Alles war wieder wie gewohnt. Erstaunt schaute sie aus dem Fenster, es regnete, die Straßen waren nicht mehr zugefroren. Neugierig schaltete sie das Radio ein und lauschte dem Wetterbericht. In den frühen Morgenstunden hatte es begonnen zu tauen, meldeten sie gerade. Die Temperaturen sind über zehn Grad angestiegen, eine Schlechtwetterfront zog sich über Deutschland, die weiterhin viel Regen und Temperaturen über Null versprach.

Das bedeutete für Anke, dass sie zur Arbeit musste. Sie hätte sich an den Gedanken, wegen Glatteis zu Hause zu bleiben, gewöhnen können. Aber heute trieb sie ganz besonders die Neugier, was am Vortag im Gesundheitsamt passiert war, zur Arbeit. Wie sie bruchstückhaft von den Kollegen am Telefon erfahren hatte, war der Fall aufgeklärt. Nun wollte sie natürlich gern die Einzelheiten wissen. Schwerfällig begann sie mit der Morgentoilette, ging zum Auto und fuhr los. Es war wirklich ein grauer Tag, Regen prasselte auf die Windschutzscheibe, die Straßen glänzten von der Nässe, Menschen liefen in Regenkleidung auf dem Bürgersteig. Eigentlich war das ein gewohntes Bild, dachte Anke. Der Frost der letzten Tage war dagegen die Ausnahme, selten war es so kalt – und das Ende Oktober.

Im Büro herrschte schon reges Treiben. Die Kollegen sprachen von der spektakulären Aufklärung des Falles. Anke betrat Eriks Zimmer, fand ihn jedoch in einem Gespräch mit Forseti vor. »Bleiben Sie hier und hören Sie zu!«, meinte er. Alles hörte sich an wie ein spannender Thriller aus Amerika, dachte Anke. Gänsehaut überkam sie, als sie erfuhr, wie Erik an der Hauswand des Gesundheitsamtes hing.

»Ich werde jetzt gleich zu den Kollegen der Spurensicherung fahren«, erwähnte er gerade. »Es interessiert mich, wie hoch das Gebäude ist. In der Dunkelheit habe ich das glücklicherweise nicht wahrgenommen!«

»Willst du dir das wirklich antun?« fragte Anke.

»Ja, ich muss es einfach wissen!«

»Welche Spuren will die Spurensicherung dort finden?« fragte Anke weiter.

»Wir wollen herausfinden, wie Annette Fellinger zu Tode kam«, erklärte Erik.

Anke schnappte nach Luft, als sie nachhakte: »Annette ist tot?!«

»Ja! Sie ist vom Dach gestürzt. Ich vermute, dass sie auf dem Glatteis ausgerutscht ist. Thorsten Fellinger macht keine Aussage darüber, was dort oben passiert ist.«

»Sagt er überhaupt etwas?«

»Das erfahre ich später. Zuerst fahre ich zum Gesundheitsamt, dann befrage ich unseren Verdächtigen!«

Gemeinsam verließen sie das Zimmer. Als Erik das Ende des Flurs ansteuerte, rief Anke ihm nach: »Nimmst du mich mit?«

Erstaunt schaute er sie an und fragte zurück: »Traust du dir das wirklich zu?«

»Ja! Ich bin neugierig!«

Es hatte aufgehört zu regnen, aber die Straßen waren nass. Die Temperaturen waren zwar kühl, aber im Vergleich zur letzten Zeit angenehm. Der Parkplatz des Gesundheitsamtes war abgesperrt, weil dort einige Polizisten den Fundort von Annettes Leiche untersuchten. Die Bediensteten hatten ihre Autos am Straßenrand abgestellt. Erik parkte den Dienstwagen in der zweiten Reihe. Sie stiegen aus, eilten am Parkplatz vorbei ins Haus. Sie stiegen in den Fahrstuhl ein und fuhren bis zum neunten Stockwerk. Die letzte Etage war nur über das Treppenhaus zu erreichen. Auf dem Dach angekommen, fühlte Anke sich plötzlich unsicher auf den Beinen. Erik lachte, als er das sah, nahm sie schützend in den Arm und zeigte ihr die Stelle, an der sein Kampf um Leben und Tod stattgefunden hatte. Einige Kollegen waren dort beschäftigt. Theo Barthels war unter ihnen. Als er Erik und Anke kommen sah, berichtete er: »Wir sind hier fertig mit unseren Untersuchungen. Es gibt mehr Spuren, als wir erwartet hatten. Die werden wir jetzt sofort im Labor untersuchen und euch die Ergebnisse mitteilen.«

Erik bedankte sich. Vorsichtig näherte er sich dem Abgrund, spürte aber, dass es ihm nicht gelang, einfach darüber hinweg in die Tiefe zu schauen. Ein Zittern durchfuhr seinen Körper.

Anke erkannte seine Angst: »Musst du dir das wirklich antun?«

»Eigentlich nicht«, gestand Erik nervös lachend. »Aber es ist schon eigenartig. Gestern Abend hing ich an dieser Hauswand, dem Tod so nah. Und heute spüre ich erst, wie gefährlich die Situation wirklich war.«

Er kniete sich nieder und rutschte auf allen vieren auf den Mauerrand zu. So gelang es ihm, einen Blick in die Tiefe zu wagen. Als er zurückgekrochen kam, war er totenblass.

»Scheiße Mann!« fluchte er. »Ist das tief!!!«

»Um das zu erkennen, muss ich nicht bis nach vorne krabbeln«, erklärte Anke, froh, dass Erik endlich auf sicheren Boden zurückkehrte.

27

Als sie in ihrem Büro ankamen, stellte Anke Kaffee auf. Erik blieb bei ihr. Er fühlte sich erschöpft nach den Anstrengungen des letzten Tages.

Jürgen betrat das Zimmer. Als er in Eriks Gesicht sah, meinte er: »Du machst es dir wirklich nicht leicht! Ich hoffe, dass es auch einfacher geht, auf Verbrecherjagd zu gehen!«

»Das hoffe ich auch«, stimmte Erik zu. »Solche Aktionen halte ich nämlich nicht mehr lange aus!«

»Deshalb bin ich aber nicht gekommen«, erklärte Jürgen. »Rita Rech ist hier, um ihre Aussage zu machen. Außerdem ist der Anwalt von Thorsten Fellinger eingetroffen. Forseti meinte, dass du den Verdächtigen verhören sollst! Er will zusammen mit Staatsanwalt Foster das Verhör von der anderen Seite beobachten.«

»Anke, wirst du mich begleiten?« fragte Erik.

Gemeinsam machten sie sich auf den Weg zum Verhörzimmer. Im Flur begegnete ihnen Claudia.

»Ist das die Beute deines halsbrecherischen Einsatzes von gestern?« fragte sie und zeigte mit ihrem Blick in die Richtung, in der man Thorsten Fellinger hinter der Glasscheibe des Verhörzimmers sehen konnte.

»Ja! Warum?« stutzte Erik.

»Thorsten Fellinger ist kein Mörder«, sprach sie mit einer Überzeugung, als hätte sie alle Beweise in letzter

Sekunde zusammen. »Ich kenne ihn, seit er ein Kind war. Er war schon immer ein Typ, der auf Frauen steht und die Frauen standen auf ihn. Er hat es nicht nötig zu töten. Mit seinem Charme allein bekommt er alles, was er will!«

»Bei dir hat er jedenfalls eine Menge damit erreicht«, stellte Erik bissig fest. »Bei mir wird er sich mit seinem Charme allerdings die Zähne ausbeißen.«

»Du verrennst dich in etwas«, rief Claudia ihnen noch nach, als sie ihren Weg fortsetzten.

Gemeinsam betraten sie den Verhörraum, in dem Thorsten Fellinger zusammen mit seinem Anwalt saß. Thorsten Fellingers Gesicht war blass, was seine Sommersprossen hervorhob. Seine Haare waren ungewaschen und zottelig, wie Anke ihn noch nicht gesehen hatte. Seine Augen wirkten nicht mehr trotzig, nur noch traurig. Der Anwalt neben ihm wirkte in seinem dunklen Anzug, mit Weste und Krawatte professionell, seine grauen Haare waren akkurat zur Seite gekämmt mit einem Scheitel, als sei er mit dem Lineal gezogen. Seine Augen waren blau und machten den Eindruck, als entging ihnen nichts. Erwartungsvoll schauten Anwalt und Mandant den beiden Polizeibeamten entgegen. Anke setzte sich, während Erik stehen blieb.

Nachdem sie alle Personalien der Anwesenden aufgenommen hatten, begann Erik mit seinen Fragen. Nach Thorsten Fellingers Angaben bestand seine Liebesbeziehung zu Sybille Lohmann erst seit einem Jahr. Er gab zu, dass er sie schon immer geliebt hatte, aber erst eine Chance bei ihr hatte, als Kurt Lohmann verschwunden war. Das Kind war nicht geplant, aber trotzdem wurde es geliebt.

Sofort musste Anke an ihr eigenes Kind denken, das in ihrem Bauch heranwuchs und täglich seine Existenz damit bewies, indem es munter strampelte. Lisa war ebenfalls nicht geplant, aber sie liebte es schon jetzt über alle Maßen. Diese Worte von Thorsten Fellinger konnte sie gut verstehen, weil Eltern – oder Mütter – sich schnell an den Gedanken, ein Kind zu bekommen, gewöhnen konnten.

»Sie wollten also mit Sybille Lohmann und dem Geld aus der Lebensversicherung ihres Mannes ein neues Leben beginnen«, stellte Erik mehr fest als er fragte.

»Ja. Was ist daran verboten?«

»Nichts«, gab Erik zu. »Sind Sie also der Fahrer des Unfallwagens?«

»Nein!«

Damit brachte er Erik und Anke zum Staunen.

»Aber Sybille Lohmann saß auf dem Beifahrersitz. Sie war nicht allein im Auto«, beharrte Erik.

»Das ist ja das Verwirrende«, gab Thorsten Fellinger zu. »Wir waren in dieser Nacht verabredet, aber sie kam nicht. Daraufhin bin ich die Strecke gefahren, die Sybille immer gefahren ist, nämlich die Neuhauser Straße über Rußhütte. Dort fand ich dann den Unfallwagen.«

»Und was fanden Sie dort noch?«

Nun schaltete sich zum ersten Mal der Anwalt ein, indem er für seinen Mandanten antwortete: »Er fand den brennenden Unfallwagen. Die Polizei und Feuerwehrfahrzeuge waren schon im Anmarsch, woraufhin er sich von der Unfallstelle entfernte.«

»Sie haben sofort das Auto erkannt?« staunte Anke nun.

»Ja. Durch die Flammen war alles hell erleuchtet. Ich konnte sogar das Nummernschild lesen!«

»Woher wussten sie, wer an dem Unfall beteiligt war?«

Wieder wollte der Anwalt sich einschalten, aber Thorsten antwortete trotzdem: »Ich wusste es nicht!«

»Aber Sie haben doch von dem Zeitpunkt an die drei Freundinnen Rita Rech, Susi Holzer und Ihre Schwester Annette terrorisiert«, zeigte Anke Ungläubigkeit.

»Ich habe nur Susi Holzer angerufen, weil ich sie im Verdacht hatte. Sie ist schuld am Tod meines Kindes, und nur sie profitiert von Sybilles Tod, weil Sybille mit dem Kindstod noch lange nicht fertig war. Sie wollte Susi ans Messer liefern und ließ keinen Zweifel daran.«

»Und warum Rita Rech?«

»Mit ihr hatte ich nichts zu tun!«

»Wie kann ich das glauben?« zweifelte Erik. »Das Verräterische ist doch, dass nur Annette Fellinger verschont geblieben ist – bis zu Ihrem Zusammentreffen auf dem Dach! Damit ist doch bewiesen, dass nur Sie dahinter stecken können. Die eigene Schwester zu bedrohen, das ging wohl über Ihre Moralvorstellungen hinaus!«

»Sie wollen mir doch nur etwas andichten«, schimpfte Thorsten zurück. Eine Weile verschnaufte er, wobei er auf Anke schaute. Sein Blick wanderte in die Höhe ihres Bauches, als er fragte: »Wann ist es soweit?«

Verwirrt über den Themenwechsel antwortete Anke: »In knapp drei Monaten!«

»Wird es ein Junge oder ein Mädchen?«

»Ein Mädchen!«

»Schön! Sybille und ich hatten auch ein Mädchen. Das war eine schöne Zeit, nur leider viel zu kurz!«

»Das tut mir leid«, gab Anke zu. »Es hatte aber niemand Schuld an Ginas Tod. Plötzlicher Kindstod kommt leider immer noch vor, dagegen ist jede Medizin machtlos!«

»Hoffentlich haben Sie mehr Glück mit Ihrem Mädchen.«

Anke war angenehm überrascht über die liebenswürdige Art, mit der er diesen Wunsch aussprach. Damit klang er so glaubhaft, dass sie keine Sekunde an seinen Worten zweifelte. Sie konnte in ihm nicht den bösen Buben sehen, der alles zerstört, was seinen Weg kreuzt. Seine Ausstrahlung, seine Augen – die sie erschreckend genau an die Augen von Lisas Vater erinnerten – das waren nicht die Augen eines berechnenden Mörders. Anke war der gleichen Überzeugung wie Claudia.

In diese Stille hinein fragte Thorsten Fellinger, immer noch die Augen auf Anke gerichtet: »Ist Ihnen mal in den Sinn gekommen, dass Sven Koch dahinter stecken könnte? Er hatte Sybille auch geliebt – als ihr Sohn natürlich. Außerdem war er bis über beide Ohren in Annette, meine Schwester, verliebt, obwohl diese Liebe nicht erwidert wurde. Somit passt er genauso in das Bild, das Sie sich gemacht haben, wie ich!«

Erstaunt schaute Anke Erik an. Sie wollte Thorsten Fellingers fesselndem Blick ausweichen, damit sie ihre sachliche Urteilsfähigkeit nicht verlor.

»Wir wollen Emil Tauber nicht vergessen«, wechselte Erik geschickt das Thema. »Auch er war an der Unfallstelle. Jetzt ist er tot: zuerst in seinem Haus überfallen, dann die Kellertreppe herunter gestoßen und zu guter Letzt mit einer Luftinjektion in die Vene getötet!«

»Damit habe ich auch nichts zu tun«, erklärte Thorsten Fellinger mit einer Ruhe, die schon überzeugend wirkte. »Warum auch? Emil Tauber hat Sybille und mir nichts getan!«

»Bei unserem ersten Gespräch auf Ihrem Bauernhof

haben Sie nicht nur Sven Koch ein Alibi für die Zeit, als Emil Tauber überfallen wurde gegeben, sondern auch sich selbst«, erklärte Erik mit Nachdruck.

»Ja und! Ich habe kein Alibi gebraucht, weil ich es nicht war. Außerdem kann ich nichts dafür, dass Sven mich ungefähr zu dieser Zeit besucht hat«, konterte Thorsten.

Das machte Erik stutzig. Schnell hakte er nach: »Ungefähr zu dieser Zeit? Bei unserer ersten Befragung sagten sie, er sei haargenau zu dieser Zeit bei Ihnen zu Besuch gewesen!«

Sofort schaltete sein Anwalt sich ein und brachte ihn damit zum Schweigen.

Mit Schrecken erkannte Erik dass weder Thorsten Fellinger noch Sven Koch ein Alibi für die Überfälle hatte. Das könnte eine Erklärung dafür sein, dass gleichzeitig ein Mann vor dem Gesundheitsamt und im Keller des Gesundheitsamtes gesehen worden war. Gänsehaut überkam ihn.

Er beschloss, das Thema zu wechseln, indem er fragte: »Wusste Sven Koch, dass Sie der Vater von Sybille Lohmanns Kind sind?«

Überrascht über diesen Gedankensprung schüttelte er den Kopf und antwortete: »Der Dummkopf hat noch nicht einmal bemerkt, dass seine Mutter schwanger war!«

»Wie konnte Sybille Lohmann ihm das verheimlichen?«

»Ganz einfach: Sie hatte einfach behauptet, sie hätte zugenommen. Sie war ja wirklich ganz schön dick geworden. Sven hatte ihr lange Zeit geglaubt – viel zu viel war der eitle Snob mit sich selbst beschäftigt. Aber irgendwann sind ihm doch Zweifel gekommen. Das war der Grund, warum er so oft bei mir herumhing. Er hat etwas geahnt und versucht, mich auszuquetschen. Aber das ist ihm nicht gelungen. Ich habe ihm nichts verraten«, berichtete Thorsten.

Mit traurigen Augen schaute er auf Anke. Sie konnte spüren, dass Thorsten unter dem Verlust von Frau und Kind litt. Lange schaute er Anke an, bis er sagte: »Ihr Anblick versetzt mich in die Vergangenheit. Sie können offen zu Ihrem Kind stehen. Sybille hatte nicht den Mut dazu.«

»Warum?« fragte Anke. »Was ist an einer Alleinerziehenden so verwerflich? Ich bin es auch und bin stolz darauf. Egal was die Leute denken!«

Dafür erntete sie einen überraschten Blick von Erik, ließ sich davon aber nicht beirren. Thorsten Fellinger hatte eine Ausstrahlung, die Anke die sonderbare Gewissheit gab, dass sie mit ihm gut reden konnte.

»Bei uns war das anders! Mein Vater hätte keine Ruhe gegeben, wenn er erfahren hätte, wer mein Kind bekommt. Sven Koch hätte uns ebenfalls das Leben schwer gemacht, weil er seine Mutter nicht loslassen wollte. Die Leute im Dorf hätten sich die Mäuler zerrissen, weil ich Sybilles Sohn hätte sein können. Glauben Sie wirklich, unter solchen Bedingungen kann eine Beziehung gesund gedeihen?« erklärte Thorsten.

Anke schüttelte den Kopf, weil sie wusste, wie negativ sich solche Beeinflussungen von außen auf Liebende auswirken können. Sie glaubte zu verstehen, warum Thorsten Fellinger und Sybille Lohmann so gehandelt hatten.

»Warum seid ihr nicht sofort weggegangen?«

»Wir hatten beide kein Geld. Deshalb mussten wir auf das Geld der Lebensversicherung von Kurt Lohmann warten. Wahrscheinlich war das unser größter Fehler«, bekannte Thorsten.

»Das war es, wie es aussieht, denn außer euch hat noch jemand von dem Geld gewusst«, bemerkte Anke dazu.

»Sven Koch«, reagierte Thorsten sofort darauf. »Sybille hat es ihm gesagt.«

»Wann?« schaltete nun Erik sich in das vertraute Gespräch der beiden ein.

»Das weiß ich nicht genau. Ich kann mich nur noch daran erinnern, dass ich mich darüber mächtig geärgert habe. Das war der einzige Streit, den Sybille und ich in unserer gemeinsamen Zeit hatten!«

Er schaute Anke verdutzt an, als sie sagte: »Da hat uns Sven Koch was anderes erzählt!«

»Dumm ist er nicht«, erklärte Thorsten sofort.

Eine Weile verging, in der Erik und Anke das Gesagte auf sich einwirken ließen. Es war angenehm warm in dem Raum, die Heizung lief auf vollen Touren. Bei der Erinnerung an die Kälte, die Erik am Vortag hatte ertragen müssen, fragte er: »Was ist oben auf dem Dach des Gesundheitsamtes passiert? Annette Fellinger ist bestimmt nicht freiwillig vom Dach gesprungen.«

Plötzlich wurde Thorstens Gesicht noch blasser. Er blickte auf die Tischplatte und schnappte zuerst nach Luft, bevor er antwortete: »Das begreife ich immer noch nicht. Annette ist vor mir weggerannt, als sei ich der Teufel in Person. Erst auf dem Dach hatte sie mich erkannt, weil ich ihr etwas nachgerufen hatte. Als sie stehen bleiben wollte, kam sie ins Rutschen und konnte sich nicht mehr halten.«

»Das war Ihr Verdienst, weil Sie die Stromversorgung unterbrochen haben«, stellte Erik böse fest.

»Nein, das habe ich nicht getan«, wehrte sich der junge Mann sofort.

»Wer dann?«

»Keine Ahnung! Ich war es jedenfalls nicht!«

Sie verließen das Verhörzimmer. Hinter der Scheibe, durch die man in das Zimmer einsehen konnte, standen Forseti und Staatsanwalt Foster. Sie wirkten beide unzufrieden.

Eine Weile starrten sie sich stumm an, bis Foster sagte: »Ich sehe in dem jungen Mann nur ein Opfer der ganzen Ereignisse. Dieses Verhör hat keineswegs zur Aufklärung des Falles beigetragen!«

Anke und Erik nickten zerknirscht.

»Ich bitte Sie, Sven Koch ins Landeskriminalamt zum Verhör vorzuladen«, ordnete Foster an.

»In meinem Büro wartet Rita Rech«, wandte Erik ein. »Ich werde die junge Frau zuerst befragen!«

Gemeinsam mit Anke betrat er sein Büro, wo die junge Frau schon seit einiger Zeit wartete. Rita Rech war an diesem Morgen blass, ihre Augen hatten schwarze Ränder und die Wangen waren eingefallen. Der Aschenbecher vor ihr war randvoll mit Zigarettenresten, zwischen ihren Fingern glimmte schon die Nächste.

»Endlich«, murrte sie. »Ich dachte, du kämst überhaupt nicht mehr!«

Anke setzte sich ihr gegenüber, Erik blieb auch dieses Mal stehen.

»Hast du Verstärkung mitgebracht?« bemerkte Rita sarkastisch.

»Das hier ist ein Verhör. Da dürfen wir keine privaten Gespräche führen«, erklärte Erik.

»Einverstanden, Herr Wachtmeister«, lachte Rita. Affektiert hielt sie ihm ihre Handgelenke hin, als wollte sie, dass er ihr Handschellen anlegte. »Wenn ich verhaftet werden will, dann nur von dir. Am liebsten Einzelhaft mit einem großen Bett.«

»Rita, das hier ist nicht zum Spaßen!« Erik wurde ganz verlegen.

»Ich meine es wirklich ernst – nachdem ich dich so gut kennengelernt habe«, grinste Rita provozierend.

Anke ahnte, wovon sie sprach. Vor allem aber ahnte sie, was Rita mit ihren Andeutungen erreichen wollte; den Gefallen tat ihr Anke aber nicht. Sofort kam sie auf den Unfall mit Todesfolge zu sprechen, woraufhin Rita mit einem Schmollmund innehielt. Sie hörte sich Ankes Frage genau an, bevor sie aufmüpfig wurde: »Fangen Sie schon wieder mit diesem Unfall an?«

»Wir stellen hier die Fragen«, stellte Anke klar.

»Ich weiß nichts von diesem Unfall. Wir sind in dieser Nacht nach Hause gefahren, Susi ist gefahren. Annette und ich saßen hinten und haben unsere Witze über die Leute auf der Party gemacht. Wir haben uns gekringelt vor Lachen. An etwas anderes erinnere ich mich nicht.«

Plötzlich hielt Rita inne, bevor sie fragte: »Was ist mit Annette auf dem Dach des Gesundheitsamtes passiert?«

Erik erzählte ihr, was geschehen war, woraufhin Rita große Mühe hatte, sich zu beruhigen. Tränen liefen ihr die Wangen hinunter, so dass die Wimperntusche verschmierte.

»Was war mit dieser angeblichen Sternschnuppe, die Sie alle drei gesehen haben?« setzte Anke ihre Befragung fort.

»Warum musstest du dieses Weib mitbringen?« flüsterte Rita Erik zu.

Erik knurrte ungehalten: »Wir sind hier nicht privat. Die Sache ist offiziell! Beantworte bitte Ankes Fragen!«

Widerwillig antwortete Rita: »Da war ein aufblendendes Licht, mehr weiß ich nicht. Daraufhin haben wir fantasiert, dass es eine Sternschnuppe war, auf die man sich etwas wünschen kann. Den Rest der Fahrt haben wir uns gegenseitig unsere Wünsche mitgeteilt. Mehr weiß ich nicht.«

»Jede von Ihnen hatte einen Vorteil von Sybille Lohmanns Tod. Deshalb fällt es mir schwer zu glauben, dass Sie so unbeschwert und lachend nach Hause gefahren sind und nicht bemerkt haben, wie ihr diese Frau, die euch allen drei zur Gefahr hätte werden können, von der Straße abdrängt in den Tod!«

»Jetzt verstehe ich gar nichts mehr. Welchen Vorteil sollen wir von Sybilles Tod haben?«

»Sie zum Beispiel haben Ihren geistig behinderten Bruder auf dem zugefrorenen See an eine Stelle geschickt, an der schon mehrere Menschen eingebrochen und ertrunken sind. Sybille Lohmann hatte alles gesehen. Annette Fellinger hatte mit Sybille einen Rechtsstreit im Fall der ›Beischlafdiebin‹ und Susi im Fall des plötzlichen Kindstodes. Da wollen Sie mir die Ahnungslose vorspielen?« wurde Anke genauer.

Rita reagierte aber anders, als Anke erwartet hatte. Wie eine Furie schoss sie in die Höhe und schrie: »Was hat mein Bruder mit der Sache zu tun? Ich glaube, mit Ihnen geht die Fantasie durch. Ich habe mir genug Vorwürfe gemacht, weil er eingebrochen ist. Da lasse ich mir von Ihnen nicht auch noch welche machen!«

Sofort ging Erik auf Rita zu und bat sie, sich zu setzen.

Anke kam mit ihren Fragen nicht mehr weiter und beendete das Verhör.

»Warum ist Susi Holzer nicht gekommen?« fragte Erik, bevor Rita Rech das Zimmer verließ.

»Das musst du sie selbst fragen. Sie ist in ihrer Praxis.«

Mit diesen Worten verschwand sie und hinterließ noch mehr Verunsicherung.

»Ich glaube ihr«, meinte Erik nach einer Weile. »Sie weiß nichts von einem Unfall. Sie wirkte ehrlich.«

Anke nickte.

»Ich werde jetzt Sven Koch ins Landeskriminalamt bestellen«, erklärte er. »Forseti hat recht, obwohl ich das nur ungern zugebe. Es sieht so aus, als bliebe er als Einziger übrig, der ein Motiv für die Überfälle an den Frauen und an Emil Tauber hatte. Nach Thorsten Fellingers letzter Aussage hat er kein Alibi mehr für die Überfälle auf Emil Tauber. Wer weiß, was sich noch alles hinter seiner aalglatten Fassade verbirgt!«

»Ich werde mich um Susi Holzer kümmern!« meinte Anke.

Kullmann traf am späten Vormittag ein. Wie versprochen, brachte er die Akten zurück, die er mit nach Hause genommen hatte. Anschließend gesellte er sich zu Anke, die damit beschäftigt war, die Berichte der Befragungen zu schreiben. »Erik Tenes hat in einer halsbrecherischen Aktion den Fall zu Ende gebracht«, berichtete Anke.

Ihr ehemaliger Chef nickte bedächtig, wobei er daran dachte, wie der junge Mann unter Einsatz seines Lebens Anke aus einer brennenden Scheune gerettet hatte. Das lag nun ein halbes Jahr zurück, aber er erinnerte sich noch, als sei es gerade erst passiert. Er selbst war vor Angst fast gelähmt, während Erik in die Scheune eingedrungen war.

»Erik ist mutig«, stellte er fest.

»Nur leider nicht immer erfolgreich damit«, lachte Anke und berichtete von Eriks gescheitertem Einsatz in Köln während des Rosenmontagsumzugs.

Kullmanns Reaktion fiel anders aus, als Anke erwartet hatte. Er konnte sich nicht darüber amüsieren, sondern begann nachzugrübeln. Nach einer Weile stand er auf und meinte, er müsste im Archiv etwas nachsehen.

Anke beschloss zu Susi Holzer in die Praxis zu gehen, um sie zur Befragung zu bitten. Außerdem war sie ihr schuldig, ihr mitzuteilen, dass sie sich für eine andere Hebamme entschieden hatte. Sie zog ihren Regenmantel an und machte sich zu Fuß auf den Weg, weil sie hoffte, dass ihr die Bewegung gut tun würde. Sie täuschte sich. Es fiel ihr schwer, den langen Weg zu gehen. Die Beine waren inzwischen angeschwollen und fühlten sich steif an. Der Bauch wog schwer, die Haut spannte, das Kreuz schmerzte. Bei diesen Beschwerden drängte sich ihr unwillkürlich der Wunsch auf, dass das Kind bald kommen würde. Langsam setzte sie ihren Weg fort. Die frische Luft tat ihr gut. Es war eine Wohltat, dass die Temperaturen angestiegen waren. Außerdem war es windstill, es regnete nicht mehr – beste Bedingungen für einen Spaziergang.

Zum Verschnaufen blieb sie stehen. Als sie zurückblickte, sah sie einen einzelnen Mann in einiger Entfernung von ihr stehen. Es machte den Eindruck, als drehte er sich genau in dem Moment weg, als Anke zu ihm schaute. Sie setzte ihren Weg fort. Schon nach einigen Minuten musste sie ein weiteres Mal verschnaufen. Unwillkürlich drehte sie sich um. Zu ihrem Erstaunen erblickte sie den Mann in genau demselben Abstand wie vorhin. Kopfschüttelnd setzte sie den Rest des Weges ohne Unterbrechung fort.

Sie musste klingeln, um in die Praxis von Susi Holzer eingelassen zu werden. Hinter ihr sperrte Susi wieder ab. Dort erlebte Anke eine Überraschung: Die junge Frau war dabei, ihre Sachen zu packen.

»Was ist passiert?« fragte Anke.

»Ich bin entlassen, nachdem du mit deiner Hartnäckigkeit Dinge herausgebracht hast, die für diesen verdammten Unfall überhaupt nicht relevant waren!«

»Von welchen Dingen redest du?«

Susis Zorn legte sich so schnell wieder, wie er gekommen war. Entmutigt setzte sie sich auf einen der Umzugskartons. »Ich habe dir verschwiegen, dass das Kind Gina Koch nicht von Tanja Koch ist, sondern von Sybille Lohmann!«

»Das haben wir herausgefunden«, erklärte Anke. »Nur wissen wir nicht, in welchem Krankenhaus Sybille Lohmann entbunden hat und wie es ihr gelungen ist, sich als Tanja Koch auszugeben!«

Daraufhin erzählte ihr Susi eine Geschichte, die Anke erschauern ließ.

Sie hatte das Kind ganz allein in Susis Badezimmer entbunden, weil Sybille Lohmann auf keinen Fall in ein Krankenhaus wollte. Es war zum Glück eine unkomplizierte Geburt, berichtete Susi. Nur leider konnte sie den Dammriss nur notdürftig versorgen, weil sie keine Ärztin war und nicht die nötigen Erfahrungen darin hatte. Nur so konnten sie Gina Koch als das Kind von Tanja Koch eintragen lassen. Die drogenabhängige Frau war mit dem Plan einverstanden, weil sie dafür bestens mit Drogen versorgt wurde. Auf Tanja Koch war Verlass, behauptete Susi. Das hatte sich bewiesen, musste Anke zugeben.

Der unverhoffte Tod von Gina Koch war der Beginn der Tragödie. Thorsten Fellinger wollte nicht glauben, dass Susi unschuldig daran war und begann, Staub aufzuwirbeln, wie Susi es nannte, womit der Stein ins Rollen kam. Er hatte Sybille Lohmann und sein Kind geliebt. Die beiden hatten auf das Geld der Lebensversicherung von Kurt Lohmann gewartet. Damit wollten sie zusammen ein neues Leben beginnen. Dann ging alles schief.

»Was ist in der Unfallnacht passiert?« fragte Anke.

»Ich weiß es wirklich nicht, auch wenn du mich hundertmal fragst. Ich hätte es Thorsten und Sybille wirklich gegönnt, dass sie irgendwo zusammen glücklich werden. Thorsten hatte es bei seinem Vater nicht leicht und Sybille war schon zeitlebens ein Pechvogel. Leider hatte sie auch diesmal kein Glück«, antwortete Susi.

Anke musste sich eingestehen, dass Susi Holzer wirklich nichts über diesen Unfall wusste. Welchen Sinn hatte es, nach allem, was herausgekommen war, über diesen einen Punkt der Geschichte weiterhin zu schweigen. Dieser Gedanke entsetzte sie, weil gerade dieser Unfall und der Verdacht, dass die drei Frauen ihn verschuldet hatten, erst den Stein ins Rollen gebracht hatten. Alle Hintergründe, die aufgedeckt wurden, passten so perfekt in das Bild, alles sei genau geplant, dass es Anke schon fast unmöglich vorkam, dass hinter diesem Unfall keine Tötungsabsicht steckte. Aber Susi erzählte dieselbe Geschichte über die Sternschnuppe, wie sie sie schon einmal erzählt hatte. Rita Rech hatte genau das Gleiche erzählt. Das konnte eine Absprache sein. Aber daran wollte Anke nicht mehr so richtig glauben.

»Was ist mit Annette passiert?« fragte Susi, womit sie Anke aus ihren Gedanken riss. »Warum bringt Thorsten seine eigene Schwester um?«

»Thorsten Fellinger hat Annette nicht umgebracht. Auf dem Dach war Glatteis, Annette ist ausgerutscht und vom Dach gefallen«, erklärte Anke.

»Das darf doch nicht wahr sein«, stöhnte Susi. Ihre Augen füllten sich mit Tränen.

Eine Weile verging. Anke bemerkte, wie ruhig es in der Etage war, woraufhin sie fragte: »Ist dein Chef heute nicht in der Praxis?«

»Nein! Er hat Urlaub!«

»Wie kann er dir da kündigen?« staunte Anke.

»Das Fax lag heute Morgen hier. Es war unmissverständlich!«

Plötzlich hörten sie ein lautes Poltern.

28

Fred Feuerstein lachte, als er Kullmann in sein Archiv kommen sah.

»Du kannst dich wirklich nur schwer von uns trennen!« stellte er fest.

»Stimmt! Heute benötige ich die Akte von Kurt Lohmann!«

»Du meinst den Kurt Lohmann, der am 11. September 2001 im World Trade Center umgekommen ist?« staunte Fred Feuerstein.

»Genau den! Ihr habt die Akte von ihm doch hoffentlich noch!«

»Gab es denn überhaupt eine Akte über ihn?«

»Oh ja! Da bin ich mir sicher!«

Gemeinsam machten sie sich auf die Suche. Nach Fred Feuersteins Ordnungssystem war es nicht schwierig, das gesuchte Aktenstück zu finden. Innerhalb kurzer Zeit hielt Kullmann es in den Händen und begann auf der Stelle, darin zu blättern.

Theo Barthels betrat das Archiv. Sein Gesicht wirkte gerötet vor Aufregung.

»Norbert, ich habe gehört, dass du hier unten bist«, eilte er seinem ehemaligen Arbeitskollegen entgegen.

»Was gibt es denn?«

»Wir haben die Spuren am und im Gesundheitsamt

ausgewertet. Es war mehr als ein Täter dort, das ist zweifelsfrei bewiesen.«

»Ich wusste es«, rief der Kriminalist erregt. »Hier habe ich eine Akte, die uns weiterhelfen kann. Jetzt bringen wir diesen verwirrenden Fall endlich zum Abschluss! Die Akte von Kurt Lohmann enthält alles, was wir brauchen. Es ist jedes noch so geringfügige Delikt von ihm festgehalten!«

»Kurt Lohmann?!« fragte Theo nun genauso überrascht wie vor wenigen Minuten Fred Feuerstein.

Ohne darauf zu antworten, eilte Kullmann hinauf in die erste Etage, wo er seinen Nachfolger, aufsuchte.

Forseti stand an der kurzen Seite, von der er in den Verhörraum einsehen konnte. Kullmann stellte sich neben ihn. In dem spartanisch eingerichteten Raum saß Erik Tenes zusammen mit Sven Koch. Das Gespräch verlief einsilbig.

»Wo ist Emil Foster?« fragte Kullmann, ohne die beiden Männer auf der anderen Seite der Glasscheibe aus den Augen zu lassen.

»Er will erst wieder kommen, wenn wir etwas Stichhaltiges vorweisen können.«

»Dann können Sie darauf verzichten, Sven Koch zu verhören«, stellte Kullmann klar.

»Sven Koch wurde auf Anweisung des Staatsanwaltes vorgeladen,« entgegnete Forseti.

»Emil Foster kann auch nur mit den Fakten arbeiten, die Sie ihm zur Verfügung stellen.«

»Wollen Sie sich hier aufspielen? Sie sind nur als Berater hinzugezogen worden. Das berechtigt Sie nicht, unsere Arbeit zu kritisieren!«

»Das tue ich auch nicht. Ich befinde mich jedoch im

Gegensatz zu Ihnen im Vorteil, weil mir jedes Verbrechen, jedes Tötungsdelikt bekannt ist, das hier in diesem Haus bearbeitet wurde, so dass ich jederzeit darauf zurückgreifen kann.«

»Das Verhör hat nichts mit vergangenen Delikten zu tun«, blieb Forseti standhaft. »Er war vermutlich der zweite Mann im Gesundheitsamt. Außerdem hat er kein Alibi für die Überfälle auf Emil Tauber. Warum behaupten Sie, dass uns diese Befragung nicht weiterbringt?«

»Weil ich meine alten Fälle wieder durchgegangen bin und genau dort das fehlende Puzzlesteinchen gefunden habe, mit dem der Fall richtig abgeschlossen werden kann«, schwenkte Kullmann daraufhin die Akte in seiner Hand.

»Ich hoffe, Sie behalten recht«, gab Forseti nach. Er betrat das Verhörzimmer und veranlasste Erik dazu, das Verhör zu beenden, damit er sie in sein Büro begleiten konnte. Auf dem Weg dorthin bat er alle Kollegen sich ihnen anzuschließen.

»Wo ist Anke Deister?« fragte er.

»Zur Hebamme«, antwortete Erik.

»Hier habe ich die Akte von Kurt Lohmann«, begann Kullmann, woraufhin alle gleichzeitig los redeten, um ihr Erstaunen auszudrücken. Doch Forseti brachte alle mit der Frage, die sie beschäftigte zum Schweigen: »Wie kann diese Akte uns weiterhelfen?«

»Ich erinnere mich, dass Kurt Lohmann schon mehrfach mit der Polizei in Konflikt geraten ist. Durch Ankes nebensächliche Bemerkung, Erik Tenes habe Kurt Lohmann in Köln wegen Heiratsschwindel festgenommen, ist mir eingefallen, dass genau dieser Mann im Saarland wegen des gleichen Delikts aufgefallen war. Und nicht nur das: er war Hauptverdächtiger bei einem Bankraub in Püttlingen. Auf der Flucht war ein Passant erschossen worden.«

Claudia Fanroth schnappt deutlich hörbar nach Luft.

Kullmann überlegte eine Weile, kratzte sich dabei an der Stirn und warf einen Blick in die Akte, als er feststellte: »Der Passant hieß Gernot Fanroth!«

Schweigen trat ein. Alle Blicke richteten sich auf Claudia Fanroth.

Es dauerte eine Weile, bis sie sich dazu aufraffte, endlich auf die unausgesprochene Frage zu reagieren: »Der Passant war mein Vater!«

»Dann wussten Sie von Kurt Lohmann?« fragte Kullmann sofort.

»Nein, ich war damals gerade fünf Jahre alt. Ich bekam diese traurige Geschichte erst Jahre später erzählt!« Sie stockte kurz, bevor sie weiter sprach: »Auch, dass die Polizei den Täter niemals ermitteln konnte!«

»Ist das der Grund, warum du aus dem Saarland weggegangen bist?« fragte Erik leise.

»Ja! Ich wollte zur Polizei, aber auf keinen Fall im Saarland, weil ich meine Arbeit besser machen wollte! Im Bundeskriminalamt in Wiesbaden dachte ich, gibt es keine solchen Schlampereien. Jetzt habe ich die Erfahrung gemacht, dass diese Einstellung voreilig war. Es gibt immer wieder Fälle, die nicht abgeschlossen werden können.«

»Diese Akte hier und das, was ich über die Festnahme von Kurt Lohmann in Köln erfahren habe, wird diesen lange zurückliegenden Bankraub klären«, meinte Kullmann.

»Deshalb sind wir nicht hier«, stellte Forseti klar.

Kullmann räusperte sich auf diese Zurechtweisung

hin und erklärte endlich seine Theorie: »Kurt Lohmann ist schon vor diesem Bankraub mehrfach straffällig geworden. Seine Spezialität war neben Heiratsschwindel Versicherungsbetrug. Seiner Fantasie im Betrügen waren keine Grenzen gesetzt. Sein erstes Delikt war, dass er den Tod seiner eigenen Mutter nicht gemeldet hatte, stattdessen hatte er einige Jahre weiterhin ihre Sozialhilfe kassiert.«

»Wie konnte er das verheimlichen?« fragte Claudia.

»Er hatte ihre Leiche im Garten vergraben! Aufgefallen ist er nur, weil einige Nachbarn sich darüber gewundert hatten, dass sie die alte Dame nicht mehr gesehen haben. Seine Geschichte, sie sei krank, konnte er nicht ewig aufrechterhalten, weil die Nachbarn die angeblich kranke Frau besuchen wollten.«

»Was hat das mit unserem Fall zu tun?« überlegte Forseti.

»Eine Parallele zu einem anderen Versicherungsbetrug, den er einige Zeit später praktiziert hat«, sprach Kullmann weiter. »Und zwar hatte seine damalige Frau eine hohe Lebensversicherung abgeschlossen. Kurze Zeit später ereignete sich ein Autounfall im Ausland. Angeblich war die Frau tödlich verunglückt. Kurt Lohmann kassierte das Geld, verschwand und wollte mit seiner Frau unter einem anderen Namen ein neues Leben beginnen. Aber die beiden sind aufgeflogen!«

»Sie glauben also, dass Kurt Lohmann nicht bei diesem Unglück in New York umgekommen ist?« fragte Forseti.

»Genau das! Er hat überlebt. Jetzt ist er hier und will das Geld aus seiner eigenen Lebensversicherung kassieren!«

Diese Hypothese schlug ein wie eine Bombe. Alle sprachen gleichzeitig los, bis der Chef wieder für Ruhe sorgte.

»Wie ist es ihm gelungen, DNA-Material in den Trümmern zu hinterlassen?« fragte er.

»Das müssen wir ihn selbst fragen, weil ich darauf keine Antwort weiß«, gestand Kullmann.

»Dann ist er der Fahrer des Unfallwagens«, staunte Claudia. »Aber warum will er ausgerechnet mit Sybille ein neues Leben anfangen, wo er sich doch schon lange von ihr getrennt hat?«

»Die Rechtsmedizin hat nicht zweifelsfrei feststellen können, dass Sybille in den Flammen umgekommen ist. Es ist durchaus möglich, dass sie schon tot war, als der Unfall passierte«, antwortete der pensionierte Kriminalist.

»Das ist aber viel Zufall auf einmal«, konterte Forseti. »Sie hatte eine Kohlenmonoxid-Vergiftung, der klassische Flammentod!«

»In Sybille Lohmanns Küche gibt es einen Gasherd – wie ich den Fotos entnehmen konnte, die Sie mir zur Verfügung gestellt haben. Wenn das Gas dort eingeschaltet war und alle Türen verschlossen, könnte sie sich dort schon vergiftet haben!«

»Warum nimmt Kurt Lohmann eine tote Frau mit?«

»Wäre es ihm gelungen, die Leiche zu beseitigen und mit dem Geld zu verschwinden, hätten alle geglaubt, Sybille Lohmann habe mit dem Geld irgendwo ein neues Leben begonnen. Niemand hätte jemals nach ihr gesucht. Das perfekte Verbrechen!«

Alles passte zusammen. Die Kollegen waren fassungslos über diese überraschende Wendung des Falles.

»Allein konnte Kurt Lohmann das unmöglich durchziehen«, sagte Erik, als sie sich wieder beruhigt hatten. »Das bringt mich auf den Gedanken, dass er den Plan womöglich mit Annette Fellinger geschmiedet hatte. Sie passt in das grausame Spiel gut hinein. Männer mit Geld sind ihre Leidenschaft – Kurt Lohmann war durch diesen Schwindel ein Mann mit Geld.«

»Sie war als Einzige immer verschont geblieben«, fiel Claudia dazu ein.

»Und wir dachten, weil Thorsten Fellinger seine Schwester schützen wollte«, begriff Jürgen das Ausmaß ihres Irrtums.

»Oder Sven Koch die Frau seines Herzens«, fügte Erik an.

»So ein Mist. Wie konnten wir ahnen, dass wir einen vermeintlich Toten jagen?« murrte Jürgen.

Der Einzige, der sich nicht von dieser Begeisterung mitreißen ließ, war Dieter Forseti. Er hob beide Hände, so dass alle Augen sofort auf ihn gerichtet waren und sagte: »Nun aber mal langsam. Herr Kullmann, Sie haben uns hier eine interessante Theorie geliefert. Alles, was Sie sagen, ergibt einen Sinn. Die Parallelen, die Sie von Kurt Lohmanns vergangenen Delikten auf unseren Fall ziehen, erkenne ich auch. Aber haben Sie auch Beweise dafür, dass dieser Mann noch lebt und hinter all dem steckt?«

»Es gibt immer noch eine Blutprobe aus Emil Taubers Haus, deren DNA-Ergebnis wir noch vom BKA in Wiesbaden erwarten. Dieser Test dauert so lange, weil die Menge der Probe äußerst gering war. Die bisher vorliegenden Ergebnisse, nämlich die Blutgruppe, der Rhesus-Faktor und die Chromosomen, die auf einen Mann schließen lassen, stimmen mit Kurt Lohmanns Werten, die wir vom Polizeipräsidium in Köln zugeschickt bekamen, überein. Das genaue Ergebnis soll heute noch eintreffen.«

»Ist das alles, was Sie an Beweisen bisher haben?« hakte Forseti nach.

»Ja.«

»Das ist dürftig! Wie erkläre ich der Staatsanwaltschaft, dass ich einen Haftbefehl für einen Toten brauche?« fügte er ironisch an.

»Das Ergebnis der DNA-Analyse wird beweisen, dass Kurt Lohmann nicht tot ist«, entgegnete Kullmann unbeirrt.

Erik stand auf und ging einige Schritte auf und ab. Verwundert schauten ihm alle zu, bis er sich zu ihnen wandte und an Kullmann gerichtet aussprach, was ihn gerade beschäftigte: »Sollten Sie recht haben und Kurt Lohmann ist dieser Plan durch unser Eingreifen vereitelt worden …«

Er hielt inne, wechselte die Farbe und hielt den Atem an.

»Erik, was ist mit Ihnen los?« fragte Kullmann verunsichert.

»… und sollte er unsere Bemühungen verfolgt haben …« sprach er weiter.

»Was haben Sie auf dem Herzen?« bohrte Kullmann nun eindringlicher.

»… dann weiß er, dass diese Ermittlungen nur durch Ankes Hartnäckigkeit in Gang gebracht worden sind!«

Alle warteten darauf, dass er endlich aussprach, warum er so bestürzt war.

»Er wird stinksauer darüber sein! Nicht nur sein Plan wurde vereitelt, sondern Annette kam dabei ums Leben. Anke ist in Gefahr«, sprudelte er endlich los.

»Sagten Sie nicht, sie sei zu ihrer Hebamme gegangen?« fragte Kullmann.

»Ja, aber zu Susi Holzer, ihrer ehemaligen Hebamme, um sie in ihrer Praxis zu befragen«, erklärte er nun genauer.

Damit war Kullmann schlagartig klar, was Erik meinte: »Oh mein Gott! Rufen Sie sofort dort an und versichern Sie sich, dass alles mit ihr in Ordnung ist. Wir holen Sie umgehend ab.«

Schnell ging Erik ans Telefon und wählte Susi Holzers Nummer. Aber dort lief nur der Anrufbeantworter. Verzweifelt rief er die Telefonnummer des Gynäkologen an, in dessen Praxis Susi Holzer ihre Arbeitsräume hatte. Mit Entsetzen erfuhr er durch ein eingeschaltetes Band, dass der Frauenarzt vom heutigen Tage für die nächsten drei Wochen in Urlaub sei.

»Sie sind dort ganz allein«, rief er aus.

Rasch rief Forseti Staatsanwalt Foster an, um ihm die neue Situation zu schildern. Dann folgte er den Polizeibeamten, die zum Ort des Geschehens aufbrachen.

29

Das Poltern hörte sich an wie zersplitterndes Holz. Anke erschrak, weil sie wusste, was das bedeutete! Jemand hatte die Tür eingetreten!

»Gibt es hier noch einen anderen Ausgang?«

»Was soll das?« schüttelte Susi verneinend den Kopf. »Ihr habt Thorsten Fellinger doch gefasst!«

»Wir dürfen jetzt nicht den Kopf verlieren«, bestimmte Anke so selbstsicher wie sie nur konnte. Mit Entsetzen war ihr gerade eingefallen, dass sie keine Waffe bei sich hatte. Außerdem fühlte sie sich so schwerfällig und unbeweglich. Wie wollte sie sich und ihr Kind jetzt schützen? Schritte näherten sich.

Anke packte Susi an den Schultern und zerrte sie in die hinteren Räume der großen Praxis. Sie überlegte, dass sie sich im Kreis bewegen konnten. Und wenn sie Glück hatten, gelangten sie zur Eingangstür und konnten fliehen. Aber dieser Plan wurde schnell vereitelt, als sie vor einer verschlossenen Tür stand.

»Hast du einen Schlüssel zu dieser Tür?«

»Nein. Das ist das Sprechzimmer des Chefs. Nur er hat einen.«

»Wie kommen wir jetzt weiter?« Ankes Hoffnung sank.

»Überhaupt nicht! Hier ist Endstation!«

Plötzlich hörten sie ein schallendes Lachen. Es klang so höhnisch, dass Anke Gänsehaut bekam.

»Wo seid ihr denn, ihr verschreckten Hühner? Ich bin der Fuchs im Hühnerstall! Könnt ihr euch schon vorstellen, wie das Spiel ausgehen wird?«

»Das ist doch nicht möglich«, stammelte Susi ganz entsetzt.

»Was?«

»Das ist die Stimme von Kurt Lohmann!«

Nun war Anke allerdings auch erstaunt. War Kurt Lohmann nicht schon seit über einem Jahr tot – umgekommen bei dem Angriff auf das World Trade Center in New York? Aber zum Nachdenken blieb ihr keine Zeit, denn plötzlich stand er vor ihr. Sie war durch diese Neuigkeit so abgelenkt worden, dass sie sein Kommen nicht bemerkt hatte.

»Hier habe ich dich, du kleine Laus im Pelz!«

Vor ihr stand ein Hüne von einem Mann mit blondem Haar und blauen Augen. Sie erkannte ihn sofort. Er hatte vor dem Winterberg-Krankenhaus gestanden, inmitten der Menschenmenge, als Emil Tauber ermordet worden war. Sein Anblick hatte sie stutzig gemacht, aber wie hätte sie wissen können, dass sie Kurt Lohmann gesehen hatte? Nun war es zu spät. Kurt Lohmann sah nicht so aus, als könnte man mit ihm verhandeln. Purer Hass stand in seinem Gesicht geschrieben.

»Jetzt werde ich dich zerquetschen!«

Mit der Waffe auf sie gerichtet, forderte er sie auf, aufzustehen. Mühevoll befolgte Anke seinen Befehl. Ihr Bauch kam ihr immer dicker vor, ihre Beine immer unbeweglicher, ihr Kreuz immer schmerzhafter. Was sollte sie nun tun? Ein Schuss von diesem Mann, der nichts mehr zu verlieren hatte, und sie hatte alles verloren. Nicht nur sie, sondern auch Lisa, ihre Tochter, die doch ein Recht auf ihr Leben hat.

Anke war verzweifelt.

»Du hast mir alles zerstört«, begann er.

Susi stellte sich neben Anke, doch Lohmann trennte die beiden unsanft.

»Du bist hier überflüssig! Ich brauche nur dieses Polizistenweib!«

Susi verstand das als Aufforderung zu gehen und wollte losrennen, doch Lohmann hielt sie so grob zurück, dass sie vor Schmerzen aufschrie. Unsanft stieß er sie vor sich her wie ein Tier, das man treiben musste. An den Toilettenräumen hielt er an, öffnete die Tür zu einer kleinen Kabine, schubste Susi hinein und sperrte die Tür von außen ab.

»So, Anke Deister«, lachte Lohmann ein kaltes, gefährliches Lachen. »Jetzt haben nur noch wir zwei das Vergnügen. Jetzt zeige ich dir, wie es ist, wenn man einem andern alles nimmt, was ihm etwas bedeutet!«

Anke zitterte am ganzen Leib. Sie wusste nicht, ob sie ihre Hände schützend auf ihren Bauch legen sollte, oder ob diese Geste Lohmann auf noch schlimmere Ideen brachte. Sie verhielt sich ganz ruhig.

»Nur durch deine sinnlose Hartnäckigkeit ist mein perfekter Plan vereitelt worden«, sprach er weiter. Aus seiner Hosentasche nahm er ein Klebeband. Anke ahnte das Schlimmste.

Unsanft drehte er Anke um und fesselte ihre Handgelenke zusammen. Ein weiteres Stück klebte er ihr über den Mund. Als sie so verpackt vor ihm stand, fiel er wieder in sein eiskaltes Lachen, als hätte er den besten Witz aller Zeiten gemacht.

»Weißt du, dass ich niemandem wehgetan habe, niemandem! Du hast diese Todesfälle verursacht. Hättest du dich herausgehalten, würden alle noch leben. Vor allen

Dingen Annette! Annette, meine geliebte Annette. Wie lange habe ich um sie werben müssen. Dann kommst du und zerstörst alles, wofür ich gekämpft habe.«

Anke hatte Mühe, durch die Nase genügend Luft zu bekommen. Sie befürchtete, schwindelig zu werden. Angestrengt zog sie die Luft ein, konzentrierte sich nur darauf, Ruhe zu bewahren.

Lohmann nahm sich eine Zigarette und zündete sie in aller Ruhe an. Was machte diesen Kerl nur so sicher, fragte sich Anke.

»Mein Plan war so perfekt«, begann er zu reden. »Als dieses Unglück in New York geschah – genau zu dem Zeitpunkt, als ich dort war – hatte ich ihn gefasst. Durch meine Lebensversicherung war ich tot mehr wert als lebendig. Annette in diesen Plan einzuweihen war nicht schwer. Auf diese Frau war immer Verlass. Und du hast ihren Tod verursacht. Annette war das Beste, was mir in meinem Leben passieren konnte!«

Anke konnte nur zuhören. Ihr Rücken schmerzte, der Bauch spannte entsetzlich. Die Luft war knapp.

»Sybille war schon so gut wie tot, als ich kam, um mir das Geld zu holen«, erzählte er weiter, als hielten sie ein Schwätzchen unter Freunden. »Sie lag am Küchentisch, ihr Puls war ganz schwach. Sie hatte die Herdplatte angestellt, aber kein Feuer brennen. Solche Dummheiten hatte sie schon immer fertig gebracht. Nur dieses Mal hat es sie das Leben gekostet. Das hat mich erst auf die Idee gebracht, die Schlampe verschwinden zu lassen. Niemand hätte nach ihr gefragt. Mein Plan war so perfekt«, lachte er abermals. »Auf dem Weg über Rußhütte nach Saarbrücken kam mir ein Auto entgegen; am Steuer erkannte ich Susi Holzer. Sie drängte mich von der Straße ab und fuhr einfach weiter. Wahrscheinlich war sie wie so oft besoffen. Als das Auto Feuer fing, war alles gelaufen. Ich konnte mich gerade noch aus dem Fahrzeug retten. Zu spät bemerkte ich, dass mein Geld nicht in den Flammen lag. Emil Tauber, der Schleimbeutel, tauchte kurz hinterher auf, wie er das immer machte. Eigentlich hätte ich mir das denken müssen, aber dieser Unfall hat mich verwirrt. Emil war der Schatten von Annette. Und wo Susi war, war auch Annette. Die Frauen waren immer zusammen. Dann geschah das, was nicht hätte geschehen dürfen: Emil fand den Koffer mit dem Geld. Nahm das Ding einfach mit, als wäre es normal, so viel Geld an einer Unfallstelle zu finden!«

Anke sah plötzlich ganz klar die Zusammenhänge vor Augen.

»Der Dummkopf wollte sich einschmeicheln, indem er das Geld Annette und ihren Freundinnen schenkte. Das war das Letzte, was er mir noch sagte, bevor er die Treppe runterstürzte. Er war wirklich ein armes Schwein, weil er nicht sofort sterben konnte. Die Qualen im Krankenhaus hätte er sich nämlich sparen können.«

Bei der Erinnerung an Emil Tauber setzte Lohmann ein so angewidertes Gesicht auf, dass Anke an seine Gedanken nicht den geringsten Zweifel aufbringen konnte. Lohmann war also ins Krankenhaus gegangen und hatte Emil Tauber die Luft in die Venen gespritzt.

»Hätte er das Geld behalten – wie jeder normale Mensch das tut – hätte er mir viel Arbeit erspart. Aber nein, er wollte sich vor den drei Freundinnen aufspielen und den edlen Spender markieren. Damit hat er Annette und mich ins Abseits gestellt, ohne dass der Dummkopf das wusste. Annette konnte schlecht Rita und Susi erklären, warum das Geld ihr gehörte. Das hätte die beiden nur auf dumme Ideen gebracht. So musste ich zusehen, wie ich an das Geld herankomme. Dieser Plan wurde mir durch dich vereitelt, weil du den gesamten Polizeiapparat auf diese Sache angesetzt hast.«

Trotz ihrer ausweglosen Situation erkannte Anke deutlich mehr, als Lohmann bewusst war. Annette hatte selbst Lohmann, den Drahtzieher dieser Verschwörung, hinters Licht geführt. Denn Annette war allein im Besitz des Geldes gewesen, nicht alle drei Frauen gemeinsam.

Die kurze Stille, die nun eintrat, nutzte Anke, um ihre Nerven ein wenig zu beruhigen. Sie atmete tief durch, so tief sie konnte. Plötzlich spürte sie einen krampfartigen Schmerz im Unterleib. Stöhnend krümmte sie sich, doch Lohmann ließ sie nicht gewähren. Brutal richtete er sie auf. Vor Schmerzen liefen Anke nun die Tränen. Aber das war noch nicht genug des Elends. Ihre Nase füllte sich, so dass sie noch weniger Luft bekam. Ganz und gar konzentrierte sie sich nun darauf, dass sie mit dem bisschen Luft auskam. Aber das war schwer, weil sie kurz vor einer Panik stand.

Sie hörte Polizeisirenen! Das klang wie Musik in ihren Ohren. Woher wussten die Kollegen, dass sie in größter Not war, fragte sie sich. Dahinter konnte sie nur Kullmann vermuten, der schon länger eine Ahnung hatte.

»Die Bullen?« fragte Lohmann mit Verachtung in der Stimme. »Niemals werden sie hierher kommen, weil sie gar nichts von mir wissen.«

Er sollte recht behalten! Die Polizeisirenen entfernten sich.

Anke spürte, wie sie die Hoffnung aufgab. Das war ihr Ende, sie hatte verloren. Mit einem Blick, der sie innerlich zerriss vor Selbstvorwürfen, schaute sie an sich herunter.

Lohmann sprach unbeirrt weiter: »Annette ist tot, durch deine Einmischung. Warum also sollte ich dich schonen? Wir hatten es fast geschafft. Mit einer halben Million Euro kann man ein neues Leben anfangen.«

Wütend stampfe Lohmann vor Ankes Augen hin und her.

»Was ist nur dort oben auf dem Dach des Gesundheitsamtes passiert? Dieser verdammte kleine Spinner von Thorsten tauchte einfach aus dem Nichts auf und bringt meinen ganzen Plan durcheinander. Was hatte er dort zu suchen? Um ihn ging es doch gar nicht.«

Anke dachte nur noch an die sich entfernenden Polizeisirenen. Mit jedem Mal, wenn das Geräusch leiser wurde, schwand ihre Hoffnung auf Rettung mehr. Irgendwann waren sie verstummt. Lohmann registrierte das ebenfalls. Lachend stellte er sich ganz dicht vor Anke, so dass sie seinen Atem auf ihrem Gesicht spüren konnte: »Du hast gemeint, du wärst besonders schlau, dabei verdankst du diese ausweglose Situation nur deiner Überheblichkeit. Du glaubtest, alles zu wissen, dabei hattest du nicht den Funken einer Ahnung, wer hinter all dem steckt. Ihr alle habt nur im Trüben gefischt. Niemand weiß, dass ich hier bin, dass ich am Leben bin. Das war ja der beste Teil meines Plans. Wer jagt schon einen Toten?«

Hatte sie Kullmann überschätzt, frage sich Anke. Er hatte immer davon gesprochen, Parallelen zu einem alten Fall zu sehen. Kam er nicht mehr schnell genug dahinter? Anke verzweifelte bei diesen Gedanken. Sie hatte einen Fehler gemacht, als sie ihn bat, nicht mehr von Kurt Lohmann zu sprechen. Sollte er das befolgt haben, hatte sie keine Chance mehr.

»Weißt du, was meinen Plan noch perfekter gemacht hat?« fragte er weiter. Er hatte die Sirenen schon wieder vergessen. »Es war ein Wink des Schicksals, dass DNA-Material von mir in den Trümmern gefunden wurde. Ich war noch kurz bevor das Unglück geschah mit einer Frau in diesem Gebäude.

Wir hatten uns heftig gestritten, wobei sie mir in ihrer Wut einige Haarbüschel ausgerissen hat. Ich bin regelrecht geflüchtet, um sie wieder loszuwerden.

Heute bin ich ihr fast dankbar – schade, dass sie in den Trümmern ums Leben kam.« Er setzte eine gespielt bekümmerte Miene auf. »Dass die Untersuchungen in diesem Chaos so gründlich waren, hat mich erstaunt und entzückt zugleich. Denn nur so konnte mein Plan gelingen.«

Wieder hörte sie Polizeisirenen – neue Hoffnung keimte auf.

»Hier gibt es täglich mehrere Einsätze. Glaub bloß nicht, dass dieser dir gilt«, lachte Lohmann nur. »Die Polizei wird ihre gerechte Strafe dafür bekommen, dass sie meinen Plan vereitelt hat. Die Polizei, vertreten durch dich, haha«, lachte Lohmann, dass es Anke eiskalt zumute wurde. »Das Glück spielt mir in die Hände. Wenn ich mir dich so betrachte, fällt meine Strafe doppelt hart aus. Das wird den überheblichen Polizeiapparat so demütigen, wie er es verdient hat.«

Ankes Hoffnung schrumpfte mit jedem Wort, das er ihr entgegenschleuderte.

»Ich habe nichts mehr zu verlieren«, sprach er unbeirrt weiter. »Du kannst dir ja vorstellen, was das zu bedeuten hat.«

Plötzlich bemerkte Anke, dass das Sirenengeheul näher kam. Es wurde immer lauter. Deutlich spürte sie, dass sie dieses Mal gemeint war. Sie hatte Kullmann nicht überschätzt.

»Die kommen tatsächlich! Jetzt wird aus dem Spiel Ernst«, brüllte Lohmann los, wie ein Krieger, der unter lautem Geschrei in die Schlacht zog. »Mal sehen, wer der Bessere ist!«

Sein Grinsen bekam etwas Animalisches.

30

Sie näherten sich dem Gebäude in der Dudweiler Straße, Ecke Berliner Promenade. Viele Menschen waren zu dieser Nachmittagsstunde dort unterwegs. Mit Schrecken erkannte Forseti: »Das wird einen Großeinsatz erfordern, die Schaulustigen vom Haus fern zu halten.«

Kaum hatten sie den Wagen abgestellt und wollten aussteigen, als ihnen einige aufgeregte Leute entgegengelaufen kamen. Ein kleiner Mann, leicht untersetzt, mit Halbglatze, wirkte ganz blass im Gesicht. Er war es, der die Polizisten sofort ansprach: »Dort ist ein Wahnsinniger. Er steht auf dem Balkon mit einer Geisel und droht, die Frau zu erschießen, wenn jemand nur einen Schritt in seine Nähe wagt.«

Als Forseti das Gesicht des Staatsanwalts in der Menge erkannte, war er erleichtert.

Foster drängte sich zu ihm und erklärte: »Ich habe den Einsatzleiter der Schutzpolizei angewiesen, die Schaulustigen in Sicherheit zu bringen. Außerdem ist das Sondereinsatzkommando informiert. Sie sind auf dem Weg hierher!«

Erik hörte immer noch die Worte des Mannes im Ohr klingen, dass sich eine Geisel auf dem Balkon befand. Hastig rannte er um das Haus herum zur Seite, die zur Saar zeigte. Dort waren die Balkone, die alle um diese Jahreszeit leer standen. Nur einer nicht. Im dritten Stock sah er sie. Anke stand ganz dicht an der Brüstung, wobei das Geländer beängstigend niedrig wirkte, als könnte sie leicht Übergewicht bekommen und herunterstürzen. Hinter ihr stand Lohmann. Es war tatsächlich Kurt Lohmann. Er stand auf gleicher Höhe wie Anke. Sein linker Arm war unter Ankes Achselhöhle, in der rechten Hand hielt er die Pistole an ihre Schläfe.

Ankes Mund war mit Klebeband zugeklebt, ihr dicker Bauch war unübersehbar. Es zerriss Erik innerlich, sie in dieser ausweglosen Situation zu sehen.

Von allen Seiten trafen Polizeifahrzeuge ein. Sie sperrten die Berliner Promenade und einen Teil der Dudweiler Straße ab. Die Schaulustigen blieben jedoch beharrlich so dicht wie möglich am Ort des Geschehens. Sie versammelten sich alle auf der Wilhelm-Heinrich-Brücke und den umliegenden Straßen, als sei dort ein Programm für Zuschauer.

Kullmann stellte sich neben Erik Tenes, Forseti und Staatsanwalt Foster und schaute nach oben. Angstschweiß brach ihm aus, als er Anke Deister sah.

»Wir haben alles abgesichert. Es kommt niemand in die Nähe des Hauses«, eilte Claudia herbei.

»Gut so«, bemerkte Forseti, ohne seinen Blick von dem Balkon abzuwenden. »Jetzt brauchen wir nur noch einen Lautsprecher, um uns mit Lohmann zu unterhalten.«

»Wird besorgt«, eilte Claudia davon.

Es dauerte nicht lange, da kam ein weiteres Polizeifahrzeug, das mit technischem Material ausgestattet war, um eine Verbindung zu dem Entführer herzustellen.

»Sie werden mit Lohmann sprechen«, befahl Forseti und überließ Erik die Entscheidung, mit welchem Hilfsmittel er Kontakt aufnehmen wollte. »Sie und Lohmann kennen sich ja bereits!«

Erik entschied sich für ein Mikrofon, weil er ahnte, dass Lohmann sich nicht vom Balkon wegbewegen würde, sollte das Telefon klingeln.

Er begann zu sprechen, wobei er Mühe hatte, dass seine Stimme nicht zittrig klang: »Kurt Lohmann! Wir bitten Sie, die Geisel freizulassen. Ihre Situation ist ausweglos!«

Höhnisches Lachen ertönte vom Balkon. Allerdings war es so leise, dass Erik Angst hatte, ihn nicht verstehen zu können. Der Verkehrslärm, der von der Stadtautobahn herüber drang, übertönte seine Stimme.

»Besorgt ihm eine Flüstertüte, ich muss verstehen, was er sagt«, befahl Erik nervös.

Schnell zogen sie ein solches Gerät hervor, das Erik an einem langen Stab befestigte, den er ganz langsam an der Hauswand hinauf schob, bis er den Balkon von Lohmann und Anke erreichte. Lohmann ließ Anke für einen kurzen Augenblick los, um nach dem Megafon zu greifen. Anke verlor das Gleichgewicht und schwankte nach vorne auf den Abgrund zu. Alle Schaulustigen erschraken so heftig, dass ein lauter Aufschrei durch die Menge ging. Geschwind griff Lohmann nach ihr und packte sie ganz fest unter der Achselhöhle. Dann forderte er sie auf, die Flüstertüte zu halten, damit er in seiner freien Hand die Waffe halten konnte. Anke gehorchte.

Nun ertönte sein hämisches Lachen über den ganzen Platz. Niemand konnte es überhören.

Ein Raunen ging durch die Menge der Schaulustigen.

Erik durchfuhr ein Schauder, bei dem Hohn, der in diesem Lachen mitschwang.

»Bitte lassen Sie die Geisel frei«, wiederholte Erik seine Bitte.

»Natürlich! So leicht hättest du es gern, du Aufschneider«, entgegnete Lohmann.

Erik ahnte, dass es keinen Verhandlungsspielraum zwischen ihnen geben würde.

»Dass ich ausgerechnet dich hier in Saarbrücken antreffen würde, hätte ich nicht gedacht«, rief er durch das Megafon.

Totenstille war eingetreten. Sogar die Menschenmenge, die immer größer wurde, verhielt sich mucksmäuschenstill.

»Das ändert nichts an meiner Bitte: Lass die Geisel frei.«

»Klar. Damit ihr hier heraufmarschiert und mich abknallt. So leicht mache ich es dir nicht noch mal. Du hast mir einmal meinen Plan durchkreuzt, ein zweites Mal wird dir das nicht gelingen«, gab Lohmann zurück.

Erik brach der Schweiß aus.

»Dann mache ich dir einen Vorschlag: Du willst einen Bullen als Geisel, weil das deinen Druck verstärkt!«

»Du bist schlauer als ich dachte!«

»Dann bitte ich dich, nimm mich an Ankes Stelle.«

Wieder ging ein Raunen durch die Menge. Die Kollegen der Kriminalpolizei, die Einsatzleiter und die Notärzte, die sich in Eriks Nähe aufhielten, wurden durch diesen Vorschlag ganz aufgebracht.

»Tenes, das müssen Sie zuerst mit uns absprechen«, hörte Erik Forseti rufen. Aber ihm war nur eins wichtig: Anke und das Kind in Sicherheit bringen. Was Dienstvorschrift war, interessierte ihn in diesem Moment nicht.

»Ich wiederhole meinen Vorschlag: Nehmen Sie mich als Geisel!«

Lohmann überlegte eine Weile, bis er sagte: »Wer sagt mir, dass das keine Falle ist?«

»Ich garantierte dafür, weil mir das Leben von Anke und dem ungeborenen Kind wichtiger ist.«

»Vertrauen ist gut«, konterte Lohmann. »Kontrolle ist besser!«

Erik trat einen Schritt vor und fragte: »Was soll ich tun, um Sie davon zu überzeugen, dass ich unbewaffnet bin?«

»Nicht nur unbewaffnet! Ich will auch keine Abhörgeräte auf meiner Etage haben«, präzisierte Lohmann seine Bedingung.

Erik stand nur da. Alle warteten, wie Lohmann sich entscheiden würde. Die Luft war zum Zerreißen gespannt. Außer den Fahrgeräuschen der Stadtautobahn war nichts zu hören.

Anke stand immer noch da, unbeweglich, den dicken Bauch weit nach vorne geschoben, als drücke sie ihr Kreuz stark durch. In einer Hand hielt sie das Megafon, wobei man von weitem sehen konnte, dass ihr das immer schwerer fiel. Zum Glück hatte Lohmann immer noch eine Hand unter ihrer Achselhöhle, mit der er sie festhielt.

»Ich mache, was Sie sagen, damit wir den Tausch durchziehen können«, versprach Erik. »Also sagen Sie mir, was!«

»Da sehe ich nur eine Lösung, wie ich mich hundertprozentig davon überzeugen kann, dass du wirklich nicht vernetzt bist oder bewaffnet!«

Erik ahnte etwas.

»Zieh dich aus!«

Plötzlich wurde alles ganz laut, als sprächen alle auf einmal.

Forseti stand Erik am dichtesten und rief: »Niemals werden Sie sich auf so ein Spiel einlassen. Es ist zu gefährlich!«

Erik hörte nicht auf ihn.

»Tun Sie es nicht«, rief er noch lauter. »Wollen Sie, dass wir Sie beide verlieren?«

Erik reagierte nicht auf Forseti. Sein Blick war starr nach oben gerichtet. Er zögerte, weil es nicht gerade leicht war, sich in einer so gefährlichen Situation zu entblößen. Aber wenn es der einzige Weg war, Anke zu retten, dann musste er es tun.

»Du hast keine andere Wahl, wenn du unbedingt an Ankes Stelle kommen willst«, lachte Lohmann. »Du ziehst dich jetzt auf der Stelle aus.«

Mit langsamen Bewegungen, begann Erik seine Jacke auszuziehen. Sie fiel hinter ihm auf den Boden. Dann zog er seinen Pullover aus und sein Hemd. Sein Oberkörper war frei. Er hoffte, dass Lohmann das genügen würde, weil Abhörgeräte immer am Oberkörper angebracht wurden. Aber er hatte Pech.

Lohmann lachte und rief: »Weiter so, Erik. Es tut mir ja so gut, dich in dieser entwürdigenden Situation zu sehen. Das entschädigt mich doch tatsächlich für die vielen Jahre, die ich durch deine Schuld verloren habe.«

Zitternd zog Erik seine Schuhe aus. Seinen Blick hielt er auf den Balkon gerichtet, als hoffte er auf ein Zeichen, dass es Lohmann genügte. Aber vergebens. Lohmann wartete nur geduldig. Nun zog er die Hose aus und stand in seinen Boxershorts auf der Berliner Promenade vor den Augen eines gefährlichen Geiselnehmers und vor den Augen von hunderten von Menschen, die auf der Brücke standen und alles haargenau beobachteten. Er fühlte sich gedemütigt, sein Blut kochte in seinen Schläfen. Aber er konnte nicht anders. Allen Rufen seiner Kollegen zum Trotz zwang er sich, das letzte Kleidungsstück fallen zu lassen. Er tat es für Anke und für ihr ungeborenes Kind. Das war er den beiden einfach schuldig.

»Gut machst du das«, lachte Lohmann. »Du machst im Adamskostüm wirklich eine gute Figur.«

Erik bekam ein Rauschen in seine Ohren. Er fürchtete schon, dass das Rauschen die Stimme von Lohmann übertönen könnte.

»Jetzt dreh dich einmal um deine eigene Achse. Ich will mich von allen Seiten davon überzeugen können, dass du clean bist.«

Gehorsam drehte Erik sich. Als er sein Gesicht der Brücke zuwandte, sah er erst, wie viele Menschen dort standen und ihn anstarrten. Er durfte nicht darüber nachdenken, musste immer nur sein Ziel vor Augen haben, damit er diese Situation durchstand. Wieder in seiner Ausgangsposition wollte er hastig nach seinen Kleidern greifen, als Lohmann immer noch nicht fertig war mit seinen Bedingungen: »Diese Klamotten ziehst du nicht mehr an. Wer weiß, vielleicht hast du eine Waffe in der Hosentasche.«

Listiges Lachen ertönte durch das Megafon.

Bernhard Diez, der ebenfalls an diesem Einsatz beteiligt war, rief sofort: »Wir haben immer einige Sachen für Notfälle in unseren Einsatzwagen. Die können Erik Tenes passen!«

Schnell lief er los, zog ein Bündel heraus, das er Erik brachte. So schnell Erik konnte, zog er die fremden Sachen an, die ihm zwar ein wenig zu eng und zu kurz waren, aber immer noch besser als gar nichts. Erleichtert atmete er tief durch, als er wieder angezogen vor dem Geiselnehmer stand.

»Dein Auftritt war perfekt«, höhnte Lohmann nun.

Angespannt wartete Erik darauf, dass er ihm endlich grünes Licht geben sollte, um den Austausch durchzuführen.

»Du glaubst doch nicht im Ernst, ich wäre so dämlich, eine Geisel wie Anke Deister mit ihrem Überraschungspaket gegen dich zu tauschen?«

Erik spürte, wie ihm schwindelig wurde.

Eine Stimme drang von hinten an sein Ohr.

Es war Staatsanwalt Foster: »Spielen Sie das Spiel unbeirrt weiter. Das Sondereinsatzkommando geht schon in Position.«

Es fiel Erik schwer, nicht die Fassung zu verlieren. Aber nach dem Stand der Dinge hatte er nun keine andere Wahl. Er hatte sich umsonst zum Gespött gemacht. Nun durfte er die Situation nicht unnötig gefährden.

Also erwiderte er: »Du hattest deine Bedingungen gestellt und ich habe sie erfüllt. Nun bist du an der Reihe, deinen Teil zu erfüllen.«

Lohmann grölte hämisch durch das Megafon: »Ich habe lange genug darauf gewartet, mich endlich an dir zu rächen. Dich auf diese Weise bloßzustellen ...« er lachte über sein gekonntes Wortspiel, »... hätte ich nicht für möglich gehalten. Damit hast du mich fast entschädigt. Aber nun ist Schluss mit lustig. Ich verlange ein Auto und freies Geleit. Deiner kleinen Freundin wird nichts passieren, wenn du diese Bedingungen genauso ergeben befolgst.«

»Wir haben unsere Sondereinsatztruppe inzwischen so postiert, dass Lohmann keine Chance mehr hat zu entkommen«, erklärte der Einsatzleiter dem Staatsanwalt. »Im Sparkassen-Gebäude auf der gegenüberliegenden Seite befinden sich Scharfschützen mit Präzisionsgewehren in der gleichen Etage. Von dort aus können sie genau erkennen, was sich in den Praxisräumen abspielt.«

Kullmann schaltete sich sofort ein, indem er fragte: »Wollen Sie schießen, solange Anke Deister sich noch in den Räumen befindet?«

»Nein. Keine Sorge. Zwei Etagen über den Praxisräumen sind ebenfalls Leute vom Sondereinsatzkommando. Bevor wir schießen, bemühen wir uns natürlich, eine andere Lösung zu finden. Anke Deister wird nichts passieren. Das machen wir nicht zum ersten Mal.«

»Erklären Sie uns doch bitte Ihre Strategie«, forderte Forseti den Einsatzleiter auf.

»Sobald sich der Entführer von seiner Geisel entfernt, geben die Scharfschützen von der anderen Seite ein Zeichen. Das Sondereinsatzkommando von oben seilt sich ab und stürmt die Praxis. Dafür müssen wir jedoch den richtigen Moment abpassen«, erklärte der Einsatzleiter.

»Wann soll ein solcher Moment kommen? Lohmann wird sich bestimmt nicht in aller Ruhe zur Toilette begeben«, zweifelte Kullmann.

»Wir werden ja sehen. Wenn eine lange Zeit nichts passiert, wird jeder Entführer leichtsinnig. Diesen Moment passen wir ab.«

Der Einsatzleiter verschwand.

Kullmann gesellte sich zu den Kollegen, die aus sicherer Entfernung das ganze Treiben beobachteten. Der Balkon, auf dem noch vor wenigen Minuten Anke gestanden und um ihr und Lisas Leben gebangt hatte, war leer. Lohmann hatte sich mit seiner Geisel ins Innere des Hauses zurückgezogen. Kein Geräusch ertönte. Die vielen Einsatzpolizisten hatten lautlos Stellung bezogen. Von außen sah das Haus ganz friedlich aus. Nichts deutete darauf hin, dass sich auf allen Seiten der Wilhelm-Heinrich-Brücke schwer bewaffnete Polizisten aufhielten – jederzeit zum Handeln bereit.

Die Mitarbeiter der Sparkasse wurden durch den Notausgang in den Innenhof gebeten, damit der Geiselnehmer nicht erkennen konnte, dass sich dort etwas Verdächtiges ereignete. Erst als das gesamte Gebäude geräumt war, ertönten Hinweise durch die Sprechanlagen.

Kullmanns Blick fiel auf die Drehscheibe über dem Gebäude der Sparkasse. Auf der einen Seite befand sich eine Uhr, auf der anderen das Emblem der Sparkasse. Jedes Mal, wenn die Uhr sichtbar wurde, behielt er die Zeiger im Auge. Die Zeit kam ihm endlos vor. Er hatte das Gefühl, dass die Zeiger sich nicht weiterbewegten. Schweiß brach ihm aus allen Poren, obwohl es immer noch kalt war.

Der Einsatzleiter quartierte sich unauffällig im Saarbrücker Schwimmschiff ein, das vor dem Gebäude des Saar-Centers dauerhaft vor Anker liegt. Dort befanden sich alle Geräte, die zur Überwachung seines Einsatzes nötig waren. Unbemerkt konnte er von dort aus den Einsatz kommandieren.

Die beiden betroffenen Gebäude standen sich genau gegenüber. Zwischen ihnen floss geruhsam die Saar. Parallel zum Fluss verlief die Stadtautobahn mit jeweils einer Autobahnauffahrt und einer Autobahnabfahrt, daneben die Saaruferstraße, die an der Sparkasse vorbeiführte. Zwischen Bismarckbrücke und Luisenbrücke wurden sämtliche Durchfahrten gesperrt.

Einige Polizeibeamte drängten die Menschenmenge zurück, um sie aus der unmittelbaren Schusslinie zu halten. Das ging nur unter Murren vor sich. Die Neugierde war größer als die Vorsicht.

Die Luft knisterte vor Spannung.

Alles war totenstill.

Eine Stimme ertönte durch das Mikrofon: »Der Geiselnehmer ist in der Nähe seiner Geisel. Er befreit sie gerade von ihrem Klebeband!«

Dann herrschte Stille.

Die Zeit kam den Kollegen wie endlose Stunden vor. Was mochte Anke da drin empfinden? Wie groß war ihre Angst. Kullmann wagte kaum zu atmen. Wie lange würde Anke dieses Martyrium überstehen?

Erik hatte sich inzwischen seine eigenen Kleider angezogen. Er fühlte sich nach seinem misslungenem Befreiungsversuch blamiert. Wenn das Lohmanns Plan war, so war er ihm gelungen, dachte er bei sich. So hatte er dem einen Gefallen getan, dem er am wenigsten einen tun wollte. Anke hatte sein Striptease vor so vielen Menschen leider nichts genützt. Nur mit Überwindung gelang es ihm, seinen Kollegen in die Augen zu schauen. Trotz der angespannten Situation war die Belustigung darin nicht zu übersehen.

»Er steht auf«, hörten sie plötzlich.

Nur mit Mühe konnten die wartenden Polizeibeamten ihre Aufregung verbergen. Sie durften sich nicht durch ihre Erregung verraten.

31

Anke fühlte sich so entmutigt wie noch nie. Unfähig, sich zu bewegen, saß sie auf dem Stuhl, auf den Lohmann sie unsanft platziert hatte. Ihr Bauch schmerzte. Es fühlte sich krampfartig an. Ob das die Wehen waren? Bei dem Gedanken, ausgerechnet jetzt das Kind zu bekommen wurde ihr schlecht. Lange überwand sie sich still zu halten. Aber die Schmerzen nahmen zu, die Angst auch. Was sollte sie tun, wenn das Kind ausgerechnet jetzt kommen wollte? Der Zeitpunkt war viel zu früh, würde es überleben? Würde sie es überhaupt schaffen, gerade jetzt zu entbinden – in den Händen eines Mörders? Diese Gedanken kreisten in ihrem Kopf. Sie kreisten, kreisten und kreisten, bis Anke sich plötzlich übergeben musste. Das kam so schnell, dass sie es nicht hatte kommen sehen.

»Scheiße, was machst du denn hier für eine Sauerei«, brüllte Lohmann los.

»Tut mir leid! Aber mir ist schlecht«, stöhnte Anke. Sie krümmte sich, soweit das mit ihrem dicken Bauch möglich war und erbrach sich erneut.

Wutschnaubend ging Lohmann vor Anke hin und her.

»Wann hörst du endlich auf zu kotzen?«

Anke konnte nicht sprechen, viel zu schlecht war ihr.

Lohmann trat hastig auf sie zu, half ihr unsanft hoch und schickte sie in Richtung Toilette mit den Worten: »Kotz dort weiter!«

Plötzlich zischte Staatsanwalt Foster: »Psst! Es geht los!«

Erschrocken richteten sich alle Blicke auf das Haus.

Von der Seite der Sparkasse ertönte: »Die Geisel übergibt sich!«

»Das hört sich an, als käme endlich Bewegung in die Sache«, erkannte Forseti.

Kullmann knurrte nur als Antwort. Die Schilderung verdeutlichte ihm, in welcher Verfassung Anke war.

Der Scharfschütze, der die Praxisräume durch das Zielfernrohr seines Präzisionsgewehrs beobachtete, informierte weiter: »Die Geisel entfernt sich. Sie übergibt sich immer noch. Sie geht in ein anderes Zimmer. Ist nicht mehr zu sehen!«

Der Einsatzleiter gab durch seine Sprechanlage den Befehl an die Spezialagenten, die sich über den Praxisräumen befanden: »Zugriff!«

Bewegung entstand an den Balkonen des Saar-Centers. Mehrere schwarze Gestalten tauchten wie aus dem Nichts auf, sprangen gleichzeitig von den Balkonen im fünften Stock, holten im großen Bogen an ihren Seilen Schwung und stürmten die dritte Etage, indem sie durch die Fensterscheiben hindurch in die Praxisräume polterten.

Schüsse fielen.

Die Schaulustigen zogen sich ängstlich zurück. Erst jetzt erkannten sie die Gefahr.

Stille folgte

»Was ist da los? Warum wurde geschossen?« ertönte die Stimme des Einsatzleiters durch das Mikrofon.

»Der Geiselnehmer hat das Feuer eröffnet«, kam als Antwort.

Kullmann glaubte, ersticken zu müssen.

»Was ist mit Anke?« fragte er, doch anstatt einer Antwort erhielt er nur einen festen Griff an seinem Mantel. Sein Freund und ehemaliger Weggefährte Foster zog ihn auf den Boden, damit sie von keiner verirrten Kugel getroffen wurden. Sie landeten vor der Eisdiele, die sich im Erdgeschoss des Saar-Centers befand. Es dauerte nur wenige Sekunden, als sie wieder die Stimme des Einsatzleiters hörten: »Was ist da oben los?«

»Wir haben ihn erwischt!«

»Was heißt hier erwischt?«

»Der Verdächtige ist getroffen worden!«

»Wie schwer ist er verletzt?«

»Das wissen wir noch nicht!«

»Was ist mit Anke Deister?«

»Sie kommt gerade von der Toilette! Außer, dass sie im Gesicht grün aussieht, ist ihr nichts geschehen!«

»Wir schicken Krankenwagen vor den Eingang«, erklärte der Einsatzleiter.

Eine Weile knisterte es nur, bis die Stimme durch das Mikrofon erwiderte: »Wir brauchen nur einen für Anke Deister. Der Geiselnehmer ist tot.«

»So ein Mist«, schimpfte Forseti. »Diesen Kerl wollte ich um alles in der Welt verhören. Jetzt erfahren wir nie, wie er diesen heimtückischen Plan durchführen konnte.«

Ein Krankenwagen fuhr vor den Eingang des Hauses.

Alle verstummten und starrten gebannt auf das Haus. Auf einer Tragbahre wurde Anke heraus getragen. Schaulustige und Kollegen hatten sich inzwischen dem Gebäude genähert. Als sie die schwangere Frau erblickten, ertönte ein lauter Jubel von den vielen Menschen, um ihrer Freude und Erleichterung Ausdruck zu verleihen. Anke richtete sich kurz auf, ließ sich aber gleich wieder zurückfallen. Viel zu schwach fühlte sie sich. Kullmann eilte auf sie zu, ergriff ihre beiden Hände und beteuerte ihr, während er im Gleichschritt mit den Sanitätern neben der Bahre herlief, wie erleichtert er war, dass nun alles überstanden sei.

Sie wurde in den Krankenwagen geschoben, die Türen geschlossen, das Blaulicht eingeschaltet. Bevor die Fahrt ins Krankenhaus losging, boten die Sanitäter dem besorgten Mann an, auf dem Beifahrersitz des Krankenwagens mit ins Krankenhaus zu fahren. Dankend nahm er das Angebot an.

Als Anke nach einem tiefen, festen Schlaf aufwachte, erinnerte sie sich, dass Kullmann lange Zeit in ihrer Nähe war. Seine Anwesenheit hatte ihr gut getan, hatte ihr viel von der Angst genommen. Ihn in ihrer Nähe zu wissen, gab ihr das Gefühl von Geborgenheit.

Je wacher sie wurde, umso deutlicher spürte sie das schlechte Gewissen, das sie plagte. Die Untersuchungen haben ergeben, dass sich der Muttermund ein wenig geöffnet hatte. Sie befand sich in einer gefährlichen Situation. Von nun an musste sie im Krankenhaus liegen, bis der Termin für das Kind gekommen war. Jede Bewegung konnte die Gesundheit des Kindes gefährden. Die Ärzte sprachen von einer äußerst knappen Rettungsaktion.

Der Tag verging mit viel Ruhe. Nur Kullmann kam sie am Nachmittag besuchen. Er hatte ihr viel zu erzählen. Sie freute sich, die Einzelheiten von ihm zu erfahren. Das gab ihr das trügerische Gefühl, sie seien immer noch ein Arbeitsteam.

Nur wenige Tage später stand Forseti in der Tür.

»Schön, Sie zu sehen«, begrüßte er sie.

Anke nickte nur zum Gruß.

»Ich bin nicht allein, die Kollegen warten noch vor der Tür«, erklärte er auf ihren fragenden Blick.

Eine Weile schwiegen beide. Es war ein unbeholfenes Schweigen. Er war es nicht gewohnt, unter solchen Bedingungen mit seinen Mitarbeitern zu sprechen.

Etwas genant zog Anke die Bettdecke höher, obwohl sie schon an ihrem Hals war.

»Wie geht es Ihnen und dem Kind?« fragte Forseti endlich.

»Ganz gut! Wir werden das Krankenhaus erst verlassen können, wenn ich entbunden habe«, erklärte Anke.

Der Chef räusperte sich und sprach weiter: »Das haben wir schon gehört. Deshalb müssen wir dieses Gespräch hier führen. Ich hoffe, es macht Ihnen nichts aus, mir genau zu schildern, was Kurt Lohmann gesagt hat. Da er bei der Befreiungsaktion getötet wurde, haben wir keine andere Möglichkeit, etwas über den Fall zu erfahren.«

Anke nickte.

»Gut! Ist es Ihnen recht, wenn ich die Kollegen zu diesem Gespräch hereinbitte?«

»Natürlich.«

Nach und nach traten die Kollegen ein. Jürgen hielt in seiner Hand einen wunderschönen bunten Blumenstrauß, zu dem er lächelnd bemerkte: »Der ist von uns allen. Wir wünschen dir gute Besserung und viel Ruhe, bis das Kind kommt. Wenn Lisa erst einmal da ist, wirst du so schnell keine Ruhe mehr bekommen.«

Gelächter brach aus. Es war ein erleichtertes Lachen. Alle waren sichtlich froh, dass Anke diese Strapaze so gut überstanden hatte.

Erik stand hinter den Kollegen. Da er alle überragte, konnte Anke ihn sofort sehen. Nur warum druckste er in der hintersten Ecke herum, fragte sie sich.

Doch darüber konnte sie nicht mehr lange nachdenken, weil Forseti sie aufforderte, ihren Bericht abzugeben. Alle waren gespannt darauf, was Anke zu erzählen hatte. Es gelang ihr, alle Einzelheiten zu wiederholen, die Lohmann ihr in dieser schrecklichen Stunde entgegengeschleudert hatte, was nachhaltig noch Empörung und Entsetzen unter den Kollegen auslöste.

Anschließend berichtete Forseti: »Wir haben die DNA-Analyse von der Blutprobe in Emil Taubers Haus endlich bekommen und alle Proben vergleichen können. Den ersten Überfall, bei dem Emil Tauber zusammengeschlagen wurde, hat Sven Koch verübt. Für den zweiten, der im Treppensturz endete, ist eindeutig Kurt Lohmann verantwortlich.«

Anke atmete tief durch.

»Sven Koch hat inzwischen zugegeben, Emil Tauber verprügelt zu haben. Er wollte wissen, was Tauber mit dem Geld gemacht hat!«

»Woher wusste Sven Koch, dass Tauber das Geld hat?« fragte sie.

Nun antwortete Jürgen, der das letzte Verhör durchgeführt hatte: »Emil Tauber hat vor Sven Koch geprahlt, derjenige zu sein, der bei Annette Fellinger ankommt, weil er das nötige Kleingeld dazu hätte. Diese Bemerkung hat Sven Koch sofort vermuten lassen, dass er von dem verschwundenen Geld der Lebensversicherung sprach.«

»Sven Koch war allerdings nicht der zweite Mann – neben Thorsten Fellinger – im Gesundheitsamt an diesem Abend«, sprach Forseti weiter. »Er hat für diesen Abend ein hieb- und stichfestes Alibi!«

»Nein, das war Lohmann«, wandte Anke ein. »Er hat mir ja alles detailliert erzählt, weil er dachte, er könnte entkommen!«

»Thorsten Fellinger war die ganze Zeit nur hinter Susi Holzer her«, sprach Jürgen weiter. »Er war in der Nacht an der Unfallstelle und hat Susi Holzer am Steuer ihres Wagens gesehen. Annette Fellinger und Rita Rech hatten im Fond des Wagens gesessen – oder gelegen – sodass er sie nicht sehen konnte. Deshalb glaubte er, dass Susi Holzer für den Tod von Sybille Lohmann verantwortlich war. An dem Geld war er nicht interessiert. Ihm ging es nur darum, Susi Holzer zur Rede zu stellen. Aber dazu kam es nicht, weil Susi Holzer immer vor ihm geflohen ist.«

Nun fragte Anke, was sie am meisten an diesem Fall interessierte: »Und der Unfall selbst? War es nun ein Tötungsdelikt oder wirklich nur ein Unfall mit Fahrerflucht?«

»Das ist ja das Unglaubliche an der Geschichte«, sprach nun der Vorgesetzte. »Die drei Frauen hatten diesen Unfall unwissentlich verursacht. Sie sind mit dem Unfallwagen nicht in Berührung gekommen. Das Einzige, was ihnen aufgefallen war, war das aufblendende Licht. Da sie betrunken waren, hatten sie das Licht nicht richtig gedeutet.«

Sofort fielen Anke Kullmanns Worte ein: *Nur weil Forseti ihn nicht sieht, heißt das nicht, dass er nicht da ist.* Nun hatte sie die Erklärung dafür. Ihre Theorie, dass die drei jungen Frauen den Unfall verursacht hatten, war also von Anfang an richtig. Nur gab es keine sichtbaren Spuren, es nachzuweisen.

»Der Unfall war ein dummer Zufall, durch den die ganze Geschichte ins Rollen gekommen ist«, fügte er mit einer bestürzten Miene an.

»Dann ist es kein Wunder, dass wir solche Probleme hatten, bei diesem Fall durchzublicken«, erkannte Anke.

»Und doch haben wir alles aufgeklärt. Ohne Ihre Unermüdlichkeit wäre Lohmann zu seinem Ziel gekommen.«

»Das glaube ich nicht. Annette hat ihn nämlich in diesem ganzen Durcheinander hintergangen. Sie sah wohl ihre Chance, durch diesen unvorhergesehenen Unfall, das Geld für sich allein zu behalten«, widersprach Anke. »Lohmann hatte von Emil Tauber die falsche Information bekommen, alle drei Frauen hätten das Geld. Dem hatte Annette nicht widersprochen.«

»Was für ein Luder!« stöhnte Esther.

»Hochmut kommt vor dem Fall«, gab Claudia daraufhin zu verstehen. »Und Annette ist verdammt tief gefallen!«

Eine Weile ließen sie ihre Eindrücke über diesen verwirrenden Fall auf sich einwirken. Außer Anke hatte niemand so recht an einen Fall glauben wollen.

»Ich glaube, wir haben Sie genug belästigt. Ab sofort sollten Sie sich ausruhen«, beendete Forseti die Besprechung im Krankenzimmer.

Sie verabschiedeten sich alle mit herzlichen Umarmungen, bevor sie das Zimmer verließen. Erik ging ganz zum Schluss auf Anke zu, drückte ihr so lange die Hand, bis sie allein im Zimmer zurückblieben.

»Ich bin froh, dass ihr beide wohlauf seid«, sagte er leise.

»Die Ärzte meinten, meine Tochter sei hart im Nehmen, eine richtige Kämpferin«, erklärte Anke daraufhin stolz.

»Genau wie ihre Mutter«, bemerkte Erik dazu.

»Ich weiß nicht, ob ich so mutig war. Ich habe mir fast in die Hosen geschissen und die Seele aus dem Leib gekotzt!«

»Ich hatte auch Angst, dabei hatte ich kein Kind, das ich schützen musste«, meinte ihr Kollege.

»Doch! Du hast nicht nur mich, sondern auch mein Kind beschützt«, sprach Anke endlich das aus, was sie ihm unbedingt sagen wollte. »Ich weiß nicht, wie ich dir dafür danken soll!«

»Du brauchst mir nicht zu danken. Mein Einsatz war vergebens. Ich mache mir Vorwürfe, dass ich nicht mehr für euch tun konnte!«

»Was du getan hast, war mehr, als ich von einem Menschen jemals erwarten könnte«, beharrte Anke. »Wie kannst du an deinem Einsatz zweifeln?«

»Du weißt, was mit meiner Familie passiert ist«, begann er, wobei sein Blick in die Vergangenheit zurückschweifte und einen traurigen Zug annahm. »Du warst jetzt in einer Situation, für die ich mich selbst verantwortlich machen musste, weil ich dich nicht aufgehalten habe. Ich war der irrigen Meinung, die Gefahr sei gebannt. Das war ein lebensbedrohlicher Fehler.«

»Das konntest du aber nicht wissen«, warf Anke ein.

»Ich hätte, was deine Sicherheit angeht, vorsichtiger sein müssen«, wehrte Erik ab. »Genauso, wie ich hätte vorsichtiger sein müssen, was damals die Sicherheit meiner Frau, meiner Tochter und meines ungeborenen Sohnes anging!«

Anke verhielt sich ganz still.

»In dem Einsatz sah ich eine Chance für mich. Die Chance, durch deine Rettung ein wenig das gut zu machen, was ich bei meiner eigenen Familie versäumt habe. Ich war zu allem bereit, Hauptsache, du wärst dadurch gerettet – und Lisa, das ungeborene Kind.«

Anke spürte, wie ihr Tränen in die Augen stiegen. Sie konnte nichts mehr sagen.

»Ich wäre auf jede Bedingung von Lohmann eingegangen. Das wusste der Scheißkerl. Die Chance hatte er genutzt, um sich an mir zu rächen. Leider hat er mir damit meine Absicht, dich und Lisa zu retten, verbaut.«

»Das hat er nicht«, widersprach Anke. Von Kullmann war sie genauestens über den Einsatz des Sondereinsatzkommandos informiert worden. Daher wusste sie, dass die Sonderagenten die Zeit, in der sich Lohmann mit Erik beschäftigte, dazu nutzen konnten, unbemerkt Stellung zu beziehen.

Nachdem sie Erik die wichtige Bedeutung seines Ablenkungsmanövers geschildert hatte, lachte er erleichtert auf.

»Dann habe ich mich nicht umsonst zum Gespött von Saarbrücken gemacht!«

»Niemals! Was du getan hast, war selbstlos und heldenhaft!«

»In der Zeitung steht es aber anders«, widersprach Erik. »Sie haben meinen Einsatz als knisternde Erotik inmitten der Spannung beschrieben.«

Darüber musste Anke lachen.

Erik drehte sich um und ging auf die Tür zu. Bevor

er das Krankenzimmer verließ, schaute er noch einmal zurück und meinte: »Du hast gerade meine Zweifel zerstreut, dass mein Beitrag zu deiner Befreiung vergebens war. Damit gibst du mir die Selbstachtung zurück, die ich durch mein damaliges Versäumnis verloren hatte. Danke, du bist für mich mehr als nur eine Kollegin!«

Anke war sprachlos.

Leise öffnete er die Tür und verschwand.

ENDE

Epilog

Ruhe kehrte im Krankenzimmer ein – eine Ruhe, die Anke von nun an lange würde ertragen müssen. Sie hatte Raubbau mit sich und ihrem ungeborenen Kind betrieben. Nun forderte ihr Körper seinen Tribut.

Die Einsamkeit wurde durch gelegentliche Besuche der Kollegen unterbrochen. So erfuhr sie, dass Claudia Fanroth nach Wiesbaden zurückkehrte. Außerdem teilte ihr Bernhard Diez stolz mit, dass seinem Antrag, in Ankes Dienststelle eingesetzt zu werden, stattgegeben wurde. Das bedeutete für Anke, dass einige Veränderungen auf sie warteten, wenn sie nach ihrer langen Auszeit ihren Dienst wieder antrat.

Aber für die größte Überraschung sorgte Forseti. Er hatte von Anfang an gewusst, dass Erik Tenes allein am Unfallort zwischen Rußhütte und Riegelsberg war, weil er Anke in ihrem Zustand schonen wollte. Der Vorgesetzte ließ ihr den kleinen Streich durchgehen. Aber nicht nur das! Anstatt Anke zu tadeln, sprach er seine Anerkennung für ihre Leistungen als Polizistin aus. So nach und nach ließ Forseti seine unterkühlte, unnahbare Fassade fallen, was ihr nur recht sein konnte.

Die Besuche der Kollegen ebbten aber schon bald ab.

Nur noch ihre Eltern, Norbert Kullmann und Martha kamen sie weiterhin regelmäßig besuchen. Während Ankes Eltern sich immer mehr mit dem Gedanken anfreundeten, Großvater und Großmutter zu werden, schmiedeten ihr väterlicher Freund und Martha Zukunftspläne mit Anke und Lisa in ihrer neuen Wohnung in Schafbrücke.

*Weitere Krimis finden Sie auf den
folgenden Seiten und im Internet:
www.gmeiner-verlag.de*

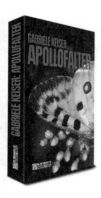

Gabriele Keiser
Apollofalter

276 Seiten, 11 x 18 cm, Paperback.
ISBN 3-89977-687-9. € 9,90.

Kriminalkommissarin Franca Mazzari findet beim Walken in den Weinbergen zwischen Rhein und Mosel die Leiche der vierzehnjährigen Hannah. Ihr Schädel ist zertrümmert und alles deutet auf einen Unfalltod hin. Das Obduktionsergebnis spricht jedoch eine andere Sprache: Hannah wurde ermordet. In den Mittelpunkt der Ermittlungen rückt Andreas Kilian. Er ist seit einigen Wochen zu Gast auf dem Weingut von Hannahs Familie und hat eine Vorliebe für junge Mädchen ...

Elke Schwab
Angstfalle

273 Seiten, 11 x 18 cm, Paperback.
ISBN 3-89977-686-0. € 9,90.

Norbert Kullmann, Hauptkommissar a.D. aus Saarbrücken, wird unvermittelt in einen neuen Fall verstrickt: Die Friseuse Trixi Reuber, die in Kullmanns direkter Nachbarschaft lebt, wird von einem unheimlichen Stalker belästigt. Alle Versuche, ihn bei der Polizei anzuzeigen, schlagen fehl – Trixi wirkt unglaubwürdig, nicht zuletzt deshalb, weil sämtliche Beweisstücke auf mysteriöse Weise verschwinden. Als am Neujahrsmorgen ihre Arbeitskollegin und Freundin Käthe tot in ihrem Keller aufgefunden wird, gerät die junge Frau plötzlich selbst ins Visier der Ermittlungen. Doch die Belästigungen des aufdringlichen Verfolgers hören nicht auf und Trixis Angst wächst ...

Ihre Meinung ist gefragt!

Mitmachen und gewinnen

Als der Spezialist für Themen-Krimis mit Lokalkolorit möchten wir Ihnen immer beste Unterhaltung bieten. Sie können uns dabei unterstützen, indem Sie uns Ihre Meinung zu den Gmeiner-Krimis sagen!

....

Senden Sie eine E-Mail an gewinnspiel@gmeiner-verlag.de und teilen Sie uns mit, welchen Krimi Sie gelesen haben und wie er Ihnen gefallen hat. Alle Einsendungen nehmen automatisch am großen Jahresgewinnspiel teil. Es warten ›spannende‹ Buchpreise aus der Gmeiner- Krimi-Bibliothek auf Sie!

Die Gmeiner-Krimi-Bibliothek

Das neue Krimijournal ist da!
2 x jährlich das Neueste
aus der Gmeiner-Krimi-Bibliothek

ISBN 3-89977-950-9
kostenlos

In jeder Ausgabe:

- Vorstellung der Neuerscheinungen
- Hintergrundinformationen zu den Themen der Krimis
- Interviews mit den Autoren und Porträts
- Allgemeine Krimi-Infos (aktuelle Krimi-Trends, Krimi-Portale im Internet, Veranstaltungen etc.)
- Die Gmeiner-Krimi-Bibliothek (Gesamtverzeichnis der Gmeiner-Krimis)
- Großes Gewinnspiel mit ›spannenden‹ Buchpreisen

Erhältlich in jeder Buchhandlung
oder direkt beim:

 GMEINER-VERLAG

Im Ehnried 5
88605 Meßkirch
Tel. 07575/2095-0
Fax 07575/2095-29
info@gmeiner-verlag.de
www.gmeiner-verlag.de

Alle Gmeiner-Autoren und ihre Krimis auf einen Blick

Anthologien: Grenzfälle (2005) • Spekulatius • Streifschüsse (2003)
Artmeier, H.: Feuerross (2006) • Katzenhöhle (2005) Schlangentanz • Drachenfrau (2004)
Baecker, H.-P.: Rachegelüste (2005)
Beck, S.: Einzelkämpfer (2005) • Duftspur (2006)
Bekker, A.: Münster-Wölfe (2005)
Bomm, M.: Schusslinie (2006) • Mordloch • Trugschluss (2005) • Irrflug • Himmelsfelsen (2004)
Bosch van den, J.: Wassertod • Wintertod (2005)
Buttler, M.: Dunkelzeit (2006) • Abendfrieden (2005) • Herzraub (2004)
Danz, E.: Osterfeuer (2006)
Dünschede, S.: Deichgrab (2006)
Emme, P.: Würstelmassaker • Heurigenpassion (2006) Schnitzelfarce • Pastetenlust (2005)
Enderle, M.: Nachtwanderer (2006)
Erfmeyer, K.: Karrieresprung (2006)
Franzinger, B.: Bombenstimmung (2006) • Wolfsfalle • Dinotod (2005) • Ohnmacht (2004) • Goldrausch (2004) • Pilzsaison (2003)
Gardener, E.: Lebenshunger (2005)
Gokeler, S.: Supergau (2003)
Graf, E.: Elefantengold (2006) • Löwenriss • Nashornfieber (2005)
Haug, G.: Gössenjagd (2004) • Hüttenzauber (2003) • Finale (2002) • Tauberschwarz (2002) • Höllenfahrt (2001) • Todesstoß (2001) • Sturmwarnung (2000) Riffhaie (1999) • Tiefenrausch (1998)
Heim, Uta-Maria: Dreckskind (2006)
Heinzlmeier, A.: Bankrott (2006) • Todessturz (2005)
Karnani, F.: Takeover (2006)
Keiser, G.: Apollofalter (2006)
Keiser G./Polifka W.: Puppenjäger (2006)
Klewe, S.: Kinderspiel (2005) • Schattenriss (2004)
Klingler, E.: Königsdrama (2006)
Klugmann, N.: Kabinettstück (2006) • Schlüsselgewalt (2004) • Rebenblut (2003)
Kohl, E.: Grabtanz • Zugzwang (2006)
Köhler, M.: Nellis Tagebuch (2006)
Koppitz, R. C.: Machtrausch (2005)
Kramer, V.: Todesgeheimnis (2006) • Rachesommer (2005)
Kronenberg, S.: Kultopfer (2006) • Flammenpferd • Pferdemörder (2005)
Lebek, H.: Schattensieger • Karteileichen (2006) • Todesschläger (2005)
Leix, B.: Hackschnitzel (2006) • Zuckerblut • Bucheckern (2005)
Mainka, M.: Satanszeichen (2005)
Matt, G. / Nimmerrichter, K.: Schmerzgrenze (2004) • Maiblut (2003)
Misko, M.: Winzertochter • Kindsblut (2005)
Nonnenmacher, H.: Scherlock (2003)
Puhlfürst, C.: Dunkelhaft (2006) • Eiseskälte • Leichenstarre (2005)
Schmitz, I. G.: Sündenfälle (2006)
Schmöe, F: Käfersterben • Fratzenmond (2006) Kirchweihmord • Maskenspiel (2005)
Schröder, A.: Mordsgier (2006) • Mordswut (2005) • Mordsliebe (2004)
Schuker, K.: Wasserpilz (2006)
Schwab, E.: Angstfalle (2006) • Großeinsatz (2005)
Schwarz, M.: Maienfrost • Dämonenspiel (2005) • Grabeskälte (2004)
Stapf, C.: Wasserfälle (2002)
Steinhauer, F.: Seelenqual • Racheakt (2006)
Thadewaldt A./Bauer C.: Kreuzkönig (2006)
Valdorf, L.: Großstadtsumpf (2006)
Wark, P.: Epizentrum (2006) • Ballonglühen (2003) • Absturz (2003) • Versandet (2002) • Machenschaften (2002) • Albtraum (2001)
Wilkenloh, W.: Feuermal (2006) • Hätschelkind (2005)